U0632749

企业管理人员

职业生涯高原研究

李华 著

中国社会科学出版社

图书在版编目(CIP)数据

企业管理人员职业生涯高原研究 / 李华著 . —北京：中国社会
科学出版社，2011.5
ISBN 978-7-5004-9850-6

Ⅰ.①企…　Ⅱ.①李…　Ⅲ.①企业领导—职业选择—研究
Ⅳ.①F272.91

中国版本图书馆 CIP 数据核字(2011)第 098693 号

出 版 人	赵剑英
责任编辑	冯春凤
责任校对	郭　娟
责任印制	王炳图

出　　版	中国社会科学出版社
社　　址	北京鼓楼西大街甲 158 号　（邮编 100720）
网　　址	http://www.csspw.cn
	中文域名：中国社科网　010-64070619
发 行 部	010-84083685
门 市 部	010-84029450
经　　销	新华书店及其他书店

印　　刷	北京君升印刷有限公司
装　　订	廊坊市广阳区广增装订厂
版　　次	2011 年 5 月第 1 版
印　　次	2011 年 5 月第 1 次印刷

开　　本	710×1000　1/16
印　　张	14
插　　页	2
字　　数	238 千字
定　　价	39.00 元

凡购买中国社会科学出版社图书，如有质量问题请与本社联系调换
电话:010-64009791
版权所有　侵权必究

目　录

第一章　绪论 ……………………………………………（ 1 ）

第一节　问题的提出及研究的意义 ………………………（ 1 ）

　　一　问题的提出 ……………………………………（ 1 ）

　　二　研究的意义 ……………………………………（ 3 ）

第二节　研究的目的、内容和范围 ………………………（ 4 ）

　　一　研究目的和内容 ………………………………（ 4 ）

　　二　研究范围 ………………………………………（ 5 ）

第三节　研究方法、技术路线和结构安排 ………………（ 6 ）

　　一　研究方法 ………………………………………（ 6 ）

　　二　技术路线 ………………………………………（ 7 ）

　　三　本书的结构安排 ………………………………（ 7 ）

第四节　主要创新和贡献 …………………………………（10）

第二章　文献与理论研究述评 ……………………………（14）

第一节　职业生涯高原理论述评 …………………………（14）

　　一　职业生涯高原的内涵 …………………………（14）

　　二　职业生涯高原的影响因素 ……………………（17）

　　三　职业生涯高原的测量 …………………………（19）

　　四　职业生涯高原的应对策略 ……………………（21）

第二节　工作满意度、组织承诺与离职倾向理论述评 …（22）

　　一　工作满意度 ……………………………………（22）

　　二　组织承诺 ………………………………………（27）

　　三　离职倾向 ………………………………………（30）

第三节　职业生涯高原与工作满意度、组织承诺及离职倾向

　　　　关系述评 ………………………………………（32）

　　一　工作满意度、组织承诺对离职倾向的影响 ……（32）

二　职业生涯高原与工作满意度、组织承诺及离职
　　倾向的关系 ……………………………………………（33）
第四节　相关文献研究的不足与本书假设的提出 …………（40）
第五节　本章小结 …………………………………………（45）

第三章　基于职业生涯高原的企业管理人员离职博弈分析 …（46）
第一节　引言 ………………………………………………（46）
第二节　企业员工离职的影响因素及离职博弈模型简述 ……（47）
　　一　企业员工离职的影响因素 ……………………………（47）
　　二　企业员工离职问题的博弈研究简述 …………………（49）
第三节　基于职业生涯高原的企业管理人员离职博弈分析 …（50）
　　一　博弈分析的理论假设 …………………………………（50）
　　二　基于职业生涯高原的低绩效管理人员离职
　　　　博弈分析 ………………………………………………（52）
　　三　基于职业生涯高原的高绩效管理人员离职
　　　　博弈分析 ………………………………………………（55）
　　四　博弈模型的启示 ………………………………………（58）
第四节　本章小结 …………………………………………（59）

第四章　实证研究方法设计 ………………………………（61）
第一节　引言 ………………………………………………（61）
第二节　变量设计 …………………………………………（62）
　　一　变量设计的内涵 ………………………………………（62）
　　二　操作变量设计 …………………………………………（63）
　　三　属性设计及尺度选择 …………………………………（71）
　　四　问卷形成及预测试 ……………………………………（71）
第三节　问卷预检验——小样本数据收集与处理 …………（72）
　　一　小样本数据收集 ………………………………………（72）
　　二　小样本数据处理 ………………………………………（73）
第四节　量表形成——大样本数据收集与处理 ……………（80）
　　一　大样本数据收集 ………………………………………（80）
　　二　大样本数据处理 ………………………………………（82）
第五节　资料分析方法 ……………………………………（90）

第六节　本章小结 ……………………………………………（91）

第五章　职业生涯高原与工作满意度、组织承诺及离职倾向
　　　　关系的结构方程模型构建 ………………………（93）

第一节　引言 …………………………………………………（93）
第二节　假设变量的相关关系分析 …………………………（94）
　　一　客观职业生涯高原与工作满意度各维度的
　　　　相关关系分析 …………………………………………（94）
　　二　客观职业生涯高原与组织承诺各维度的相关
　　　　关系分析 ………………………………………………（96）
　　三　客观职业生涯高原与离职倾向的相关关系分析 ……（97）
　　四　主观职业生涯高原与工作满意度各维度的相关
　　　　关系分析 ………………………………………………（97）
　　五　主观职业生涯高原与组织承诺各维度的相关
　　　　关系分析 ………………………………………………（99）
　　六　主观职业生涯高原与离职倾向的相关关系分析 ……（100）
　　七　工作满意度与组织承诺各维度之间的相关
　　　　关系分析 ………………………………………………（101）
　　八　工作满意度各维度与离职倾向的相关关系分析 ……（103）
　　九　组织承诺各维度与离职倾向的相关关系分析 ………（104）
第三节　基于结构方程模型的假设检验 ……………………（105）
　　一　结构方程模型简介 ……………………………………（105）
　　二　结构方程模型检验 ……………………………………（108）
　　三　假设检验 ………………………………………………（112）
第四节　研究结果分析及其对企业人力资源管理的启示 ……（114）
　　一　研究结果分析 …………………………………………（114）
　　二　对企业人力资源管理的启示 …………………………（116）
第五节　本章小结 ……………………………………………（118）

第六章　职业生涯高原进程中不同企业管理人员工作满意度、
　　　　组织承诺及离职倾向的比较 ……………………（119）

第一节　引言 …………………………………………………（119）
第二节　职业生涯高原进程中不同企业管理人员工作满意度

　　　　　　　比较分析 ···（120）

　第三节　职业生涯高原进程中不同企业管理人员组织承诺

　　　　　　　比较分析 ···（123）

　第四节　职业生涯高原进程中不同企业管理人员离职倾向

　　　　　　　比较分析 ···（127）

　第五节　研究结果分析及其对企业人力资源管理的启示 ········（131）

　　　一　研究结果分析 ···（131）

　　　二　对企业人力资源管理的启示 ·······························（132）

　第六节　本章小结 ··（134）

第七章　职业生涯高原下人口学变量对工作满意度、组织承诺

**　　　　　及离职倾向的影响** ···（135）

　第一节　引言 ···（135）

　第二节　客观职业生涯高原下人口学变量对工作满意度、

　　　　　　　组织承诺及离职倾向的影响 ·························（136）

　　　一　不同客观职业生涯高原下管理人员性别的

　　　　　　差异性检验 ···（136）

　　　二　不同客观职业生涯高原下管理人员婚姻状况的

　　　　　　差异性检验 ···（138）

　　　三　不同客观职业生涯高原下管理人员年龄的

　　　　　　差异性检验 ···（140）

　　　四　不同客观职业生涯高原下管理人员学历的

　　　　　　差异性检验 ···（142）

　　　五　不同客观职业生涯高原下管理人员职位的

　　　　　　差异性检验 ···（145）

　　　六　不同客观职业生涯高原下管理人员工作资历的

　　　　　　差异性检验 ···（151）

　第三节　主观职业生涯高原下人口学变量对工作满意度、

　　　　　　　组织承诺及离职倾向的影响 ·························（153）

　　　一　不同主观职业生涯高原下管理人员性别的

　　　　　　差异性检验 ···（153）

　　　二　不同主观职业生涯高原下管理人员婚姻状况的

　　　　　　差异性检验 ···（154）

　三　不同主观职业生涯高原下管理人员年龄的
　　　差异性检验 ……………………………………………（156）
　四　不同主观职业生涯高原下管理人员学历的
　　　差异性检验 ……………………………………………（159）
　五　不同主观职业生涯高原下管理人员职位的
　　　差异性检验 ……………………………………………（161）
　六　不同主观职业生涯高原下管理人员工作资历的
　　　差异性检验 ……………………………………………（166）
第四节　研究结果分析及其对企业人力资源管理的启示 ……（168）
　一　研究结果分析 ………………………………………（168）
　二　对企业人力资源管理的启示 ………………………（170）
第五节　本章小结 ……………………………………………（172）

第八章　企业管理人员职业生涯高原的应对策略 ……………（173）
第一节　引言 …………………………………………………（173）
第二节　弱职业生涯高原应对策略 …………………………（174）
　一　基于弱职业生涯高原者的个体应对 ………………（174）
　二　基于弱职业生涯高原者的组织干预 ………………（175）
第三节　较强职业生涯高原应对策略 ………………………（177）
　一　基于较强职业生涯高原者的个体应对 ……………（177）
　二　基于较强职业生涯高原者的组织干预 ……………（178）
第四节　强职业生涯高原应对策略 …………………………（180）
　一　基于强职业生涯高原者的个体应对 ………………（180）
　二　基于强职业生涯高原者的组织干预 ………………（182）
第五节　主客观非均衡性职业生涯高原应对策略 …………（184）
　一　弱主观与较强客观职业生涯高原并存时的应对 …（184）
　二　弱主观与强客观职业生涯高原并存时的应对 ……（185）
　三　较强主观与弱客观职业生涯高原并存时的应对 …（187）
　四　较强主观与强客观职业生涯高原并存时的应对 …（189）
　五　强主观与弱客观职业生涯高原并存时的应对 ……（190）
　六　强主观与较强客观职业生涯高原并存时的应对 …（192）
第六节　本章小结 ……………………………………………（193）

第九章　结论与研究展望 ……………………………………（194）

　第一节　结论 ……………………………………………………（194）

　第二节　局限性与进一步的研究展望 …………………………（198）

参考文献 ……………………………………………………………（200）

后记 …………………………………………………………………（214）

第一章 绪 论

第一节 问题的提出及研究的意义

在人才竞争日益激烈的今天，企业越来越注重把员工职业发展作为人力资源管理中的一项重要战略组成部分，以便协调好员工个人的职业生涯与企业的发展规划，这不仅有助于形成更有凝聚力的员工队伍，同时也将更有效地调动员工的积极性和创造性。职业发展是组织进行的一种持续的正规化努力，它的重点集中在根据员工和组织双方的需要来开发和丰富组织的人力资源上。然而，在当今大多数企业中，企业与员工之间共同开发设计的职业发展道路不得不面临现实上无法克服的矛盾，这就是员工在不断向上的职业发展中，由于通过自己的努力而得到提升的机会愈来愈小，绝大部分员工在企业中的职业发展达到一定程度时，都将步入到一个职业发展停滞的"高原"时期。正是由于职业生涯停滞所引发的一系列问题，Ference 等人（1977）提出了职业生涯高原的概念[1]，并很快受到组织管理学家和人力资源管理实践者的关注，成为职业生涯管理中一个非常重要的研究内容。

一 问题的提出

未来的企业组织面临的主要问题之一是：公司在激烈竞争中如何规划好企业管理人员职业生涯以达到个人志向和公司需求之间的协调。组织的重新设计已成为当今人力资源开发与管理的重要的制度背景，而越来越多受过良好教育并对职业有较高期望的人加入到组织内部激烈竞争的行列，公司内部未来的流动性前景更加黯淡，大量的经理和专业人员将长期处在同一职位上[2—4]（Slocum, Hansen, & Rawlings, 1985）（Elsass & Ralston, 1989; Gerpott & Domsch, 1987）。在过去的十年里，被迫待在同一等级工作上面的人数不断增加[5]（Driver, 1985），"职业生涯高原"现象发生的越来越早，这种情况会导致其中部分企业管理者灰心和丧失动力。因此职业生涯高原已经得到了许多研究人员的关注，他们试图帮助组织解决这些潜在的问题[2][6—11]（Chao，1990；Feldman，Weitz，1988；Harvey，schultz，1987；Hall，1985；Near，1985；Slocum et al，1985；Veiga，1981）。

尽管当今的职业生涯高原现象或许是由于缺乏机会引起的，这仍然要与人们职位上升到他们"力所不能及的水平"有关（Peter & Hull，1969），即管理学上的"彼德原理"，同时也可归结于消极的个人追求例如自我满足等[12]。当然，对处于职业生涯高原的管理人员来说，他们对于职位被固定的最佳反应或许是在其他地方寻求新的发展机会。企业管理人员越来越多地认可职业生涯中的"新的职业合约"，且该合约并没有束缚在一个单一的组织机构上[13]（Hall & Rabinowitz，1988），这种观念与当今所谓的"易变性职业生涯"或"无边界职业生涯"的思想是一致的。

职业生涯高原带来的直接后果包括减少工作表现和降低工作满意度[14]（Bardwick，1986），进而导致员工产生离职倾向。长期以来，企业管理人员提升一直是作为一种奖励，或其贡献被组织认同的一种象征，这对管理人员的精神激励作用是非常大的。但是，一旦管理者认为自己的职业生涯已经达到一个"瓶颈"，即晋升无望时，他们将满足于现有的工作绩效，或工作积极性明显下降，进而导致有效的工作表现减少和工作满意度降低[15]。根据期望理论（Vroom，1964），职业生涯高原不会必然提供有价值的成果，也排除将提升作为工作的成果。努力工作带来的负面影响（如工作家庭平衡问题的出现等）将愈加显著，从而进一步降低企业管理人员的工作积极性[16]。此外，职业生涯高原使管理人员排除了将提升作为实现的目标，从而将降低他们努力工作的动机（Locke，Shaw，Saari，& Latham，1981）[17]。

Bardwick（1986）[14]评论道，同事们会回避职业生涯高原员工，同时主管们也不再分配重要的任务给他们，询问他们的意见，评估他们的工作表现。这些由职业生涯高原之"污名"带来的社会影响将降低员工们的工作满意度（Salancik & Pfeffer，1978）。如果职业生涯高原员工意识到他们在工作中得到的支持必将减少，或者他们所尽的最大努力未被组织注意，他们的工作积极性就会降低。另外，公司的政策或措施不允许职业生涯高原员工接受培训和发展型任务，获得奖励，从而进一步导致他们对工作的满意度和组织承诺下降，直至迫使他们离开所在的组织。

关于职业生涯高原的测量，由于研究者背景的限制，20 世纪 90 年代以前学术界对职业生涯高原的测量主要是使用一些客观的指标如年龄、任职时间、两次晋升的间隔时间等从他人判断的角度对职业生涯高原进行测量。90 年代后，研究者们逐步采用管理心理学的视角对职业生涯高原进行研究[18]。但随之而产生的问题是：这两种不同的测量视角对员工的工作态度和工作行为会产生哪些明显的差异。

综上所述，本研究产生了如下研究的中心问题：即企业管理人员的职业生涯高原将会对他们的工作满意度、组织承诺和离职倾向等产生什么样的影响？围绕这个中心问题，我们又将其分解为以下三个方面的具体问题：

第一，主观职业生涯高原、客观职业生涯高原与工作满意度、组织承诺和离职倾向之间究竟是一种什么样的结构关系？

第二，处在在职业生涯高原进程中的不同企业管理人员，他们的工作满意度、组织承诺及离职倾向的大小是否一样，如果不同，他们之间又是怎样的一种大小关系？

第三，由于每一位企业管理人员在性别、婚姻、年龄、学历、资历和管理职位等诸多人口学变量上都是不一样的，那么在客观和主观职业生涯高原下，这些人口学变量在企业管理人员的工作满意度、组织承诺和离职倾向上是否具有显著差异？

二 研究的意义

（一）理论意义

企业管理人员职业生涯高原问题的研究在我国才刚刚起步，而且目前国内的文献仅仅停留在对职业生涯高原问题的综述或定性分析的层面，缺乏理论探讨和实证研究。尤其是在我国，职业生涯管理方面的研究远落后于西方发达国家，而对职业生涯高原相关问题的研究就更显得滞后。因此，本书对职业生涯高原相关问题的理论与实证研究，将进一步丰富和充实职业生涯管理方面的理论知识。

（二）现实意义

今天的企业管理者们正越来越关注自己的职业生涯，然而，随着组织结构的更加灵活性以及企业竞争环境的不断加剧，越来越多的企业管理人员将不得不经历职业生涯发展中的"高原期"。企业管理人员的职业生涯高原究竟会对他们的工作态度，如工作满意度、组织承诺以及离职倾向产生何种影响，这些影响对不同职业生涯高原状态的管理人员的影响又有何区别，等等，对这些问题的探索并总结出其中的规律，无疑将有助于现代企业更好的规划和管理企业管理人员的职业生涯。

第二节　研究的目的、内容和范围

一　研究目的和内容

考虑到国外学术界对职业生涯高原问题的研究内涵过窄，且过多关注结果而缺乏过程研究[18]（谢宝国、龙立荣，2005），而国内学术界仅仅是从综述的角度介绍了国外关于此方面的研究现状，因此，本研究的目的在于通过理论和实证研究，建立职业生涯高原与工作满意度、组织承诺及离职倾向之间的结构关系模型，比较职业生涯高原进程中不同类型的企业管理人员在工作满意度、组织承诺及离职倾向的大小，并探讨在不同职业生涯高原状态下企业管理人员的人口学变量对工作满意度、组织承诺和离职倾向的影响是否具有显著差异。

具体包括如下四个方面的内容：

（一）职业生涯高原与工作满意度、组织承诺及离职倾向之间的结构关系

本书拟在理论分析的基础上提出企业管理人员职业生涯高原与工作满意度、组织承诺及离职倾向的关系假设，并对收集到的数据资料运用相关软件进行分析处理，验证客观职业生涯高原、主观职业生涯高原与工作满意度、组织承诺及离职倾向之间的假设关系，并建立它们之间的结构关系模型。

（二）职业生涯高原进程中，不同类型的企业管理人员工作满意度、组织承诺及离职倾向的大小

本书遵循 Ference 等人（1977）对职业生涯高原进程中管理人员的划分标准，即将管理人员按其工作绩效和未来提升的大小分为 4 类[19]，分别为"新进员工"、"枯萎员工"、"静止员工"和"明星员工"，首先期望通过博弈理论分析，能揭示出每一类管理人员离职的概率大小，从而判断各类管理人员在离职倾向上的差异性。接着期望进一步从实证分析的角

度，对各类企业管理人员在工作满意度、组织承诺及离职倾向的大小作一比较。

（三）不同职业生涯高原下，企业管理人员人口学变量对工作满意度、组织承诺及离职倾向的影响

本书拟以重庆及周边地区的企业管理人员为调查对象来收集数据资料，并以国外对职业生涯高原的两种测量方式为基础。为更好地探讨不同职业生涯高原状态下企业管理人员的差异性，具体研究中拟将主观与客观职业生涯高原存在的连续形态作进一步的细分，从"弱"、"较强"和"强"三种状态来探讨在不同职业生涯高原状态下，企业管理人员的性别、年龄、学历、婚姻状况、管理职位、工作资历等在工作满意度、组织承诺以及离职倾向上是否具有显著性差异。

（四）企业管理人员职业生涯高原的应对策略

本书拟按照企业管理人员主观职业生涯高原与客观职业生涯高原组合而形成的各种职业生涯高原类别，将具体分析弱职业生涯高原、较强职业生涯高原、强职业生涯高原和非均衡性职业生涯高原的内涵，并从个体和组织两个视角对分别处在这四大类职业生涯高原的管理人员给出具有建设性的具体应对策略。

二　研究范围

本书主要是对企业管理人员职业生涯高原相关问题进行研究，因此，本书的研究对象非常明确，就是"企业管理人员"。由于职业生涯高原状态的刻画可以用强弱的程度来表示，因此，为了比较各种程度的职业生涯高原，我们对于主观感觉和客观观测中未进入职业生涯高原期的状态统称为"弱职业生涯高原"，对于主观上有一定感觉但不强烈以及客观上进入职业生涯高原后不久的状态统称为"较强职业生涯高原"，对于主观上感觉强烈和客观上已长期处于职业生涯高原的状态统称为"强职业生涯高原"。所以，我们的研究既包括可直接观测的客观指标，又包括通过主观评价而判断的主观指标。

企业管理人员尤其是企业高层管理者一般不愿接受问卷调查，同时，调查者自身还受到时间、精力，尤其是经费等因素的制约，这些给本研究进行问卷的实地采样带来很大困难。由于本研究问卷属于自陈述量表，只需要企业管理人员结合自己的实际情况和主观感受进行作答，填答地点可

以不局限于企业内，因此，灵活地通过各种途径来进行调查不会影响问卷的有效性。首先，通过来重庆大学经管学院在职攻读工商管理硕士学位或进修的各类企业的高层、中层与基层管理人员，以及成建制的来自本地企业及外地企业的工商管理干部培训班学员进行信息收集。其次，我们还实地调研了部分重庆地区的企业，在这些企业中对部分管理人员进行了问卷调查。除此之外，我们还借助于网络，通过电子邮件的形式向重庆地区及外省市部分企业的管理人员发放了问卷。本书选取的样本中，包括了部分外省市驻重庆办事处及外地来渝培训的管理人员，因受实际条件的约束，这部分人员所占的比例不高。

第三节　研究方法、技术路线和结构安排

一　研究方法

（一）文献探讨法

考虑到目前国内对职业生涯高原研究才刚刚起步，而且仅有的文献中也只是国外研究的综述，因此，本书关于职业生涯高原的文献来源主要是国外的研究文献。而对于工作满意度、组织承诺和离职倾向，国内外的文献较多，我国许多学者都进行了深入研究，因此，这方面的中文文献较多。文献探讨，主要为本书的研究假设的提出提供基础。

（二）实证分析方法

本书的实证分析是基于研究的假设，首先进行变量设计，在此基础上得到调查问卷。然后通过问卷的调查和收集获得相关数据，进行数据分析，并根据数据分析结果对所提出的假设作出验证。为了保证研究结果的信度和效度，在本书中采用了两阶段问卷的做法，即先进行小样本问卷调查，再进行大样本问卷调查。在这一过程中采用了交叉证实 Cross— Validation（Michael Tracey 等，1999）的方法，即先根据研究假设，通过文献阅读进行变量指标设计，在此基础上形成初步的问卷，以此问卷作小样本调查，并对小样本调查的结果进行探索性因子分析（Exploratory Factor Analysis），同时进行信度和效度分析。根据分析结果对问卷进行修订，或者对某些变量指标进行剔除，或者将它们重新归类，从而形成大样本问卷（或量表），再以此问卷（或量表）进行大样本调查，根据大样本数据进行证实性因子分析（Confirmatory Factor Analysis），验证研究假设。

（三）博弈论分析方法

博弈论（Game Theory），又称对策论，是研究竞争条件下决策分析的科学。它研究的典型问题是若干个利益冲突者在同一环境中进行决策以求自己的利益得到满足。在一个决策问题中，当一个主体的选择受到其他主体选择的影响、而且这个主体的选择反过来又会影响到其他主体选择时，博弈分析方法就成为分析这类决策问题的标准工具。在博弈分析方法中，个人的效用函数不仅依赖于决策者自身的选择，而且还依赖于他人的选择，个人的最优选择是自己和他人选择的函数[20]。本书研究过程中，对职业生涯高原进程中不同类型的企业管理人员的离职决策的比较就是采用博弈论的分析方法。

在本研究中，所用到的统计工具主要有两个，分别是 SPSS、AMOS。SPSS 主要用于探索性因子分析，以及对变量指标的信度和效度分析；AMOS用来对所提出的理论模型进行路径分析，进行结构方程建模，并对路径分析的结果进行检验并证实或证伪研究假设。

二　技术路线

技术路线是引导本书从选题、构思一直到科学结论的总体性研究规划。在本书近几年的准备和写作过程中，所采用的基本技术路线可以归纳为图1.1。

本书的研究思路是：首先通过理论分析提出研究命题（或假设），其中，本书提出了3个一层假设（假设 I 包括9个二层假设，假设 II 包括6个二层假设，假设 III 包括6个二层假设），然后通过博弈和实证分析对命题（或假设）进行检验，最后得出本书的创新性结论。为了保证研究假设和数据分析的衔接，本书用五、六、七三章来分别论证1个一层研究假设。

三　本书的结构安排

本书的写作过程基本上遵循了上述技术路线，而且在内容安排上也基本体现了这个技术路线的作用。

第一章：绪论。主要分析研究企业管理人员职业生涯高原及其与工作满意度、组织承诺和离职倾向相关问题的背景和意义，阐述本研究的目的、内容和范围，提出研究的方法和所采用的技术路线，并总结本书工作

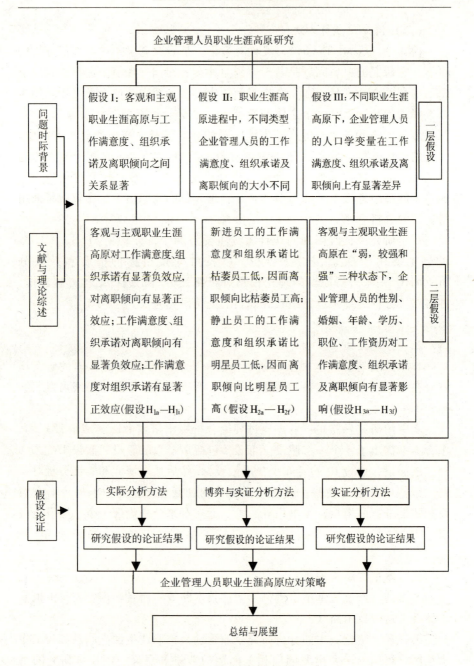

图 1.1　本书的技术路线

的创新之处。

第二章：国内外文献综述。首先综述国内外有关职业生涯高原的研究动态，其次分析工作满意度、组织承诺及离职倾向的基本内涵，探讨三者之间的关系，最后阐述职业生涯高原与工作满意度、组织承诺及离职倾向之间的关系，并在上述各方面的研究基础上提出本书的研究假设。

第三章：基于职业生涯高原的企业管理人员离职博弈分析。首先概述文献研究部分关于职业生涯高原化进程中企业管理人员的分类，分析员工离职的影响因素及相关离职博弈问题的研究现状，最后建立基于职业生涯高原的各类企业管理人员的离职博弈模型。

第四章：职业生涯高原与工作满意度、组织承诺及离职倾向的实证研究方法设计。首先在第二章研究假设的基础上，建立本书实证研究的架构，其次对问卷设计、变量的测量和问卷的修正分析过程和结果进行说明，最后阐述大样本调查后数据的分析方法。

第五章：职业生涯高原与工作满意度、组织承诺及离职倾向关系的结构方程模型构建。首先分析客观与主观职业生涯高原与工作满意度，组织承诺及离职倾向的相关性，在此基础上，进一步用结构方程模型验证客观与主观职业生涯高原与工作满意度、组织承诺和离职倾向等潜变量之间的结构关系，从而对相关假设进行验证。

第六章：职业生涯高原进程中不同企业管理人员工作满意度、组织承诺及离职倾向的比较。通过实证分析，对职业生涯高原进程中的新进员工、枯萎员工、静止员工和明星员工等四类企业管理人员的工作满意度、组织承诺及离职倾向的大小进行多重比较，以发现他们之间的差异性。

第七章：职业生涯高原下人口学变量对工作满意度、组织承诺及离职倾向的影响。基于前面文献部分提出的假设，先后分析客观职业生涯高原和主观职业生涯高原下基于"弱"、"较强"和"强"三种状态时，性别、年龄、婚姻状况、学历、管理职位、工作资历等人口学变量在工作满意度、组织承诺和离职倾向上是否具有显著性差异，并对每一种分析结果作进一步诠释。

第八章：企业管理人员职业生涯高原的应对策略。对由企业管理人员不同主观职业生涯高原和客观职业生涯高原形成的各类组合形态，逐一对企业管理人员分别处于弱职业生涯高原、较强职业生涯高原、强职业生涯高原和主客观非均衡性职业生涯高原等各类情形下的具体应对策略进行了详细分析。

　　第九章：总结与展望。本章主要是对前面的理论和实证研究的有关结论作一个概括性的总结，并指出了本研究的局限性以及进一步的研究方向。

第四节　主要创新和贡献

　　本书通过理论与实证研究，揭示了企业管理人员主观与客观职业生涯高原对工作满意度、组织承诺及离职倾向的影响效应，得出了职业生涯高原进程中新进员工、静止员工、枯萎员工与明星员工离职倾向的概率及其在工作满意度、组织承诺及离职倾向上的大小，证实了在"弱、较强、强"三类主客观职业生涯高原下管理人员性别、婚姻、年龄、学历、资历、职位各变量对工作满意度、组织承诺及离职倾向影响的差异，研究结果有助于企业在人力资源开发与管理实践中加强对管理者的职业生涯管理，并进一步丰富了职业生涯高原理论。本书的主要创新之处具体概述如下：

　　一、国内文献对职业生涯高原的研究仅停留在定性分析层面，缺乏定量的实证分析。本书通过实证研究，建立了企业管理人员主客观职业生涯高原与工作满意度、组织承诺及离职倾向关系的结构方程模型（如图1.2）。结果发现：客观职业生涯高原与主观职业生涯高原之间显著正相关，但客观职业生涯高原对工作满意度和离职倾向没有显著影响，仅对组织承诺具有显著正效应；主观职业生涯高原对工作满意度和组织承诺具有显著负效应，对离职倾向具有显著正效应；工作满意度和组织承诺对离职倾向具有显著负效应，而工作满意度对组织承诺具有显著正效应。

　　该结论对现代企业在人力资源管理中如何应对管理人员职业生涯高原危机，合理规划职业生涯具有重要的理论指导意义。为此，企业应重塑新的承认管理人员价值的文化理念，打破传统的晋升怪圈；建立灵活的企业管理人员职业发展路径，疏通组织中的职业堵塞；注重对企业管理人员的人力资本投资，拓展他们的职业发展空间；丰富组织中工作设计的内容，提升企业管理人员的工作生活质量。

　　二、现有文献还没有应用博弈分析方法来研究职业生涯高原问题，本书以 Ference 等人按职业生涯高原进程将企业管理人员所划分的四类员工

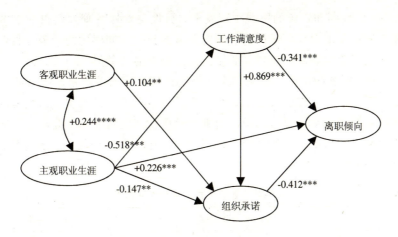

图 1.2 实证分析的论证结果

注：+代表正效应，−代表负效应，↔代表相关。

为研究对象，在博弈论分析的基础上，建立了基于职业生涯高原的企业管理人员离职博弈模型，得出了各类管理人员在均衡状态时的离职倾向的概率。结果发现：新进员工离职倾向的概率比枯萎员工大；静止员工离职倾向的概率比明星员工大。

通过实证研究发现，企业管理人员在职业生涯高原进程中，新进员工与静止员工的工作满意度和组织承诺都显著低于枯萎员工和明星员工，因而离职倾向都显著高于枯萎员工和明星员工，但新进员工和静止员工之间，枯萎员工和明星员工之间在工作满意度、组织承诺及离职倾向上没有显著性差异。且企业管理人员离职倾向的博弈分析结果与实证结果是一致的。

该结果表明，企业对职业生涯高原进程中不同类型的管理人员应注重采取差异化的激励与约束机制，并不断完善企业自身的组织文化和绩效考核制度，以保持企业管理队伍的可持续发展。

三、基于理论分析中提出的有关假设，以重庆及周边地区企业管理人员为样本，通过 t 检验、F 检验和方差的齐性检验等，详细探讨在"弱、较强、强"三类客观与三类主观职业生涯高原下，企业管理人员各人口学变量对工作满意度、组织承诺及离职倾向是否具有显著性影响（详见表 1.1）。

综合各类职业生涯高原下的检验结果后发现：

（一）性别和资历的影响相对最小。男性与女性管理人员仅在强客观职业生涯高原下对离职倾向的影响有显著差异，不同资历的管理人员仅在较强主观职业生涯高原下对离职倾向的影响有显著差异。

（二）婚姻和学历的影响其次。企业管理人员的婚姻在弱客观职业生涯高原下，学历在较强客观职业生涯高原下，对工作满意度、组织承诺及离职倾向的影响均有显著差异。婚姻和学历在弱主观职业生涯高原下分别对离职倾向和组织承诺的影响有显著差异，在较强主观职业生涯高原下都对离职倾向的影响有显著差异。

表 1.1　　　　　　　　**人口学变量的显著性差异检验结果**

显著性检验		客观职业生涯高原			主观职业生涯高原		
		弱	较强	强	弱	较强	强
①工作满意度 ②组织承诺 ③离职倾向	性别	×	×	③	×	×	×
	婚姻	√	×	×	③	③	×
	年龄	√	√	③	√	√	√
	学历	×	√	×	②	③	×
	职位	√	√	√	①	√	√
	资历	×	×	×	×	③	×

Table 1. 1 Significant difference test of demography variables

注：" × "指全部不显著；" √ "指全部显著。部分显著的则直接标注了相对应因素的编号。

（三）年龄和职位影响相对最大。年龄除了在强客观职业生涯高原下仅对离职倾向的影响有显著差异外，职位除了在弱主观职业生涯高原下仅对工作满意度的影响有显著差异外，在其他各类客观与主观职业生涯高原下，企业管理人员的年龄和职位对工作满意度、组织承诺和离职倾向的影响都有显著性差异。

四、按照企业管理人员主客观职业生涯高原组合形态形成的各种类别，分析了弱职业生涯高原、较强职业生涯高原、强职业生涯高原和非均衡性职业生涯高原的内涵，从个体和组织两个视角对处于这四大类职业生涯高原的管理人员给出了具有建设性的具体的应对策略，各类别详细的应对策略在本书第八章中作了详细解释和说明，这里不再一一赘述。

　　上述结果表明，企业在人力资源管理中，应将管理人员所处的职业生涯高原状态与其个人特征结合起来，从而有针对性地采取有效措施，如建立男女平等公平公正的晋升环境，打破传统的论资排辈的晋升观念，加强对未婚企业管理人员职业规划的引导，重视对企业管理人员的在职培训或脱产培训，保护中基层管理人员的工作积极性等来提高企业管理人员的工作满意度和组织承诺，并降低他们的离职率。

第二章 文献与理论研究述评

第一节 职业生涯高原理论述评

一 职业生涯高原的内涵

（一）职业生涯的含义

职业生涯（career）是社会学、心理学、经济学、教育学等多个学科的研究对象，不同学科分别从不同的角度进行研究。在职业心理学发展之初，当时社会发展相对稳定，一个人进入某职业之后，基本上不大改变，故当时经常用的词语是职业，英文即 occupation 和 vacation，是人们为获得生活来源而从事的某种工作[21]。随着社会变更的加快，相应地，职业稳定性降低，为体现这种变化，到 20 世纪 60 年代以后，职业生涯一词开始被广泛引用。

职业生涯的英文 Career 在牛津辞典（Oxford Dictionary）上的解释是"一生的经历、谋生之道、职业，或称为事业前程、生涯"。职业生涯的一种含义为"客观上的职业生涯"，即一个人在一生中所从事的各种工作职业的总称。例如 Shartle（1952）认为职业生涯是指一个人工作生活中所经历的职业、工作、职位的关联顺序。McFarland（1969）认为职业生涯指一个人依据心中的长期目标，所形成的一系列职业或工作选择，以及相关的教育或培训活动，是有计划的职业发展历程。职业生涯的另一种含义是"主观上的职业生涯"，是指一个人一生中对职业的价值观、为人处世的态度以及工作动机的变化过程[21]。如 Hood & Banathy（1972）认为职业生涯包括个人对工作中职业的选择与发展，非职业性或休闲活动的选择与追求，以及在社交活动中参与的满足感。Supper（1976）认为职业生涯是生活里各种事件的演进方向和历程，统合个人一生中各种职业和生活角色，由此表现出个人独特的自我发展形态；职业生涯也是人生自青春期至退休以后，一连串有报酬或无报酬职位的综合，甚至也包含了副业、家庭和公民的角色。Van Maanen & Schein（1978）将这两种含义概述为"外职业生涯"和"内职业生涯"。

组织中员工产生职位变动的动机，通常来讲，一般是由于职位空缺或新的岗位的出现。在传统的职业研究中，职业阻碍的影响以及在未来职业的提升机会的降低一直以来并没有引起学者们的重视。尽管人们有时认为他们一生中会经历几个职业，但这种职业发展可概括为两个模型，即"生物社会生命周期"模型（Erickson，1963；Gould，1979；Levison et al，1978）和"工作职业"模型（Hall 和 Nougaim，1968；Super，1957；Veiga，1973，1983），后者更适合组织在定义典型的员工从开始工作到退休通常经历的时期或"阶段"。总之，职业生涯是综合利用个人和组织关于时间、空间的各个方面多维的复杂的观点[22]。

按照 Hall（1976）的职业阶段的模型观念，个人通过一系列的步骤参与到他们的职业中去，尝试和研究（直到 25 岁），成长和建立（直到40 岁），然后停滞，最后衰减（50 岁以后）。很显然，这种职业阶段是跟生理年龄紧密联系。每个阶段是由一系列的任务和角色为标志，并且根据他的综合需求、动力、态度和行为（满意度、绩效、投入）来区别的[22]。一些研究人员已经观察到目前人们很少研究处理职业发展中的停滞期（Carnazza，J.，Korman，A.，Ference，T.，& Stoner，J. 1981）[23—24]。

（二）职业生涯高原的概念

职业生涯高原简称职业高原。西方研究者主要从晋升（promotion）、流动（mobility）以及责任（responsibility）三个角度对职业生涯高原进行概念化操作。1977 年美国职业心理学家 Ference 等最早从晋升的角度对职业生涯高原进行定义。他们认为职业生涯高原是指个体职业生涯发展的某一阶段，在这个阶段中，个体进一步晋升的可能性非常小。Veiga（1981）对职业生涯高原的含义进行了扩充，认为职业生涯高原不仅包括晋升的可能性很小（垂直流动的停滞），而且还包括水平流动（横向运动）的停滞。他将职业生涯高原定义为由于长期处于某一职位，从而使得个体未来的职业流动包括垂直流动和水平流动，变得不太可能（Appelbaum，S. H. and Finestone，D.，1994）[25]。从 20 世纪 70 年代后期到 80 年代后期，研究者对职业生涯高原的概念化操作都是从晋升和流动这两个角度进行的。1988 年，Feldman 和 Weitz 对职业生涯高原概念又提出了新的见解[7]，他们认为，使用晋升或垂直流动对职业生涯高原进行定义事实上是假设组织层级水平与工作责任有着必然的关系。然而事实上员工可能被授予了更多的责任，但是工作头衔却没有变化。同样，员工可能被授予了新的工作头衔，美其名曰"晋升"，但实际上他们的工作责任在减少，Feldman 等将这种情况称之为"明升暗降"（being kicked upstairs）。因此，Feldman 等对职业生涯高原进行了新的定义。他们认为，职业生涯高原是指承担更大或更多责任的可能性很小[7]。

（三）职业生涯高原的结构

Ference 根据影响员工达到职业生涯高原的组织和个人因素，将职业生涯高原分为组织高原与个人高原[18]：组织高原是指在一个组织内缺少员工发展所需的机会，组织无法满足员工个体职业发展的需要，是因组织因素使员工达到职业生涯高原；个人高原是指员工缺少进一步晋升所需的能力和动机，是因个体自身因素所导致的职业生涯高原。

Bardwick（1986）也根据影响员工达到职业生涯高原的不同因素，把职业生涯高原分为：结构高原、内容高原和个人高原[14]。结构高原是发生于组织水平之上，是因组织结构的不合理而使员工职业发展受到限制，它一般不受员工个人的控制，是最为复杂的一种职业生涯高原；内容高原是指当员工掌握了与他（她）的工作相关的所有技能和信息之后，而缺乏进一步发展知识与技能的挑战时，所出现的一种个体职业发展上的停滞状态；个人高原主要是指因个体生活上的静止，而导致个体职业发展上的停滞。

自从职业生涯高原的研究开始引入管理心理学的视角后，就有研究者提出职业生涯高原心理结构的看法。目前，关于职业生涯高原的结构主要有两种观点：一种是单维度的观点，如 Trembly、Lee 等人的看法 [1][26]。该派观点继承了 Ference 关于职业生涯高原的看法，他们将职业生涯高原界定为员工知觉到在组织中未来晋升的可能性很小。在具体研究中，研究者常常是根据自己主观的需要开发一到两个项目对职业生涯高原进行测量。比较典型的项目为"我呆在一个没有前途的职位上"，"你认为你在当前职位水平上工作的时间很长了吗？"等；另一种是两维度的观点，如 Milliman、Allen 等人的看法。Milliman 等（1992）根据 Bardwick（1986）的观点提出了与工作相关的两类职业生涯高原，即层级高原（hierarchical plateau）和工作内容高原（job content plateau）。层级高原是指，个体知觉到的在组织中进一步晋升的可能性很小。工作内容高原是指，个体掌握了与工作相关的所有知识和技能，工作缺乏挑战感。Milliman（1992）除进一步丰富了职业生涯高原的内涵之外，他还开发出了一套职业生涯高原的测量工具[27]。

关于职业生涯高原的结构除了单维度和两维度的观点外，还有研究者提出了四维度的观点。Joseph（1996）[28]认为职业生涯高原应该包括结构高原、内容高原、个人选择和工作技能四个维度。除此之外，Bardwick 还提出了生活高原的概念。生活高原即指，在工作的世界之外，个人感到一种停滞。这是一种非常危险的高原现象，因为它会使员工对工作和非工作活动失去方向和热情，不再有精力去承担他被赋予的角色，比如父母、配偶、社区领导等。

二　职业生涯高原的影响因素

（一）职业生涯高原模型

Feldman 和 Weitz（1988）[7]提出了一个职业生涯高原动态发展模型。在此模型中，他们将使员工达到职业生涯高原的原因分为三类：（1）员工的工作绩效；（2）组织是否能提供承担更多责任的机会；（3）员工是否接受组织所提供的机会。其中，每一方面又受到其他因素的影响。比如，员工的工作绩效会受到员工的内部动机和外部动机、个人的工作技能和能力、角色知觉以及培训机会等因素的影响。图 2.1 是 Feldman 和 Weitz（1988）所提出的职业生涯高原模型。从图中可以看出，员工的工作绩效、组织能否提供承担更多责任的机会以及员工是否接受组织所提供的机会三者构成一个连续链，动态地对员工的职业前景产生影响。链条中任何一个环节的断裂都会导致员工进入职业生涯的停滞期。需要指出的是，在此模型中，组织是否向员工提供承担更多责任的机会，不仅要考虑员工当前的工作绩效，而且还要考虑员工当前所从事的工作与将要承担更多责任的工作二者之间的相似性[19]。

（二）六因素说

Feldman 和 Weitz（1988）[7]认为员工达到职业生涯高原主要有六个方面的原因，即员工本人的能力和技术，个人的需要和价值观，感受的压力，内部动力，外部激励以及组织发展。他们认为这些因素并不总是消极的，比如员工个人的能力就可以通过培训或带薪学习而不断提高，这样就可以减弱职业生涯高原状态。Feldman 针对这些影响因素，进一步提出了

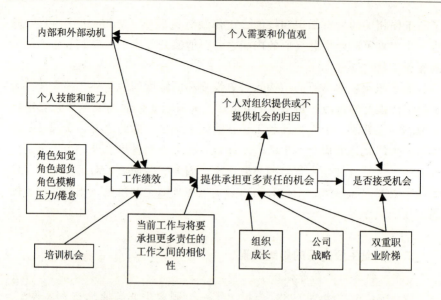

图 2.1　职业生涯高原模型（Feldman & Weitz）

一些延缓员工进入高原期的措施，如科学的绩效考评模式、合理公平的晋升机制等。但六因素只是停留在探索性定性推测研究的层面，没能形成可测量的指标体系。而这一学说实际上又可以概括为两个因素，一个是员工个人因素，如个人的能力和技术，个人的需要和价值观，个人感受的压力以及个人内部的动力；一个是组织因素，即组织对员工外部激励以及组织本身的发展问题等[18—19]。

（三）三因素说

近年来，受到研究者更多关注的是 Tremblay 和 Roger（1993）[26] 所提出的三因素的观点。三因素说将影响职业生涯高原的因素划分为个人因素、家庭因素以及组织因素三类。个人因素包括年龄、资历、控制点（内控/外控）、受教育程度、晋升愿望、上级的绩效评价、工作卷入度、先前成功经历以及管理幅度等因素。家庭因素包括家庭满意度、家庭规模、家庭负担以及配偶的工作类型（无工作、全年兼职、全年全职）等因素。组织因素包括组织的结构特征以及职业路径（职能/直线）。他们的实证研究表明，个体先前成功经历、资历、受教育程度、上级绩效评价以及年龄与客观职业生涯高原存在显著的关联，个体的晋升愿望、先前成功经历、资历、管理幅度、配偶的工作类型等因素与主观职业生涯高原有显著的负相关，而外控和年龄与主观职业生涯高原有显著的正相关[18—19]。

三　职业生涯高原的测量

根据大量的观察，一个职业包含着二元含义：一是客观方面的职业（有结构性方面和可监测方面），一是主观方面的职业（个人因素和感受到的工作意义）。客观职业一般和担任职业的次序相匹配（Rosenbaum，1984）[29]。而主观职业与个人参与这些活动的特殊意义相匹配[30]。Greenhaus、Parasuraman 和 Woemley（1990）[31]指出这两种定义的区别和工龄的记录只能刻画出客观职业生涯高原状态，而不是一个人感觉到峰点的直接暗示。Korman（1980）表明经理们可能认为他们职业陌生，尽管他们客观上是成功的。另外，经理们可能没感觉到高原并且对工作感到高兴，虽然他们已经达到了高原。

根据评价主体，职业生涯高原可分为主观职业生涯高原与客观职业生涯高原。主观职业生涯高原与个体自我概念相关，是个体主观上所认知到的一种职业上的"停滞期"。它强调个体对现有工作状况的认知、评价与反应。客观职业生涯高原是个体根据可观察到的客观测量指标，甚至是研究人员根据实际情况所分析出的员工现有职业状况。一些客观测量指标如未来晋升的可能性、现有岗位工作年数、两次晋升间隔的时间等等[18]。

职业生涯高原可能被想象或认为是一个暂时的或长期的现象，它对各个组织和文化理念是特别的。在每个国家和公司这些准则是可以改变的（Stoner, Ference, & Warren, 1980）。一些作者有时定义职业"高原"为一个时期，在该时期里，个人在最近的一段时期内不可能提升（Ference, Stoner, and Warren, 1977），其他人认为职业生涯高原象征着在一个给定的时间内不管水平还是垂直都明显缺乏流动性[30]。尽管个人可能经历在一个水平上的相当长的职业稳定期，但这并不必然意味着他们将会因为在工作岗位时间太长而愤恨。

（一）客观职业生涯高原的测量

由于研究者背景的限制，20 世纪 90 年代以前对职业生涯高原的测量主要是使用一些客观的指标如年龄、任职时间、两次晋升的间隔时间等，从他人判断的角度对职业生涯高原进行测量。对于职业生涯高原的测量指标，Chao（1990）用现有岗位工作年数来测量，而其他研究者用年龄或者下次晋升的可能时间来测量[32]。Slocum（1985）和 Tremblay（1993）

等人采用任职时间对职业生涯高原进行测量，规定如果员工在当前职位上的任职时间达到或超过 5 年便判定其达到了职业生涯发展的高原期。

在 20 世纪 80 年代初期，一些学者将客观职业生涯高原出现的时间段定为 5 年，有的用 7 年，还有人定为 10 年，但后来国外的实证研究基本上都统一到 5 年这一规定上来。Deborah R. Ettington （1998）[33] 在 "Success for Plateauing" 一文中，在对一个来自跨国公司的 373 名美国和欧洲的中层管理人士的样本进行研究中对客观职业生涯高原测试的标准是：如果管理者连续 5 年没有得到提升，他就已经处于客观高原状态（5 年是划分标准中的临界点）。他根据高原状况的客观和主观评估方法中临界点的不同值，推算出其统一值。在两种评估方法下（客观的和主观的），回答者要么处于高原期，要么是非高原期。管理者连续 5 年没有得到提升，被视为高原，此时两种评估方法的一致性最高（67%）。另外一个证明该临界点的正确性的测试是如下调查："如果你已经连续五年或者更久没有得到提升，你继续升迁的机会将很低。"答案选项分为 1（非常不同意）到 5（非常同意）。大部分答题者（59%）同意这项说法（选 4 或 5），其中超过 5 年没有提升的答题者占大多数（68%）。

Tremblay、Roger 等 （1995）[34] 认为，客观职业生涯高原可以通过现有岗位工作年数，在相同位置所处的相关时间，距离上次升职的时间间隔来测量。在他们的实证研究中，客观职业生涯高原是通过现有岗位工作年数测量的。在相同的岗位上 5 年以上的人们被定义为职业生涯高原者。因而在组织中少于 5 年工作资历的参与者必须从研究的样本中剔除。

（二）主观职业生涯高原的测量

20 世纪 80 年代发表的论文中，大部分论述了职业生涯高原作为一种客观状况，应该用年龄和工作任期来评估。然而，工作任期的发展是一个不同于职业生涯高原的过程，其差别是当职业生涯高原更早发生时这种单凭客观高原来评价就显得矛盾突出。在概念上，工作任期同样应该与继续升迁的低可能性区分开来。Chao （1990）[6] 和 Tremblay et al. （2004）[35] 主张，用一种能被员工感知提升可能的主观评估方法更适当。因为，确定他（她）职业生涯高原时的心理反应是一种个人对职业发展的真实感觉。

Deborah R. Ettington （1998）[33] 用以下三项指标来评估个人感知到的提升可能："在公司中我可能被提升"；"我已经达到了高于自己所预期的

水平"；"我期待在公司不久后就能上升到更高层"（在调查中，公司一词用本公司的名称代替）。答案列出 1 分（非常不满意）到 7 分（非常满意）。重新编排并平均这些分数后，得出高分则表示对高原状态的感知强烈（α = 0.90）。分数等级评估的合理性被与之相关的提升时间长短的客观评估方法所支持（r = 0.42；p < 0.001）。这种分数等级评估在内容上与Milliman（1992）发明的六级评分制相似。

　　Tremblay、Roger & Toulouse（1995）[34]认为，主观职业生涯高原可以用个人感觉的下次升职时间间隔和个体对于将来得到升迁的机会的认知来测量。主观职业生涯高原通过以下的两个问题来测量："我认为自己在目前级别的职位上所待的时间已经很长"和"我在目前级别的职位上进一步发展的空间已经很小"，被调查者被要求回答是、否或不确定。如果他们对两个问题都答"是"，那么他们就是职业生涯高原者；如果他们都答"否"，那么他们就是"非职业生涯高原者"；如果他们对一个问题答"是"而对另一个答"否"，则认为他们对该问题属于中间的不确定型。（Cronbach 系数 α = .62）

四　职业生涯高原的应对策略

（一）个体应对

Rantze 和 Feller（1985）[36]提出了四种个体解决职业生涯高原问题的策略：（1）静心法（placid approach）——接受这种状态，尽力克制自己的消极情绪；（2）跳房子法（hopscotch approach）——在原有职位不变的情况下，努力向其他方面发展，以求得在其他方面与较好的发展；（3）跳槽法（change of uniform approach）——离开组织并在其他组织中找到相似的职位，希望通过环境的变换解决这一问题；（4）创业法（entrepreneurial approach）——通过尝试、创新等途径努力开发他们现有的工作，成功地与决策者进行互动，而不是被动地接受。Rantze 和 Feller 认为这种方法是解决职业生涯高原最有效的办法[18]。

Rotondo（1999）[37]则认为个体对职业生涯高原的应对本质上可分为问题应对（problem—focused coping）和情绪应对（emotion—focused coping）。问题应对直接解决由职业生涯高原所带来的压力。具体包括横向转移、接受新的工作任命、充当年轻雇员的导师、变成职能或技术专家、加入工作项目或团队、从工作任务中而不是从个人晋升中获得奖励等。情绪应对试图使职业生涯高原员工主观上对他们的职业生涯状况感觉更好。具体包括寻求社会支持、主观上不看重晋升、责备组织或直接上级、心理退行、疏离感、敌意、酗酒或药物滥用等[18]。

（二）组织干预

自从职业生涯高原这一概念提出以来，就有许多研究者从组织管理的角度提出了许多具体的干预策略[18]。例如，Tan 和 Salmone（1994）[38]指出，职业生涯高原既是个人关心的问题，同时组织也应该关心这个问题，并尽力控制可能导致职业生涯高原的组织因素。他们还具体指出，组织可以通过工作再设计、项目团队、轮岗、横向转移、带薪休假等人力资源管理措施解决职业生涯高原的问题[18]。Ivancevith 和 Defrank（1986）[39]从心理咨询的角度提出，组织可以通过职业生涯咨询、压力管理研讨会、放松技巧训练、与健康有关的讨论会等措施帮助处于职业生涯高原的员工。Duffy（2000）[40]采用混沌理论对处于职业生涯高原的员工进行干预，并取得了很好的成效。并指出，混沌理论能够有助于职业咨询实践者向职业生涯高原员工提供帮助，提高干预效果，具有一定的应用价值[18]。此外，对跨国公司中外派管理人员职业生涯高原的干预还应考虑跨文化的适应性和归国后的职位调整等。

第二节　工作满意度、组织承诺与离职倾向理论述评

一　工作满意度

（一）工作满意度内涵

工作满意度的正式研究始自 Hoppock（1935）发表的《工作满意度》（Job Satisfaction）一书，该书首度提出了工作满意度的概念，他认为工作满意度是工作者心理与生理两方面对环境因素的满足感受，亦即工作者对工作情境的主观反应，此后便成为诸家学者竞相探讨的课题。

Locke（1968）[41]对"何为工作满意度？"这一问题的回答为"一种个人对其工作所持的愉悦的或积极的感情状态"。期望理论的创始人 Vroom（1982）把工作满意（Job Satisfaction）与工作态度（Job Attitudes）作为可替换的概念，将工作满意度定义为"个人对其充当的工作角色所保持的一种情感倾向"[42]。罗宾斯（1997）[43]将工作满意度定义为"个人对他所从事的工作的一般态度"。Berry（1997）认为工作满意度是一个人对于

其工作经历的心理反应。Schultz（1982）定义工作满意度为"人们对于其工作的心理感受，其中涉及诸多态度及感觉相关的因素"[44]。然而诸位学者的定义千差万别，以至于想要找到一个放之四海而皆准的工作满意度定义几乎是件不可能的事。综观工作满意度的众多定义，至少存在一个共识，即工作满意度是一种与工作相关的心理反应。

据统计，到1996年止，国外所发表的与工作满意度直接相关的论文已超过3300篇。在国内，"工作满意度"也一直是管理学和心理学研究的重要课题，许多研究项目和硕博论文，讨论影响"工作满意度"的因素和其与生产量、离职、领导方式、工作表现等变量之间的关系。工作满意度之所以引起人们普遍关注的一个重要原因是它和一些主要的员工行为变量，如组织承诺、员工离职等表现出显著的相关性。许多研究者将工作满意度作为自变量、因变量或调节变量来开展研究。

（二）工作满意度的理论基础

20世纪初，泰罗（F. W. Taylor）的科学管理理论在美国企业得到广泛应用并在一段时期内大大提高了企业的生产力。然而，科学管理理论由于没考虑到员工的感受，把人当作纯粹为钱而工作的经济人，结果最终导致员工的强烈不满，并曾引发员工的大罢工，以抗议恶劣的工作环境、装配线的加速以及管理所造成的困扰[45]。总之，科学管理理论偏离了泰勒的预期理想，这在一定程度上为行为科学诞生提供了契机。

1927年到1932年期间，举世闻名的"霍桑实验"（the hawthorne experiments）打开了行为科学研究的大门，行为科学理论也弥补了科学管理理论的不足[46]。行为科学学派的兴起，使"人的行为"成为管理的核心构面，员工的工作满意度更成为对人的行为研究中的焦点。这里对工作满意度的几种主要理论作一概述。

1. 需要层次理论

需要层次理论（hierarchy of needs theory）是由美国著名心理学家与行为科学家马斯洛1954年提出的。这一理论将人类的需要由低到高分为生理需要、安全需要、归属和社会的需要、尊重的需要与自我实现的需要五种层次。并认为低层次的需要在一定程度上得到满足后，个体就会追求高层次的需要，而已经得到满足的需要则不再对个体构成激励。

但这一理论也遭到了质疑。Schneider. Benjamin & Alderfer于1973年修正Maslow的"需要层次理论"提出需要满足理论（Need Satisfaction

Theory）。此理论认为员工的工作满足决定于工作环境、工作特性与员工需要之间相互配合的程度。当工作环境、工作特性与员工需要相互配合时，则员工产生工作满足；反之，如果无法与员工需要相互配合，则员工会产生不满足的现象。Whaba 和 Bridwell（1976）在对需要层次论深入研究后发现，并没有明显的证据显示出人类需要可分成阶梯状排列的五类，该理论并不能很好的预测人的行为。即使如此，需要层次论还是受到了广泛的认可[42]。

2. 双因素理论

美国心理学家、行为科学家赫兹伯格于 1959 年在针对工程师和会计师工作满意度研究的基础上提出了工作动机的激励与保健理论（motivation—hygiene theory），简称双因素理论。这一理论认为，工作满意与不满意并不是非此即彼的关系。满意的反面是没有满意，不满意的反面是没有不满意。在实际工作中，存在两类不同的因素（保健因素和激励因素），对激发员工的工作热情，提高劳动效率起着不同的作用。那些只能消除工作中不满情绪，而不能激发员工的工作热情、不能从根本上激励员工的因素叫保健因素（hygiene factors）；那些能调动员工工作积极性、激发其工作热情、能从根本上激励员工的因素叫激励因素（motivational factors）。常见的保健因素有组织政策、管理监督方式、工作条件、人际关系、报酬、地位、职业稳定、个人生活需要等。常见的激励因素有成就、赏识（认可）、艰巨的工作任务、晋升、成长、责任感等[45]。赫兹伯格所说的保健因素和激励因素在实际的工作中有所交叉，也因管理对象的不同而存在差异。

学者们对双因素理论的主要的批评是关于其所用以发展理论的方法。有人批评当初的研究以工程师和会计人员为对象，并没有代表性。有人批评双因素理论将工作满意的性质过分简单化。弗鲁姆认为赫兹伯格的研究结论大可推敲，因为由他的研究可以推演出多种不同的结论，"双因素理论"只不过是结论之一而已[42]。

3. 期望理论

期望理论由美国心理学家弗鲁姆（Vroom）1964 年出版的《工作与激发》一书中首先提出来的。其基本观点认为人们在预期的行动将会有助于实现某个目标的情况下，才会被激励起来去做某些事情以实现个人目标。即：激励力 = 期望概率 × 效价，其中：激励力——激励水平高低的衡量标准；期望概率——自己主观上估计实现目标、得到报酬的可能性；效价——个人对某一目标的重视程度与评价高低。Vroom 的期望理论指出了工作满意的达成必须同时兼顾环境和个人的因素[47—48]。

期望理论与其他激励理论一样，也有自身的局限。这种局限性不仅受到理论本身的影响，而且也与实践中的复杂关系有关。具体说，期望理论的局限性主要表现在两方面：首先，期望理论忽视了努力与绩效关系中的个人能力因素和社会表现机会因素。其次，这一理论也未能充分说明高成就需要者行为激励现象。高成就需要者十分重视个人的奋斗目标，他们只在乎个人努力到个人目标的飞跃。他们的行为动力直接来源于对个人目标的追求，至于努力获得的绩效及组织的奖励并不看重。期望理论对此未能给予恰当的解释。尽管期望理论存在一定的缺陷，但其理论贡献和对实践的指导作用是不能低估的[49]。

4. 公平理论

公平理论是由美国心理学家、管理学家亚当斯（Adams）1967 年在他的《奖励不公平时对工作质量的影响》一书中提出来。该理论的主要观点认为人们总是要将自己所作的贡献和所得的报酬，与一个和自己条件相当的人的贡献与报酬进行比较，在比较的基础上，感受自己是否享受公平的待遇。如果一个人的内心感受是公平的，其工作积极性即激励水平就高；反之，激励水平则低。即当 $\dfrac{\text{自己的报酬}}{\text{自己的贡献}} \geq \dfrac{\text{别人的报酬}}{\text{别人的贡献}}$ 时，个人的感受则是公平的。根据公平理论的观点，如果个体比较后的感受是报酬公平，他们会对工作产生满意的感觉，进而努力维持当前的状态或增加他们的投入以换取更多回报。而如果个体比较后认为他们得到的报酬是不公平的，他们的工作满意感就会降低，进而通过减少工作投入来谋求平衡[45]。因此，公平感会在很大程度上影响员工的工作满意感。

陈照明（1993）指出公平理论有许多未解决的问题：多数的研究报告大多没有清楚地指出参考人，一般研究方法只要求员工与特定人比较其投入与成果，在多数工作环境中，比较人或参考人都是在组织内工作相当长的时间才选出的，因此无法客观地加以比较；公平理论的一般化问题，由于不同组织与不同的职业水准，工作任务常有差别，如何客观相互比较，就是一种难题；大多数的研究大都支持公平理论对偏低报酬的预测，但对偏高报酬的反应一直未有令人满意的说明。另外有学者指出公平理论最大的缺点，是经验的印证尚嫌不足（Hodgetts, 1982）[42]。

（三）工作满意度的维度及测量

　　工作满意度的维度是指影响工作满意度的主要因素，不同的测量方法把工作满意度的组成成分归结为不同的方面。Hoppock（1935）认为可能影响工作满意度的要素包括疲劳、工作单调、工作条件和领导方式等，他更多的是从工作内容、工作条件等物质属性角度定义员工工作满意度的维度，随着社会环境的变化，有许多缺陷；后来，Friedlander 从社会环境和员工的心理动机出发，认为社会及技术环境因素、自我实现因素、被人承认的因素是工作满意度的组成维度[50]；此外，国外许多文献从不同视角研究了员工工作满意度的维度组成，从而不断丰富了工作满意度维度的研究内容[51—54]。

　　赫兹伯格（1959）的双因素理论（Two—factor Theory）把影响工作满意度的因素划分为保健（hygiene）因素和激励（motivator）因素两大概念。双因素理论开创性地提出了工作满意度中的"满意"和"不满意"的不对称问题，让人们对工作满意度有了更深入的理解，并引发了对工作满意度的广泛讨论。此后，研究者开始探索工作满意度的结构。Friedlander（1963）认为，社会及技术环境因素（包括上司、人际关系、工作条件等）、自我实现因素（个人能力得到发挥）、被人承认的因素（工作挑战性、责任、工资、晋升等）构成了工作满意度；Vroom（1964）提出，工作满意度主要构成因素包括管理、提升、工作内容、上司、待遇、工作条件、工作伙伴等七个方面[55]。

　　在我国，许多学者根据国外学者的研究进行了工作满意度维度的本土化研究。徐联仓等人（1978）根据改革开放和经济建设的发展需要，与同事合作完成的有关职工工作满意度调查报告在《光明日报》发表后，引起海内外舆论的广泛重视，这是国内最早进行的工作满意度调查。之后，吴忠怡、徐联仓（1988）又对明尼苏达满意度量表进行中国地区的修订[56]。其他的相关研究还有冯伯麟（1996）用因素分析和逻辑分析的方法提出了教师工作满意度构成的五个要素[57]。俞文钊（1996）通过对128 名合资企业的员工进行研究发现影响员工总体工作满意度的因素主要有 7 个：个人因素、领导因素、工作特性、工作条件、福利待遇、报酬工资、同事关系[58]。邢占军（2001）通过对国有大中型企业职工的研究表明工作满意度主要由物质满意度、社会关系满意度、自身状况满意度、家庭生活满意度、社会变革满意度等 5 个维度构成[59]。

对工作满意度结构影响比较大的是明尼苏达满意度量表和工作描述指标量表。明尼苏达满意度量表（Minnesota Satisfaction Questionnaire，简称MSQ）由 Weiss、Dawis、England & Lofquist（1967）编制而成，它分为长式量表（21 个量表）和短式量表（3 个分量表）。短式量表包括内在满意度、外在满意度和一般满意度 3 个分量表。长式量表包括 100 个题目，可测量工作人员对 20 个工作方面的满意度及一般满意度。它的特点在于对工作满意度的各个方面进行了完整的测量，但是，在使用中发现，长式量表题量比较大，而且，测量中被试负担和误差问题是值得商榷的[1]。随后，Smith、Kendall & Hullin（1969）提出了工作描述指标量表（Job Descriptive Index，简称 JDI）。它包括 5 个部分：工作、升迁、报酬、管理者及同事。每一部分由 9 个或 18 个项目组成，每一个项目都有具体分值，将员工所选择的描述其工作的各个项目的分值加起来，就可以得到员工对工作各个方面的满意度。JDI 的特点是填答时不受教育程度的限制，只要就不同方面选择不同的形容词就可以了。由于此量表在美国作过反复的研究，发现施测效果良好。但也有研究者（Yeager，1981）认为，JDI 不像MSQ 那样对工作各方面进行精确的诊断，并不是很适合对组织的实际问题进行诊断和解决。在我国，卢嘉、时勘（2001）[56]研制出了我国的工作满意度量表，实践证明，此量表具有较好的信度、效度，它的测量结果与MSQ 的相关达到显著水平。除此以外，还有一些测量方法如关键事件测量法与面谈测量法等也运用较多。

二　组织承诺

（一）组织承诺的内涵

组织承诺（Organizational Commitment，简称 OC）是当代组织行为学中的一个概念，原称心理契约（Psychological Contract），简言之，就是个体对某一特定组织的认同和卷入程度（Porter et al.，1974）。它是将个人与组织联结在一起的态度或导向，或个人目标与组织目标越趋一致的过程。组织承诺是成员对组织目标与价值的认同，愿意为组织付出心力与投入及表达希望继续留任组织的强烈意愿（Buchanan，1974）[42]。

美国社会学家贝克最早提出这一概念（Becker, H. S.，1960）。他认为，组织承诺是指员工随着对组织的"单方投入"的增加而产生的一种甘愿全身心地参加组织各项工作的感情。但他的研究由于缺乏系统性而未能引起社会的重视。之后，随着行为科学研究的不断深入，组织承诺及其量表广泛应用在管理学、社会学和心理学等学科领域，愈来愈受到人力资源管理与组织行为研究者的重视，但组织承诺的定义，学者之间的看法不尽相同[60—64]。以下列举部分专家学者的定义：

Salancilk（1977）认为个人会受制于本身过去的行为，而对组织产生承诺，这是因为个人负担不起离开组织的成本，而不得不采取的适应方法。Steers（1977）认为组织承诺是个人对工作的反应态度，包括个人实际的工作与理想工作一致、个人认同自己所选择的工作以及个人不愿意离开现在的组织另外找寻其他的工作。Kawakubo（1987）指出组织承诺是组织成员希望继续留在该组织的意愿。Wiener（1982）认为组织承诺是个人内化的规范压力，使个人的行为配合组织的目标与利益。Alpander（1990）认为组织承诺是一种对组织的正向态度。Meyer等人（1998）将组织承诺分成两个构面，包括价值承诺和持续承诺，其中发现价值承诺和工作投入有正相关。组织承诺就是员工个人认同组织与组织目标，并希望维持为该组织一分子的程度。

我国学者王重鸣、刘小平认为组织承诺是指员工对组织的一种责任和义务，源于对组织目标的认同，由此衍生出一定的态度或行为倾向[65—66]。凌文辁等人（2001）认为组织承诺是员工对组织的一种态度，它可以解释员工为什么要留在某企业，因而也是检验职工对企业忠诚程度的一种指标[67—68]。郭玉锦（2001）认为，作为一种工作态度，组织承诺具有态度的一般共性和心理机制，而信念和价值观是态度的基础，它形成于个体社会进程中所表现出的文化精神[69]。因此，组织承诺的强度和向度具有显著的民族文化特征。

Morrow发现了30种组织承诺的定义，他认为，关于组织承诺的研究"往往致力于形成自己的定义和开发出量表进行测量，而对别人的研究很少关注"，因此现存的组织承诺定义有很严重的概念冗余（Concept Redundancy），这个问题需要引起研究者的高度重视[70—71]。

（二）组织承诺的分类

对于组织承诺的认识，有两种较为流行的观点：一是行为说，二是态度说。行为说主要关心个人是怎样影响与行为一致的态度的形成的。而态度说主要关心个人是怎样培养出对组织价值观的坚定信念，又是怎样产生出为组织的利益而努力的意愿，以及如何培养个人形成想留在企业而不愿离开的意愿等[72—75]。目前大部分研究都是从态度这个角度来进行阐述的。因此，以下分类都是从态度这个角度来进行的：

Etzioni（1961）将组织承诺分为道德的投入、计算的投入、疏离的投入。Kanter（1968）将组织承诺分为持续承诺、凝聚承诺、控制承诺、Staw & Salancik（1977）将组织承诺依研究途径分为组织行为途径——态度承诺，社会心理学途径——行为承诺[75—76]。Stevens, et al.（1978）将组织承诺分为规范性的组织承诺和交换性的组织承诺。Allen & Meyer（1990）将其分类为情感性承诺、持续性承诺、规范性承诺[61]。

Allen 和 Meyer（1990）[61]将组织承诺分为情感承诺、持续承诺和规范承诺三种成分，是对以往的各种组织承诺量表进行的一次综合性研究概括。这个研究结果在很多研究中得到验证（Price，1997）[70]。刘小平（2000）在中国情景下开展验证研究，结果表明，组织承诺包含情感承诺、持续承诺和规范承诺三个成分，同时这三个成分在二阶因素分析时，归为同一个因素[77]。

（三）组织承诺在我国的研究进展

组织承诺在我国已经有了一定的研究基础，这些研究多采取主位研究，或者主位和客位研究相结合的方式，集中在新理论的建构上，一般采用归纳的方法，首先确定组织承诺的概念定义和结构，再采取量化方法进行验证。凌文辁[67]采用半开放式问卷的方法，让被调查者列出其愿意和不愿意留在某个单位的原因是什么，在此基础上通过量化研究方法建立了中国企业职工组织承诺的心理结构，发现中国职工组织承诺包括五个因素，即情感承诺、规范承诺、理想承诺、经济承诺和机会承诺，其中包括与国外研究相同的部分（情感承诺、规范承诺、经济承诺），也发现了两个独特的承诺类型（理想承诺、机会承诺），并且作者认为因素之间的相互组合也在一定程度上反应了组织承诺的不同表现形式。他们的另一项研究发现不同承诺类型的影响因素也有区别[68]。刘小平、王重鸣（2002）[65]等从文化差异和留职/离职的角度，提出了在不同工作情境下对组织承诺研究的两种思路：在西方文化背景下，员工倾向于从离职角度考虑自己与企业的关系；在中国文化背景下，员工倾向于从留职角度考虑自己与企业的关系，在此基础上，研究者提出了一个基于社会交换理论的组织承诺形成过程模型，并通过模拟实验研究发现，组织承诺与组织支持感之间有密切的线性关系，二者的相关达到 0.63—0.71；可选择的工作机会能够影响组织承诺，并且组织承诺的形成还受到组织支持感和可选择工作机会的交互作用。通过对组织承诺在我国的研究分析发现，上述研究有以下的共同点，第一，都认为组织承诺是一个受文化影响的概念，它的概念、维度或者形成过程体现出文化差异；第二，都是从离职或留职的角度研究组织承诺。

三　离职倾向

（一）离职倾向的含义

离职倾向是指工作者在一特定组织工作一段时间，经过一番考虑后，蓄意要离开组织（Mobley, 1977）。一般认为是一序列撤退的认知（想要停职并企图寻找其他工作）的最后一个阶段，最能预测工作者离职行为的发生（Tett & Meyer, 1993；Carsten & Spector, 1987；Steel & Ovalle, 1984）[78—79]。

在过去30年里，大部分关于员工离职倾向的研究都是建立在经验基础上的实证研究，即考察某些因素和离职之间的关系。1977年Mobley理论模型的提出对于离职倾向的研究具有巨大的意义。他的理论中第一次提出离职倾向是员工由工作不满意转变到实际的离职行为的重要因素（Fishbein and Ajzen 1975；Hulin, Roznowski, & Hachiya, 1985；Mobley, 1977；Mobley, Griffeth, Hand, & Meglino, 1979；Porter and Lawler, 1968；Price & Mueller, 1981, 1986；Rusbult & Farrell, 1983；Sheridan & Abelson 1983；Steers & Mowday, 1981）[78—80]。

离职倾向概念的意义表现在两个方面：第一，它提供了一个有效的预测员工离职行为的因素（Steel & Ovalle, 1984；Mobley et al., 1979）。第二，它为社会学和心理学中关于"行为的倾向导致行为的先决条件"的理论提供了依据（Ajzen, 1991；Ajzen & Fishbein, 1980；Bagozzi &Warshaw, 1990；Sheppard, Hartwick, & Warshaw, 1988）[81—83]。

（二）国外员工离职问题研究现状

国外关于雇员离职研究的历史可以追溯到20世纪初，最早研究这一领域的是经济学家，主要考察工资、劳动力市场结构、失业率等宏观因素对雇员离职的影响。工业心理学家从20世纪70年代开始对雇员离职进行研究，而学者们将研究重点放在离职模型的构建上，主要从个体层面来研究雇员离职的决定因素，进而试图揭示雇员离职决策过程。这里重点介绍两个离职模型。

1. 马奇（March）和西蒙（Simon）模型[81—84]

马奇和西蒙模型被称为"参与者"决定模型，这个模型由两个子模型构成，一个子模型分析的是感觉到从企业中流出的合理性，一个分析的是感觉到流出容易性程度。员工对工作的满意度及其对企业内部流动的可能性估计是流出合理性的两个决定变量。在流出容易程度的决定因素中，马奇和西蒙特别强调雇员看到的企业数量，他们胜任的职位的可获得性以及他们愿意接受这些职位的程度。

马奇和西蒙的这两个模型，一个是分析个体的行为因素，一个是分析劳动力市场因素，这是最早试图将劳动力市场和个体行为融为一体来考察员工离职过程的模型。然而这个模型是对员工离职过程的抽象描叙，它没有结合影响工作满意度的具体因素，因而模型缺乏预测性和应用性。

2. 普莱司（Price，2000）模型[81—84]

普莱司（Price，2000）模型是 Price 和 Mueller 经过多次修改，以实证为基础的理论模型，它吸收了许多前期模型的优点，同时综合了经济学、行为学、社会学的内容。普莱司（Price，2000）模型存在 4 类和离职相关的变量：环境变量、个体变量、结构变量和过程变量。其中环境变量主要指与家庭和劳动力市场相关的变量；结构变量也就是模型的外生变量；过程变量也就是模型的内生变量。环境变量有两个：亲属责任和机会。亲属责任也就是对家庭的承诺，它会减少离职行为。所谓机会，是指外部就业机会，它是和劳动力市场相关的变量，更多的就业机会降低当前工作的吸引力，从而增加离职行为。

总的来说，Price 模型主要建立在期望理论上，这些期望满足与否将会影响工作满意度和组织承诺度，从而影响离职。这个模型吸收了多个学术领域对离职的研究成果，在解释雇员离职的心理变化进程方面表现出很好的预测能力。

（三）国内员工离职问题研究现状

国内关于员工离职的研究主要有两种思路，一种是分析影响企业员工离职的因素；另一种是评价国外研究中的一些离职动因模型，并在此基础之上展开实证研究。主要研究有：（1）国内学者崔勋[82]借鉴 Hofstede、Allen 和 Meyer 等学者的理论和方法，通过问卷调查，揭示了员工的性别、年龄、学历、婚姻状况、户口等人口学特征变量和职位、连续工龄、离职次数、晋升概率、晋升次数等职务相关变量对员工的组织承诺有显著影响。同时提出员工组织承诺对离职意愿有显著的影响。（2）清华大学博士后张勉[83-84]等人对西安15家IT企业的470名技术员工进行了问卷调查，采用OLS回归分析，对Price（2000）离职意愿的路径模型进行了实证研究。研究结果表明：组织承诺度、工作满意度、工作搜寻行为、机会、工作投入度、期望匹配度、积极情感、职业成长度、晋升机会和工作单调性等10个方面被认为是影响离职的主要决定变量。（3）西安交通大学的赵西平[85]等人对西安地区的企业员工离职作了问卷调查，采用回归因子分析方法提取工作满意度、工作压力感、组织承诺和经济报酬评价四个主要因子。表明在构成满意度的诸多变量中，对工作本身满意感、对提升的满意感、事业生涯开发压力感、情感承诺和对报酬满意感是影响员工离职的关键变量。（4）叶仁荪、王玉芹、林泽炎[86]等人对国有企业员工进行问卷调查，并利用Lisrel和SPSS软件对检查结果进行实证分析，并建立了相关模型，模型显示：工作满意度和组织承诺与员工离职显著负相关，而且工作满意度对员工离职倾向具有更大的解释性。另外，工作满意度和组织承诺在解释员工离职倾向上具有跨文化效度。

第三节　职业生涯高原与工作满意度、组织承诺及离职倾向关系述评

一　工作满意度、组织承诺对离职倾向的影响

工作满意度、组织承诺与离职倾向三者之间的关系已经被大量的研究论述过（Iverson，1992；Mueller et al.，1992；Price & Mueller，1986）。这些研究中往往把工作满意度和组织承诺作为影响离职倾向的两个最关键因素，但是对于二者之间关系研究却存在一些分歧（Farkas & Tetrick，1989；Lance，1991；Mathieu，1991；Mottaz，1988）[78-79]。

早期观点认为组织承诺被假设为工作满意度和离职倾向之间的媒介因素（Porters et al.，1974；Steers，1977；Stevens，Beyer，& Trice，1978；Rusbult & Farrell，1983）。这也就是说工作满意度将会影响到组织承诺，然后组织承诺再影响到离职倾向。

但随后的观点认为工作满意度被假设为组织承诺和离职倾向之间的媒介因素（Bateman & Strasser，1984）。这也就是说组织承诺将会影响到工

作满意度，然后工作满意度再影响到离职倾向。

第三个观点认为工作满意度、组织承诺都影响着离职倾向，并且它们之间存在着相互的联系（Farkas & Tetrick，1989；Mathieu，1991）[78—79]。这种观点在西方研究中得到了广泛的支持。随后西方的一些研究证实了这种观点。

目前，大部分的研究假设认为员工的工作满意度的产生导致了组织承诺的产生（Lincoln & Kalleberg，1985，1990；Mowday et al.，1982；Mueller et al.，1994；Price & Mueller，1986；Wallace，1995）。学者们认为员工对于某个岗位和工作的感知超前并导致了对于某个组织的感知[78—79]。于是他们推论，相对于组织承诺，工作条件变化在影响员工的工作满意度方面显得更加直接和迅速（Mowday et al.，1982；Mueller Price，& Wynn，1996）。本书采用第三种观点，即工作满意度影响组织承诺，且工作满意度和组织承诺共同影响员工的离职倾向。

大量的关于离职倾向的研究都是在分析导致离职倾向的各种因素和它们之间的关系如何。员工的组织承诺与工作满意度被认为是产生员工离职行为的两个重要原因（e.g.，Mobley，1977），Muchinshy & Morrow（1980）认为员工的离职是由于三个原因导致的（个人、经济机会和工作相关因素），工作相关因素是组织最为关心的因素，因为它们可以通过一定的管理活动得到控制，而工作相关因素就包括工作满意度、组织承诺和离职倾向[83—84]。

二　职业生涯高原与工作满意度、组织承诺及离职倾向的关系

（一）职业生涯高原的状态表现

虽然职业生涯高原有很多消极的情绪，很多调查研究认为这样的消极并不一定会被发现（Feldman and Weitz，1988）[7]。这些研究认为职业生涯高原可以是一个很有价值的、稳定的休息时期及安全期，有着可以获得光明前景的机会。因此，职业生涯高原可能不一定会导致挫折。与职业生涯高原结果有关的研究证据是很混淆的。虽然一些研究发现可以用工作满意度等条件来判定职业生涯高原者和非职业生涯高原者的明显区别（Tremblay et al，2004）[35]，但根据 Chao（1990）[6]观点，系统鉴别职业生涯高原者和非职业生涯高原者的失败归因于职业生涯高原构想的概念和运行机制。

1. 职业生涯高原现象是一种感知

传统上，研究用真实情况如年龄和工作保有权来运行职业生涯高原的构建（Veiga, 1981; Evans and Gilbert, 1984），而这些真实的情况可能存在着一些缺点[87—89]。Chao（1990）[6]指出：真实情况反映出个人对高原现象的感知，他认为职业生涯高原现象应该是一种感知。因为如果认为他们将来得到晋升的机会很小，应该是感觉更能影响他们的态度和行为。更进一步来说，产生职业生涯高原的确切时间因人而异。用这些措施来克服这些困难，职业生涯高原的标准应该建立在雇员们自己的感知基础上。

2. 职业生涯高原是一个连续变化的过程

Chao（1990）[6]指出在以前研究结果中的矛盾逐渐增加，因为一些研究认为职业生涯高原是在两极不断变化的，而另一些人则认为它是一个连续变化的过程。Chao 认为高原现象的深浅程度是不一样的。因此，以一个连续变化的标准来测量职业生涯高原更合适。Chao（1990）[6]以经验指出，用这种方法来描绘职业生涯高原的影响更精确。Tremblay 用一个相类似的实验表明用建立在连续变化量上的感知来说明工作绩效更有说服力。因此，使用一个连续的标度来测量职业生涯高原的感知是十分必要的。

（二）职业生涯高原下人口学变量对工作满意度、组织承诺及离职倾向的影响

职业生涯高原下，个人特征因素已表现为约束或成为流动性约束的障碍。Gattiker & larwood（1990）表示企业管理人员人口变量能够影响成功的感觉，进一步对个体的工作满意度、组织承诺和离职倾向产生影响[90]。

1. 性别的影响

工作满意度、组织承诺及离职倾向与性别之间关系比较复杂。Cotton and Tuttle（1986）、Weisberg 和 Kirschenbaum（1993）发现女性比男性更不容易满足，组织承诺相对要低，也更倾向于离职；而 Berg（1991）、Miller & Wheeler（1992）和 Wai & Robinson（1998）的研究发现二者之间没有联系[42][90]。20 世纪 90 年代，Elaine（1997）和 Summers & Hendrix（1991）的研究却发现女性的工作满意度和组织承诺比男性高，男性更趋向于离职[82]。但以前国内外的研究都没有考虑将企业员工所处的职业生涯高原状态作为约束条件。

2. 年龄的影响

Tremblay、Roger & Toulouse（1995）[34]认为，年龄和职业生涯高原联

系的特殊研究仅提供确定的结果，但一些研究人员观察到年龄和流动性之间负相关。尽管这种流动性的减少与年龄不总是渐进和线性的，因此进入主观高原的企业管理人员一般被认为比那些继续在他的职业中晋升的人的年龄要大。这些结果引导我们期望年龄与不同职业生涯高原状态的企业管理人员的工作满意度、组织承诺和离职倾向有显著的影响。

3. 婚姻状况的影响

一项关于家庭理念和职业关系的研究试图表明职业生涯和工作以外的生活是相互联系的实体。Frone 和 Rice（1987）[92] 表明企业员工结婚与否直接关系本人家庭生活的满足，以及增加角色冲突和职业压力的大小。其他学者认为婚姻带来的家庭规模的变迁在职业发展中是一种资本。LeLouarn、Theriault & Toulouse（1983）发现薪水、晋升次数和一个全职工作的配偶之间弱联系。Veiga（1983）发现家庭规模和员工离职之间的联系的研究结果远不能得到确定的结论。Pfeffer 和 Ross（1982）认为男性娶一个在外工作的女性导致比样本中其他男性收入低，这一结论包括经理和其他专业人员。Le Louarn（1987）[93] 表明结婚与否对员工的离职倾向的影响明显。基于此，我们将期望不同职业生涯高原下婚姻状况对企业管理人员的工作满意度、组织承诺和离职倾向有显著的影响。

4. 学历的影响

Tremblay、Roger & Toulouse（1995）[34] 认为，不充足的教育会阻碍垂直的进展和约束一个人跳槽的可能性。学历的高低对员工离职倾向的影响被认为是贯穿于整个职业生涯。然而这种影响会随着时间而减弱，因此学历为进入许多管理阶层的需求服务。有时也作为才能的象征，这些关于学历对职业稳定性和职业生涯高原的影响的结论是不同类的[87]。因此，我们将期望不同职业生涯高原下学历对企业管理人员的工作满意度、组织承诺和离职倾向有显著的影响。

5. 管理职位的影响

提升作为一种奖励和一个成功的标志，其重要性在职业生涯高原的心理变化进程中具有决定作用。然而，提升机会对于不同管理层次上的企业管理人员来说，并不是同等重要的。Schein（1985）认为具有管理权限职业倾向的企业管理者，由于他们对发展进步尤其重视，当他们遭遇职业生涯高原时，将受到最消极的影响（Elsass & Ralston, 1989）[94]。Milliman（1992）[27] 发表文章强调，提升渴望的强烈程度在不同职位上的管理人员之间是具有明显区别的。Carnazza、Korman、Ference & Stoner（1981） 发现，对于处于不同职业生涯高原状态的管理者来说，提升渴望与工作表现的相关是必然的。基于此，我们将期望不同职业生涯高原下管理职位对企业管理人员的工作满意度、组织承诺和离职倾向有显著的影响。

6. 工作资历的影响

对于经理在一个公司中多年的工作资力经常被认为是非正式的，一个人应该希望上司加大提升机会。很多研究发现在一个公司中的工龄越长，员工因此也越有经验或对公司越忠诚，晋升的机会也越低。Mills（1985）[95] 观察到工作资历的增加与提升之间是一种消极关系。同时 Abraham 和 Medoff（1985）[96] 的研究表明，工作资历每增加一年，管理人员的晋升机会就减少4.3%。因此我们将期望不同职业生涯高原下工作资历对企业管理人员的工作满意度、组织承诺和离职倾向有显著的影响。

（三） 管理人员职业生涯高原过程的阶段模型

Ference（1977） 等人基于他们对企业管理人员的深入研究提出一种模型来理解高原化管理人员问题。该模型描述了高原化进程中的主要职业发展阶段。模型的两个基本部分理解为目前的绩效和将来提升的可能性[87—89]。如表2.1所示，他们提出了四种类型员工，分别是 "新进员工"、"枯萎员工"、"静止员工" 和 "明星员工"。"新进员工" 被公司认为有很大潜力提升，但他们现有的工作绩效水平低于组织可接受的标准，且目前还没有发挥出潜力的那些企业管理人员。"明星员工" 是做出了杰出工作，工作绩效水平高，过去已经晋升，并被高层管理人员认为在公司有更进一步提升潜力的管理人员。"静止员工" 是那些工作绩效水平高，且工作表现令人满意，但由于组织或个人的或二者共同的原因，被认为是没什么机会晋升的管理人员。"枯萎员工" 是指那些工作绩效水平没有达到组织可接受的水平，晋升机会近乎为零的那一类管理人员。职业变动没有单一的顺序。即 "新进员工" 不一定会成为明星员工，而静止员工也不一定必然成为枯萎员工。

缺少对未来潜力的精确估计，晋升能力经常以现在或过去的绩效为基础进行评价。流动性和管理人员的绩效评估之间的关系不像一个人想象的那样清楚明了。Turmage & Muchinsky（1984）[88] 表明在工作中效率最高的员工并不是那些经常得到晋升的人，而那些被提升的也并不一定是表现最好的人。几乎没有证据表明绩效对职业生涯高原的影响。最近的研究表明绩效对职业生涯高原有很弱但却有直接的影响，尽管它存在大量的偏差（尤其是著名的 peter 原理）。当晋升时刻到来之前，管理人员的个人绩效无疑起了一个重要的作用，因此我们期望职业生涯高原与管理者的绩效评估有消极联系。

Aellon 和 Griffeth（1999）认为，如果组织是根据绩效来支付报酬的，则员工就有工作积极性，特别是高绩效的员工获得更多收入，从而提高满意度，降低离职倾向；而低绩效员工由于低绩效而获得低报酬，从而会增加不满意，导致离职倾向增加；相反，如果组织报酬一致性低，则高绩效员工觉得付出和回报不对等，从而增加离职倾向，低绩效员工则乐于留在组织中。

Ference（1977）等人通过对大量企业的调研发现，大多数企业过分关注于两个极端，即绩效高的明星员工和绩效低的枯萎员工，而对新进员工和静止员工不够重视。

很显然，在对这 4 类员工的划分中，由于管理人员是否进入职业生涯高原是由组织来判断的，因此，这里的职业生涯高原应该是组织可直接观察的客观职业生涯高原。另外，对员工工作绩效的衡量也是划分这 4 类管理人员的关键。

表 2.1　　　　　　　管理人员职业生涯高原过程的阶段模型

当前工作绩效	未来提升的可能性	
	低（Low）	高（High）
高（High）	静止员工（Solid citizens） （进入职业生涯高原）	明星员工（Stars） （未进入职业生涯高原）
低（Low）	枯萎员工（Deadwood） （进入职业生涯高原）	新进员工（Comers） （未进入职业生涯高原）

20 世纪 90 年代以来，研究者开始注意到绩效应是一个多维的概念，"绩效的内涵不仅仅只是传统意义上的直接行为结果，也是一个行为过程"[97]（陈学军、王重鸣，2001）。多年来，学术界对绩效的内涵及其自身的结构有各种各样的观点，概括起来主要是从结果和行为两个角度对绩效进行理解[98-100]。一个角度的观点是 Bernardin 等人（1984）[101]的定义，他们认为，绩效是在特定时间范围，在特定工作职能、活动或行为上产生的结果记录。另一个角度的观点是 Campbell、McCloy、Oppler 和 Sager

（1993）[102]提出的。该观点认为绩效是员工自己控制的与组织目标相关的行为。之所以不以任务完成或目标达到等结果作为绩效，主要有以下三方面的原因：一是，许多工作结果并不必然是员工的工作带来的，可能有其他与个人所做工作无关的促进因素带来了这些结果；二是，员工完成工作的机会并不是平等的，而且，并不是在工作中做的一切事情都必须与任务有关；三是，过度关注结果将使人忽视重要的过程和人际因素，使员工误解组织要求[98-99]。

　　Borman 和 Motowidlo （1993）[103]在总结前人的研究成果的基础上提出了任务绩效（task performance）和周边绩效（contextual performance）的概念，从而把这种区分更加明确地表达出来。任务绩效是组织所规定的行为，是与特定工作中核心的技术活动有关的所有行为；周边绩效则是自发的行为、组织公民性、亲社会行为、组织奉献精神或与特定任务无关的绩效行为，它不直接增加核心的技术活动，但却为核心的技术活动保持广泛的、组织的、社会的和心理的环境。

　　Motowidlo 和 Scotter （1996）[104]进一步将周边绩效划分为两方面：人际促进（Interpersonal Facilitation）和工作奉献（Job Dedication），人际促进是有意增进组织内人际关系的行为，能够提高组织士气、鼓励合作，消除阻碍绩效的因素，帮助同事完成工作；工作奉献是以自律性行为为中心的，诸如遵守规章制度、努力工作、创造性等。工作奉献是工作绩效的动机基础，含有很大的动机成分，驱动人们提高组织的绩效；同时工作奉献也包括大量的意志因素，导向性与坚持性是工作奉献的一个显著特点，尽责、对成功的期望、目标导向、严格遵守规章制度等都是这一动机的体现。Motowidlo 和 Scotter （1994）[105]以 400 多名美国空军机械师的上级评价为例，在详细阐述了任务绩效、周边绩效（即人际促进和工作奉献）的考核指标之外，还将员工的总体绩效考核指标归纳为以下三个方面：一是"与工作标准相比的优劣程度"，二是"与同级员工相比的优劣程度"，三是"对部门（或单位）绩效的贡献程度"。此外，Katz 和 Kahn（1978）、Murphy（1989）、Campbell（1990）、Borman 和 Brush（1993）、Viswesvaran 等（1996）以及 Welbourne、Johnson 和 Erez（1998）也分别提出了各自的绩效模型。

　　（四）职业生涯高原与工作满意度、组织承诺及离职倾向之间的关系
　　尽管理论模型倾向于将工作满意度与职业生涯高原相联系，关于职业

生涯高原影响的研究却并没有得出相应的结论。举例来说，Near
（1985）[9]、Evans & Gilbert（1984）[89]全都没有观察到"职业生涯高原
者"与"非职业生涯高原者"一般性满意度的明显区别。Chao（1990）
观察到由主观感受的职业生涯高原明显影响内在和外在的满意度。但是更
详尽的细节却是难以区分的：一些研究得出，未达到职业生涯高原者对于
上级的反应更积极（Near，1985；Orpen，1983，1986）。而另一些研究结
论却恰恰相反（Slocum，Hanson，& Rawlings，1985）。

　　Rice、McFarlin和Bennet（1989）[107]提出，满意度也许是与最大化
缩小期望和现实之间差距的能力相关的。如果人们持续的感受到这种差
距，就会对职业生涯高原表现出不满意（Elsass & Ralston，1989）[94]。
这也是相对的，而不是绝对的，而且来自于比较的过程。一段不可接受
的职业生涯高原的适应长度会导致标准的重建。这种认知的调整过程会
一直持续直到理想的标准和实际标准间的差异消失。我们也不可低估冲
动的影响。也许是在经历了一系列改进职业状况的失败尝试后，个体开
始接受现实，开始降低工作的满意度和对组织的承诺。与工作的其他方
面相比，他们开始降低灵活性的比重和估价（Greenberg，1989；Stepina
& Perrewe，1987）。

　　也许平面坐标比直线坐标更能说明对于职业生涯高原的适应和对工
作满意度的联系。Katz（1978）与Van Maanen & Katz（1976）的研究
表明，对工作特征的反应与所处工作和公司时间长度是非线性相关的。
职业生涯高原与满意度之间的关系也可以以曲线的形式出现：在工作的
某个阶段之前满意度一直增加，然后紧跟一段稳定时期，或者是满意度
的递减。这种关系会取决于工作类型（管理、技术、办公室、体力）
所处的职业阶段。

　　Tremblay、Roger & Toulouse（1995）[34]发现，主观上对职业生涯高原
的认知主要与内在的工作满意度相关。他们的研究结论显示，工作本身的
满意度对感受到的职业生涯高原状态有非常强的联系。感受到职业生涯高
原的员工，他们的工作往往比工作灵活性高的人们的工作提供的效用小得
多。该假设由Orpen（1984）[108]、Gerpott & Domsch（1988）共同证
实[109]。他们观察到，非职业生涯高原者在其工作中比职业生涯高原者
拥有更强烈的自主性、反馈性、技能多样性和有意义的任务。一项长期
调查显示，在工作中长期承受不变的责任的人们拥有更少的发展机会，

而且他们的态度会随着时间的推移日益消极（West, Nicholson, & Fees, 1900）[110]。这些区别出现的原因也许就在于工作的稳定度：一个人在职的时间越长就越难以将其认同为提供给自己自主性、多样性和挑战性的工作[111—115]。在 Cawsey（1985）和他同事的研究中，他们注意到，工作灵活性高的人更倾向于给他们的工作积极的评价：在其他方面，他们比不灵活的被调查者看到更多增长个人发展和获得物质激励的机会。Tremblay、Roger & Toulouse（1995）[34]认为，关于态度的测量和主观职业生涯高原联系的空白可以由内在激励来解释，内在激励可以减轻它们的影响。

职业生涯高原带来的后果包括减少工作表现和降低工作满意度，并将进一步加剧对员工的心理影响（Bardwick, 1986）[14]。Bardwick 评论道，同事们会回避职业生涯高原员工，同时主管们也不再分配重要的任务给他们，询问他们的意见，评估他们的工作表现。这些因职业生涯高原之"污名"带来的社会影响将降低员工们的工作满意度（Salancik & Pfeffer, 1978）。如果职业生涯高原员工意识到他们在工作中得到的支持减少，或者他们所尽的最大努力未被注意，他们的工作积极性就会降低。另外，公司的政策或措施不允许职业生涯高原员工接受培训和发展型任务，获得奖励等。这些因素将进一步降低他们对工作的满意度和对组织的承诺，特别是对那些跨文化的国际公司员工而言，他们出国或回国后面临的职业生涯高原问题就更复杂[116—119]。

关于职业生涯高原的概念解释几乎与它用消极术语所描绘的高原现象是一致的（Nicholson, 1993）[120]。职业生涯高原常常被形容为所不期望的工作绩效，如较低的满意度、高强度的压力、表现差等的代名词（Gerpolt & Domsch, 1987；Elass & Ralson, 1989）[94][109]。在早期的研究中最基本的信念是雇员对他们的职业发展很关心，而职业生涯高原现象潜在地引起员工的不满意。由于很多雇员用晋升作为准绳来衡量他们工作的成功与否，当发现他们的职业在组织中已不能再得到晋升时便会形成消极的态度。处于职业生涯高原期的雇员可能会有很强的离职倾向，因为他们想要在其他地方使职业得到发展。

第四节　相关文献研究的不足与本书假设的提出

综上所述，国内外关于职业生涯高原、工作满意度、组织承诺、离职倾向及其相互之间关系的理论研究取得了大量成果，但仍存在一定的局限性。这主要体现在以下几个方面。

一、现有文献对工作满意度、组织承诺、离职倾向及其相互关系的研究比较深入，而对职业生涯高原与工作满意度、组织承诺与离职倾向的关系研究大都是分开进行的，将它们之间的关系集中并综合考虑来进行研究的很少，因此，相关研究的结论比较分散，从而未能从整体上揭示出它们之间的关系。

综述前面的相关理论文献，不难推测，企业管理人员客观或主观职业生涯高原对其工作满意度、组织承诺和离职倾向都可能会产生显著的影响。同样，企业管理人员的工作满意度和组织承诺又会对他们的离职倾向产生显著的影响。此外，工作满意度还会直接对员工的组织承诺产生显著影响。基于此，本书提出假设 I：客观和主观职业生涯高原与工作满意度、组织承诺及离职倾向之间的关系显著。进一步从它们之间影响的作用方向将假设 I 具体归纳为以下 9 个二级假设：

H_{1a}：企业管理人员客观职业生涯高原对工作满意度具有显著负效应。即企业管理人员客观职业生涯高原越强，其工作满意度越低；反之，企业管理人员客观职业生涯高原越弱，其工作满意度越高。

H_{1b}：企业管理人员客观职业生涯高原对组织承诺具有显著负效应。即企业管理人员客观职业生涯高原越强，其对组织的承诺越低；反之，企业管理人员客观职业生涯高原越弱，其对组织的承诺越高。

H_{1c}：企业管理人员客观职业生涯高原对离职倾向具有显著正效应。即企业管理人员客观职业生涯高原越强，其离职倾向越高；反之，企业管理人员客观职业生涯高原越弱，其离职倾向越低。

H_{1d}：企业管理人员主观职业生涯高原对工作满意度具有显著负效应。即企业管理人员主观职业生涯高原越强，其工作满意度越低；反之，企业管理人员主观职业生涯高原越弱，其工作满意度越高。

H_{1e}：企业管理人员主观职业生涯高原对组织承诺具有显著负效应。即企业管理人员主观职业生涯高原越强，其对组织的承诺越低；反之，企业管理人员主观职业生涯高原越弱，其对组织的承诺越高。

H_{1f}：企业管理人员主观职业生涯高原对离职倾向具有显著正效应。即企业管理人员主观职业生涯高原越强，其离职倾向越高；反之，企业管理人员主观职业生涯高原越弱，其离职倾向越低。

H_{1g}：企业管理人员的工作满意度对离职倾向具有显著负效应。即企业管理人员工作满意度越高，其离职倾向越低；反之，企业管理人员工作满意度越低，其离职倾向越高。

H_{1h}：企业管理人员的组织承诺对离职倾向具有显著负效应。即企业管理人员对组织的承诺越高，其离职倾向越低；反之，企业管理人员对组织的承诺越低，其离职倾向越高。

H_{1i}：企业管理人员的工作满意度对组织承诺具有显著正效应。即企业管理人员工作满意度越高，其对组织的承诺越高；反之，企业管理人员工作满意度越低，其对组织的承诺越低。

上述假设可以概括为以下职业生涯高原与工作满意度、组织承诺及离职倾向之间的关系模型（见图 2.2）。

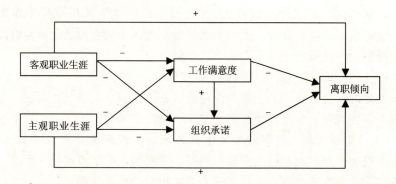

图 2.2　职业生涯高原与工作满意度、组织承诺及离职倾向之间的关系模型
注：" + "代表正效应，" - "代表负效应。

二、尽管国内外许多理论文献对管理人员职业生涯高原化过程的阶段模型从各个方面进行了相关研究，且 Ference 等诸多研究者通过对大量企业的调研发现，大多数企业过分关注于两个极端，即绩效高的明星员工和绩效低的枯萎员工，而对新进员工和静止员工不够重视。但对这 4 类管理人员在工作满意度、组织承诺及离职倾向上的具体差异性问题却并没有被揭示出来。

由于新进员工和静止员工也是企业人力资源的重要组成部分，这种对新进员工和静止员工的忽视有可能会导致这部分群体工作满意度和组织承诺降低，并最终影响到他们的离职倾向。因此，有理由相信，这几类企业管理人员在工作满意度、组织承诺及离职倾向具有差异性。本书正是基于 Ference 等人对于职业生涯高原进程中的 4 类管理人员（即新进员工、枯萎员工、静止员工和明星员工）的分类和分析的基础上，提出假设 II：职业生涯高原进程中，不同类型的企业管理人员的工作满意度、组织承诺及离职倾向的大小不一样。该假设可具体细分为以下 6 个二级假设。

H_{2a}：基于职业生涯高原的低绩效企业管理人员中，新进员工工作满意度比枯萎员工高。

H_{2b}：基于职业生涯高原的高绩效企业管理人员中，静止员工工作满意度比明星员工低。

H_{2c}：基于职业生涯高原的低绩效企业管理人员中，新进员工组织承诺比枯萎员工低。

H_{2d}：基于职业生涯高原的高绩效企业管理人员中，静止员工组织承诺比明星员工低。

H_{2e}：基于职业生涯高原的低绩效企业管理人员中，新进员工离职倾向比枯萎员工高。

H_{2f}：基于职业生涯高原的高绩效企业管理人员中，静止员工离职倾向比明星员工高。

三、尽管相关文献研究已指出职业生涯高原现象是一种感知，可以将职业生涯高原认为是一个连续变化的过程，但目前国内外相关研究大都是定性的描述，未能将客观与主观职业生涯高原作进一步的细分，因此，也就不能从实证分析的角度深入比较不同程度的职业生涯高原下企业管理人员在工作满意度、组织承诺及离职倾向上的具体差异性。

Chao（1990）[6]认为高原现象的深浅程度是不一样的。因此，以一个连续变化的标准来测量职业生涯高原更合适。基于此，在本书的实证研究部分，将客观职业生涯高原和主观职业生涯高原都看成是一个连续变化的过程，并将这个连续变化过程分成"弱"、"较强"和"强"三种状态，从而更好地描述职业生涯高原的变化规律。

将客观上通过直接观测职位年限而未达到职业生涯高原期或者主观上自我感知很小的称为弱职业生涯高原状态；将客观上进入职业生涯高原期不久或主观上感觉模糊的称为较强职业生涯高原状态；将客观上进入职业生涯高原时间较久或主观上感觉强烈的称为强职业生涯高原状态。具体见

表2.2。对于如何衡量各类客观职业生涯高原和主观职业生涯高原，即将不可直接测量的概念变量转换成可直接测量的操作变量，在第四章实证研究方法的变量设计一节中将对此进行详细描述。

表2.2　　　　　　　　　　　　　职业生涯高原的分类

类　型	客观职业生涯高原	主观职业生涯高原
弱职业生涯高原	未进入高原期	自我感知很小
较强职业生涯高原	进入高原期不久	自我感知模糊
强职业生涯高原	进入高原期较长	自我感知强烈

作为一个连续变化的过程，客观职业生涯高原和主观职业生涯高原可以按"弱、较强、强"三种状态来对其达到的强度进行刻画，且前述分析表明企业管理人员各人口学变量对工作满意度、组织承诺及离职倾向会带来一定的影响。因此，在每一类客观或主观职业生涯高原状态下，企业管理人员的性别、婚姻、年龄、学历、职位、工作资历对工作满意度、组织承诺和离职倾向的影响可能具有显著性差异。基于此，本书提出假设 III：不同职业生涯高原下，企业管理人员的人口学变量对工作满意度、组织承诺及离职倾向的影响有显著差异。该假设可以进一步细分为以下 6 个二级假设。

H_{3a}：弱客观职业生涯高原下企业管理人员的人口学变量对工作满意度、组织承诺及离职倾向的影响有显著差异。

H_{3b}：较强客观职业生涯高原下企业管理人员的人口学变量对工作满意度、组织承诺及离职倾向的影响有显著差异。

H_{3c}：强客观职业生涯高原下企业管理人员的人口学变量对工作满意度、组织承诺及离职倾向的影响有显著差异。

H_{3d}：弱主观职业生涯高原下企业管理人员的人口学变量对工作满意度、组织承诺及离职倾向的影响有显著差异。

H_{3e}：较强主观职业生涯高原下企业管理人员的人口学变量对工作满意度、组织承诺及离职倾向的影响有显著差异。

H_{3f}：强主观职业生涯高原下企业管理人员的人口学变量对工作满意度、组织承诺及离职倾向的影响有显著差异。

第五节　本章小结

　　本章首先对职业生涯高原理论的研究现状进行了综述，分别从职业生涯的概念、职业生涯高原的内涵、职业生涯高原的影响因素，以及客观职业生涯高原与主观职业生涯高原的测量等进行了分析。其次，对工作满意度、组织承诺和离职倾向相关理论的国内外研究现状作了全面的概述，并对这三者之间的关系进行了分析。最后对职业生涯高原与工作满意度、组织承诺及离职倾向相互之间的关系研究进行了述评，并在此基础上提出了相关的一系列研究假设。

第三章　基于职业生涯高原的企业管理
人员离职博弈分析

第一节　引言

前一章对职业生涯高原、工作满意度、组织承诺及离职倾向的相关理论及文献作了全面的述评。在关于工作满意度、组织承诺与离职倾向之间的关系时，相关的文献研究表明，工作满意度影响组织承诺，且工作满意度和组织承诺共同影响员工的离职倾向。它们之间的关系如图3.1。

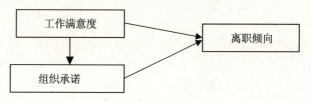

图 3.1　工作满意度、组织承诺与离职倾向之间的关系

在探讨企业管理人员职业生涯高原与工作满意度、组织承诺及离职倾向之间的关系时，考虑到工作满意度和组织承诺最终都将共同影响到员工的离职倾向，因此，企业管理人员职业生涯高原与其离职倾向之间的直接关联问题便具有十分重要的探究价值。基于此，本章仅着重探讨基于职业生涯高原下企业管理人员的离职倾向问题，并拟采用博弈论的方法来进行分析，而在随后的几章中，我们将全面研究企业管理人员职业生涯高原与工作满意度、组织承诺及离职倾向之间的关系。

Ference（1977）对企业管理人员的分类揭示了高原化进程中管理人员的主要职业发展类型[87]。他提出的模型是基于企业管理人员当前的绩效和将来提升的可能性，从而对企业管理人员划分出了4种类型，分别是"新进员工"、"明星员工"、"静止员工"和"枯萎员工"。前面一章的文献与理论探讨部分对这4类员工的分类作了详细的分析，本章探讨的重心就是集中在这四类职业生涯高原化进程中的管理人员的离职问题上。

随着我国市场经济的不断深入和经济全球化的迅速发展，我国企业的管理人员不可避免地存在着大量提升无望的"静止员工"和"枯萎员工"，同时也存在有一定提升希望的"新进员工"与"明星员工"。但是，由于企业内外环境的影响，一方面对于大量高绩效的管理人员来说，由于遭遇到职业发展上的高原瓶颈而主动离开企业，他们的离职给企业带来了一系列的负面效应，如重要客户的流失、商业技术的泄密、企业竞争力的下降等；另一方面，对于企业中低绩效的处于职业生涯高原的管理人员来说，他们在离职倾向上肯定与高绩效管理人员有明显的不同，因此，研究不同绩效状态下职业生涯高原管理人员的离职倾向问题具有重要的理论和现实意义。

传统博弈理论是建立在博弈的外部环境和参与者内部认知体系（表现为偏好）保持不变的假设下，因此在动态博弈过程中博弈结构和规则是固定不变的。现在企业面临着动态、多变、不确定的外部经营环境，企业内部管理人员的个人偏好也随着社会经济文化的变迁和企业自身的发展而处在动态变化之中。企业为防止或鼓励员工离职而采取的管理措施，如对低绩效员工的离职补贴和对高绩效员工离职的罚款大小，以及管理人员一旦离职后的工作搜寻成本大小等，这些因素将直接关乎企业管理人员离职倾向的高低。

本章正是基于 Ference 等人对于职业生涯高原化过程中的4类企业管理人员的分类：即新进员工、枯萎员工、静止员工和明星员工，用博弈论方法来对每一种类型下的企业管理人员与企业之间的离职博弈进行分析，以构建不同类型企业管理人员的离职博弈模型。

第二节　企业员工离职的影响因素及离职博弈模型简述

一　企业员工离职的影响因素

Price（1999）将离职分为以下两类：自愿性离职和非自愿性离职[121]。自愿性离职的原因包括：第一，因为组织因素而离职，这类原因有薪资、升迁、与主管关系、工作机会及工作挑战等；第二，因为个人因素而离职，这类原因有健康关系、退休、深造。非自愿性离职主要是由雇主或组织立场所强制执行的离职，也就是所谓的解雇。Dalton、Todor & Krackhardt（1982）从公司的角度考虑员工自愿离职，把员工的自愿性的离职分为两种类型：第一，非功能性离职，即个人想离职但组织希望能挽留他，因为这类员工的流失对组织的经营效益会有负面的影响；第二，功能性离职，即个人想离职，而组织对其离职不在乎。因为员工个人的工作绩效不好，留下来反而会对组织的经营绩效有负面的影响。

March 和 Simon（1958）最早提出了研究员工离职行为的研究，指出员工离职的决策受到他们对目前工作舒适程度的感受和变动愿望的影响[122—123]。员工对于工作的态度，例如工作满意度和他们可以选择机会的大小是主要考虑因素。另外一些学者，例如 Lee 和 Mitchell（1994），在他们的模型中提出员工离职的决策也许是因为由于组织的"冲突"，这些冲突可以是预期的或者是非预期的，可能对于员工有正面的、中性的和负面的影响。一个员工没有得到升职的机会也许就是这种"冲突"，这就可能导致员工离职。在这些模型中，这些普通的"冲突"因素可能混杂在一起，这样就难以准确预测员工的离职行为。

Zeffane（1994）认为可把离职倾向影响因素归结为以下几个维度：外部因素（劳动力市场）、雇员个体特征（如智力、能力、个人经历、性别、兴趣、年龄和任期等）、制度因素（如工作条件、薪水、对组织决定的参与程度和监督等）和雇员对其工作的反应（包括诸如工作满意、工作投入程度和工作期望等方面）[122—123]。

Iverson（1999）把离职倾向影响因素分为个体变量（性别、全职或兼职、工作动机和家族关系等）、与工作相关的变量（如自治、来自合作者的和主管的支持、工作危险性、角色模糊和冲突、分配公平等）、外部环境变量（工作机会）和雇员定向（工作满意度和组织承诺等）等4个维度。

员工离职将增加组织成本，但是往往未受到重视，因为离职成本包括直接成本与间接成本，且大多数是隐藏而不易直接发现的成本。Charles（1999）指出，显见的离职成本大约只占总离职成本百分之十或十五。离职成本包括重新招募、新员工培训、额外指导等成本，另外尚包括新进员工的无效率及与其共同工作伙伴的无效率、将要离职员工工作上所减低的效率，及与其共同工作的伙伴也减低工作效率等造成的成本。

二　企业员工离职问题的博弈研究简述

传统的人事管理研究主要是基于经验研究方法的，如实验研究和统计研究。而以经济学研究方法来研究人事管理问题，能够研究包括内部劳动力市场和外部劳动力市场中的均衡问题。但是人事管理就其研究范畴来讲，主要是微观层次的问题，如企业与员工之间的问题，员工与员工之间的问题。因此以局部均衡理论和一般均衡理论为研究范式的传统经济理论不可能发挥其特长。而博弈论的优势就在于能够从被一般均衡和局部均衡理论所忽视的微观个体的层面来直接研究参与人之间的静态或动态、短期或长期的相互作用和影响，并研究博弈均衡，分析经济关系和效率，对博弈结果进行预测。博弈论不回避经济个体之间直接的交互作用，不满足于对经济个体之间复杂经济关系的简单化处理，分析问题时不只停留在宏观层面上或只在表面原因中寻找解释，而是深入分析现象背后深层次的内在原因和规律，强调从微观个体行为规律的角度发现问题的根源，因此更加能够发现问题背后深层次的本质关系、内在机制和规律，对经济问题的解释和理解也更加深刻和准确，判断和预测有坚实的基础和可靠的依据。

叶仁荪、郭耀煌（2003）[124]以员工离职的基本模型为基础，对企业员工离职的市场供求模型、组织约束模型进行了分析，认为企业员工离职行为是否发生，不仅取决于员工自身的内在因素以及市场供需情况、组织约束等外部因素，而且更取决于组织与员工之间的相互作用，并对这种相互作用进行分析，建立了员工离职的博弈分析模型，得出了非常有意义的结论和政策建议。

赵晓东、梁巧转、刘德海（2004）[125]运用主观博弈概念性分析框架，分别建立了员工离职前稳定状态下，环境变化后稳健性较差时，环境变化后原均衡失去稳定性时，以及企业采取措施达成新的均衡时等四个发展阶段的博弈模型。博弈模型分析了决定国有企业员工离职行为的各种动态影响因素。其分别是当企业内部环境和员工个人偏好发生动态变化时，企业加大员工的生活工作等各方面保健措施，针对具有离职倾向的员工采取的激励约束措施，员工面临着的离职后外部劳动力市场预期收益等因素。

叶仁荪、王玉芹（2004）[126]建立了国有企业员工退出行为的过程模型，提出了员工退出行为的两个过程即员工心理体验过程和员工与企业的互动过程，并对互动过程进行了博弈分析，指出了现实中员工与经理人博弈的低效率均衡，提出了解决这种不合理均衡的对策建议。

本书的博弈研究将专门针对企业中的管理人员。由于企业管理人员在职业发展中的绩效可能高于也可能低于企业期望的平均绩效，另外，对于绩效高或低的企业管理人员，他们是否能被组织提升也面临不一样的机会。因此，下面用博弈分析方法对组织与企业管理人员之间的相互作用进行分析，建立企业管理人员离职的博弈分析模型。

第三节　基于职业生涯高原的企业管理人员离职博弈分析

一　博弈分析的理论假设

1. 假设企业和企业管理人员是局中人，双方都是"理性的经济人"，即决策的目标都是利益最大化。企业追求利润最大化，管理人员追求个人效用最大化。员工的策略是离职或不离职，企业的策略是对离职问题进行监管或不监管。

2. 假设低绩效管理人员为企业带来的收益为 R_L，高绩效管理人员为企业带来的收益为 R_H，而劳动力市场上企业管理人员为企业带来的平均收益为 $\bar{R}$，且有 $R_H \geq \bar{R} \geq R_L$；假设对应于低绩效收益 R_L 的管理人员在劳动力市场的平均收入为 W_L，对应于高绩效收益 R_H 的管理人员在劳动力市场的平均收入为 W_H，而劳动力市场上企业管理人员的平均收入为 $\bar{W}$，且有 $W_H \geq \bar{W} \geq W_L$；假设处于职业生涯高原化的管理人员不管其是高绩效的还是低绩效的，他们在企业所获得的收入都是劳动力市场上的平均工资收入 $\bar{W}$。

3. 企业为防止管理人员离职，人力资源管理部门必须对其进行监管，一方面用以监管管理人员的工作绩效是高还是低，另一方面是监管管理人员的离职倾向，很显然，监管必须花费一定的成本，假设企业的监管成本为 C。

4. 对于低绩效的处于职业生涯高原的管理人员，一旦发现，企业是鼓励他们另谋职业的，而他们一旦离职，他们的收入就只能从原来企业中所得到的 $\bar{W}$ 降低到 W_L，很显然，这部分人是不愿意主动离开企业的。企业所采取的对策，就是一方面如果这部分企业管理人员愿意离职，企业就会在经济上给他们一定的离职补偿。这里假定新进员工的收入为 W_1，枯

萎员工的收入为 W_1'，由于枯萎员工离职后的竞争力比新进员工差，即有 $W_1 < W_1'$，从而鼓励他们离开企业；另一方面，如果这部分管理人员不愿意接受补偿，即不愿离职，企业会将其收入从 $\overline{W}$ 降低到 W_L，即将其收入调到与其绩效一致的水平上来。

5. 对于低绩效的处于职业生涯高原的管理人员而言，假设他们离职后除了收入会从 $\overline{W}$ 下降到 W_L 外，还将经过一段时间的工作搜寻后才能重新找到工作，设这种工作搜寻的成本支出，对于新进员工而言是 C_1，而对于枯萎员工而言是 C_1'，很显然，由于新进员工的职业发展空间比枯萎员工宽，枯萎员工在工作搜寻上的压力和付出的精力要大于新进员工，所以有 $C_1 < C_1'$。

6. 对于高绩效的处于职业生涯高原的管理人员而言，假设他们一旦离职，他们的收入就会从 $\overline{W}$ 上升到 W_H，很显然，这部分管理人员的离职倾向应是比较突出的。企业所采取的对策，就是一方面处罚他们交纳一定的违约金，这里假定静止员工的违约金为 W_2，明星员工为 W_2'，由于明星员工在企业内提升的机会大于静止员工，所以企业对其处罚违约金的力度要大一些，即有 $W_2 < W_2'$，从而让他们放弃离职倾向；另一方面，如果这部分管理人员愿意留下来继续为企业服务，企业会将其收入从 $\overline{W}$ 上升到 W_H，但由于他们处在职业生涯高原状态，企业此时不会给予他们在职业发展上的机会。

7. 对于高绩效的处于职业生涯高原的管理人员而言，假设管理人员离职后会立即应聘到另外一家企业，即工作搜寻成本为 0，他们除了收入会从 $\overline{W}$ 上升到 W_H 外，还将在新企业中获得职业生涯上的发展，假设这种职业发展上的提升可以折算为员工的收入，对静止员工而言这种收入的效用是 W_3，对于明星员工而言这种收入的效用是 W_3'，很显然，由于明星员工在其原企业中本来就有一定的晋升机会，故对于相同的职业发展，静止员工无疑比明星员工有更大的效用，即有 $W_3 > W_3'$。

8. 无论是高绩效还是低绩效管理人员离职，假设离职后企业的收益只能获得劳动力市场上企业管理人员带来的平均收益 $\overline{R}$，因为通常情况下，企业不可能很快并很容易地找到高绩效管理人员来顶替，比较现实的情况是，企业只能在短期内在劳动力市场上找到绩效处于平均水平的管理人员。

下面我们将根据上述的假设前提，分别对低绩效管理人员的两种类型即新进员工和枯萎员工，以及高绩效管理人员的两种类型即明星员工和静止员工的离职倾向逐一进行博弈分析。

二　基于职业生涯高原的低绩效管理人员离职博弈分析

（一）新进员工

（1）模型构建

两个局中人（企业与管理人员）的博弈状况如下列模型所示。

表 3.1 　　　　　　　　　企业与管理人员支付矩阵

局中人：企业		局中人：新进员工			
		离职		不离职	
	监管	$\bar{R} - C - W_1$	$W_L + W_1 - C_1$	$R_L - C + (\bar{W} - W_L)$	W_L
	不监管	$\bar{R}$	$W_L - C_1$	R_L	$\bar{W}$

（2）模型分析

先分析企业的决策行为，设新进员工的离职倾向的概率为 α_1（$0 \leqslant \alpha_1 \leqslant 1$），若企业监管，则企业可获得的收益为：

$$U_{11} = (\bar{R} - C - W_1) \alpha_1 + [R_L - C + (\bar{W} - W_L)] (1 - \alpha_1)$$

式（3.1）

若企业不监管，则企业可获得的收益为：

$$U_{11}{}' = \bar{R}\alpha_1 + R_L (1 - \alpha_1) \qquad 式（3.2）$$

令 $U_{11} = U_{11}{}'$，则可得

$$\alpha_1{}^* = \frac{(\bar{W} - W_L) - C}{(\bar{W} - W_L) + W_1} \qquad 式（3.3）$$

当时 $\alpha_1 < \alpha_1{}^*$，$U_{11} > U_{11}{}'$，企业选择监管；当 $\alpha_1 > \alpha_1{}^*$ 时，$U_{11} < U_{11}{}'$，企业选择不监管；当 $\alpha_1 = \alpha_1{}^*$ 时，企业选择监管与否要视具体情况具体分析。

下面再分析新进员工的离职决策行为，设企业进行监管的概率为 β_1（$0 \leqslant \beta_1 \leqslant 1$），若选择离职，新进员工可能获得的收益为：

$$U_{12} = (W_L + W_1 - C_1) \beta_1 + (W_L - C_1) (1 - \beta_1) \qquad 式（3.4）$$

若选择不离职，新进员工可能获得的收益为：

$$U_{12}{}' = W_L \beta_1 + \overline{W} (1 - \beta_1) \qquad\qquad 式（3.5）$$

令 $U_{12} = U_{12}{}'$，则可得

$$\beta_1{}^* = \frac{(\overline{W} - W_L) + C_1}{(\overline{W} - W_L) + W_1} \qquad\qquad 式（3.6）$$

当时 $\beta_1 > \beta_1{}^*$，$U_{12} \geqslant U_{12}{}'$，管理人员选择离职；当 $\beta_1 < \beta_1{}^*$ 时，$U_{12} \leqslant U_{12}{}'$，管理人员选择不离职；当 $\beta_1 = \beta_1{}^*$ 时，要根据具体的情况来进行分析。

这样，企业与非职业生涯高原管理者即新进员工之间的混合均衡策略是：

$$(\alpha_1{}^*,\ \beta_1{}^*) = \left[\frac{(\overline{W} - W_L) - C}{(\overline{W} - W_L) + W_1},\ \frac{(\overline{W} - W_L) + C_1}{(\overline{W} - W_L) + W_1} \right]，即新进员$$

工以 $\dfrac{(\overline{W} - W_L) - C}{(\overline{W} - W_L) + W_1}$ 的概率选择离职，企业以 $\dfrac{(\overline{W} - W_L) + C_1}{(\overline{W} - W_L) + W_1}$ 的概率选择监管时的策略为混合均衡策略。

（二）枯萎员工

（1）模型构建

两个局中人（企业与管理人员）的博弈状况如下列模型所示。

表 3.2　　　　　　　　　企业与管理人员支付矩阵

局中人：企业		局中人：枯萎员工			
		离职		不离职	
	监管	$\overline{R} - C - W_1{}'$	$W_L + W_1{}' - C_1{}'$	$R_L - C + (\overline{W} - W_L)$	W_L
	不监管	$\overline{R}$	$W_L - C_1{}'$	R_L	$\overline{W}$

（2）模型分析

按照前面新进管理人员的算法，先分析企业的决策行为，设此类职业生涯高原管理人员的离职倾向的概率为 α_2（$0 \leqslant \alpha_2 \leqslant 1$），则企业可获得的收益为：

$$U_{21} = (\overline{R} - C - W_1{}') \alpha_2 + [R_L - C + (\overline{W} - W_L)] (1 - \alpha_2)$$

$$式（3.7）$$

若企业不监管，则企业可获得的收益为：

$$U_{21}{}' = \bar{R}\alpha_2 + R_L (1 - \alpha_2) \qquad\qquad 式（3.8）$$

令 $U_{21} = U_{21}{}'$，则可得

$$\alpha_2{}^* = \frac{(\bar{W} - W_L) - C}{(\bar{W} - W_L) + W_1{}'} \qquad\qquad 式（3.9）$$

当时 $\alpha_2 < \alpha_2{}^*$，$U_{21} > U_{21}{}'$，企业选择监管；当时 $\alpha_2 > \alpha_2{}^*$，$U_{21} < U_{21}{}'$，企业选择不监管；当 $\alpha_2 = \alpha_2{}^*$ 时，具体情况具体分析。

下面再分析枯萎员工的离职决策行为，设企业进行监管的概率为 β_2（$0 \leqslant \beta_2 \leqslant 1$），若选择离职，新员工可能获得的收益为：

$$U_{22} = (W_L + W_1{}' - C_1{}')\beta_2 + (W_L - C_1{}')(1 - \beta_2) \qquad 式（3.10）$$

若选择不离职，职业生涯高原管理人员可能获得的收益为：

$$U_{22}{}' = W_L\beta_2 + \bar{W}(1 - \beta_2) \qquad\qquad 式（3.11）$$

令 $U_{22} = U_{22}{}'$，则可得

$$\beta_2{}^* = \frac{(\bar{W} - W_L) + C_1{}'}{(\bar{W} - W_L) + W_1{}'} \qquad\qquad 式（3.12）$$

当 $\beta_2 > \beta_2{}^*$ 时，$U_{22} \geqslant U_{22}{}'$，管理人员选择离职；当 $\beta_2 < \beta_2{}^*$ 时，$U_{22} \leqslant U_{22}{}'$，管理人员选择不离职；当 $\beta_2 = \beta_2{}^*$ 时，要根据具体的情况来进行分析。

这样，企业与职业生涯高原管理人员二者之间的混合均衡策略是：

$$(\alpha_2{}^*, \beta_2{}^*) = [\frac{(\bar{W} - W_L) - C}{(\bar{W} - W_L) + W_1{}'}, \frac{(\bar{W} - W_L) + C_1{}'}{(\bar{W} - W_L) + W_1{}'}] \ 式（3.13）$$

即职业生涯高原管理人员以 $\frac{(\bar{W} - W_L) - C}{(\bar{W} - W_L) + W_1{}'}$ 的概率选择离职，企业以 $\frac{(\bar{W} - W_L) + C_1{}'}{(\bar{W} - W_L) + W_1{}'}$ 的概率选择监管时的策略为混合均衡策略。

（三）新进员工与枯萎员工离职倾向的比较分析

在前面的分析中，已经得出新进员工和枯萎员工与企业之间基于离职的博弈模型。由于新进员工与企业博弈的混合均衡策略是：

$$(\alpha_1{}^*, \beta_1{}^*) = [\frac{(\bar{W} - W_L) - C}{(\bar{W} - W_L) + W_1{}'}, \frac{(\bar{W} - W_L) + C_1{}'}{(\bar{W} - W_L) + W_1{}'}] \ 式（3.14）$$

而枯萎员工与企业博弈的混合均衡策略是：

$$(\alpha_2{}^*,\ \beta_2{}^*)\ =\ \left[\ \frac{(\overline{W}-W_L)\ -C}{(\overline{W}-W_L)\ +W_1},\ \frac{(\overline{W}-W_L)\ +C_1{}'}{(\overline{W}-W_L)\ +W_1}\ \right]\quad 式（3.15）$$

可以看出，均衡状态下，新进员工离职倾向的概率为：

$$\alpha_1{}^*=\frac{(\overline{W}-W_L)\ -C}{(\overline{W}-W_L)\ +W_1}\qquad\qquad 式（3.16）$$

枯萎员工离职倾向的概率为：

$$\alpha_2{}^*=\frac{(\overline{W}-W_L)\ -C}{(\overline{W}-W_L)\ +W_1{}'}\qquad\qquad 式（3.17）$$

由于 $W_1<W_1{}'$，所以有 $\alpha_1{}^*>\alpha_2{}^*$，即当企业管理人员遭遇职业生涯高原危机时，新进员工比枯萎员工的离职倾向大。

三　基于职业生涯高原的高绩效管理人员离职博弈分析

（一）静止员工

（1）模型构建

两个局中人（企业与管理人员）的博弈状况如下列模型所示。

表 3.3　　　　　　　　　　　企业与管理人员支付矩阵

局中人：企业		局中人：静止员工			
		离职		不离职	
	监管	$\overline{R}-C+W_2$	$W_H-W_2+W_3$	$R_H-C-(W_H-\overline{W})$	W_H
	不监管	$\overline{R}$	W_H+W_3	R_H	$\overline{W}$

（2）模型分析

先分析企业的决策行为，设职业生涯高原管理人员的离职倾向的概率为 α_3（$0\leqslant\alpha_3\leqslant1$），若企业监管，则企业可获得的收益为：

$$U_{31}\ =\ (\overline{R}-C+W_2)\ \alpha_3+\left[\ R_H-C-(W_H-\overline{W})\ \right]\ (1-\alpha_3)$$
$$式（3.18）$$

若企业不监管，则企业可获得的收益为：

$$U_{31}{}'\ =\ \overline{R}\alpha_3+R_H\ (1-\alpha_3)\qquad\qquad 式（3.19）$$

令 $U_{31}=U_{31}{}'$，则可得

$$\alpha_3{}^*\ =\ \frac{(W_H-\overline{W})\ +C}{(W_H-\overline{W})\ +W_2}\qquad\qquad 式（3.20）$$

当时 $\alpha_3 > \alpha_3^*$，$U_{31} > U_{31}'$，企业选择不监管；当 $\alpha_3 < \alpha_3^*$ 时，$U_{31} < U_{31}'$，企业选择监管；当 $\alpha_3 = \alpha_3^*$ 时，具体情况具体分析。

下面再分析职业生涯高原管理人员的离职决策行为，设企业进行监管的概率为 β_1（$0 \leqslant \beta_1 \leqslant 1$），若选择离职，职业生涯高原管理人员可能获得的收益为：

$$U_{32} = (W_H - W_2 + W_3)\beta + (W_H + W_3)(1-\beta) \qquad 式（3.21）$$

若选择不离职，职业生涯高原管理人员可能获得的收益为：

$$U_{32}' = W_H\beta + \bar{W}(1-\beta) \qquad 式（3.22）$$

令 $U_{32} = U_{32}'$，则可得

$$\beta_3^* = \frac{(W_H - \bar{W}) + W_3}{(W_H - \bar{W}) + W_2} \qquad 式（3.23）$$

当 $\beta_3 < \beta_3^*$ 时，$U_{32} > U_{32}'$，管理人员选择离职；当 $\beta_3 > \beta_3^*$ 时，$2U_{32} < U_{32}'$，管理人员选择不离职；当 $\beta_3 = \beta_3^*$ 时，要根据具体的情况来进行分析。

这样，企业与职业生涯高原管理人员二者之间的混合均衡策略是

$$(\alpha_3^*, \beta_3^*) = \left[\frac{(W_H - \bar{W}) + C}{(W_H - \bar{W}) + W_2}, \frac{(W_H - \bar{W}) + W_3}{(W_H - \bar{W}) + W_2}\right] \qquad 式（3.24）$$

即职业生涯高原管理人员以 $\dfrac{(W_H - \bar{W}) + C}{(W_H - \bar{W}) + W_2}$ 的概率选择离职，企业

以 $\dfrac{(W_H - \bar{W}) + W_3}{(W_H - \bar{W}) + W_2}$ 的概率选择监管时的策略为混合均衡策略。

（二）明星员工

（1）模型构建

两个局中人（企业与管理人员）的博弈状况如下列模型所示。

表 3.4　　　　　　　　　　企业与管理人员支付矩阵

局中人：企业		局中人：明星员工			
		离职		不离职	
	监管	$\bar{R} - C + W_2'$	$W_H - W_2' + W_3$	$R_H - C - (W_H - \bar{W})$	W_H
	不监管	$\bar{R}$	$W_H + W_3'$	R_H	$\bar{W}$

（2）模型分析

先分析企业的决策行为，设明星员工的离职倾向的概率为 α_4（$0 \leqslant \alpha_4 \leqslant 1$），若企业监管，则企业可获得的收益为：

$$U_{41} = (\bar{R} - C + W_2{}') \alpha_4 + [R_H - C - (W_H - \bar{W})] (1 - \alpha_4)$$

式（3.25）

若企业不监管，则企业可获得的收益为：

$$U_{41}{}' = \bar{R}\alpha_4 + R_H (1 - \alpha_4) \qquad\qquad 式（3.26）$$

令 $U_{41} = U_{41}{}'$，则可得

$$\alpha_4{}^* = \frac{(W_H - \bar{W}) + C}{(W_H - \bar{W}) + W_2{}'} \qquad\qquad 式（3.27）$$

当 $\alpha_4 > \alpha_4{}^*$ 时，$U_{41} > U_{41}{}'$，企业选择不监管；当 $\alpha_4 < \alpha_4{}^*$ 时，$U_{41} < U_{41}{}'$，企业选择监管；当 $\alpha_4 = \alpha_4{}^*$ 时，具体情况具体分析。

下面再分析明星员工的离职决策行为，设企业进行监管的概率为 β_4（$0 \leqslant \beta_4 \leqslant 1$），若选择离职，明星员工可能获得的收益为：

$$U_{42} = (W_H - W_2{}' + W_3{}') \beta_4 + (W_H + W_3{}') (1 - \beta_4) \qquad 式（3.28）$$

若选择不离职，明星员工可能获得的收益为：

$$U_{42}{}' = W_H \beta_4 + \bar{W} (1 - \beta_4) \qquad\qquad 式（3.29）$$

令 $U_{42} = U_{42}{}'$，则可得

$$\beta_4{}^* = \frac{(W_H - \bar{W}) + W_3{}'}{(W_H - \bar{W}) + W_2{}'} \qquad\qquad 式（3.30）$$

当 $\beta_4 < \beta_4{}^*$ 时，$U_{42} > U_{42}{}'$，明星员工选择离职；当 $\beta_4 > \beta_4{}^*$ 时，$U_{42} < U_{42}{}'$，明星员工选择不离职；当 $\beta_4 = \beta_4{}^*$ 时，要根据具体的情况来进行分析。

这样，企业与明星员工二者之间的混合均衡策略是

$$(\alpha_4{}^*, \beta_4{}^*) = [\frac{(W_H - \bar{W}) + C}{(W_H - \bar{W}) + W_2{}'}, \frac{(W_H - \bar{W}) + W_3{}'}{(W_H - \bar{W}) + W_2{}'}] \quad 式（3.31）$$

即明星员工以 $\dfrac{(W_H - \bar{W}) + C}{(W_H - \bar{W}) + W_2{}'}$ 的概率选择离职，企业以

$\dfrac{(W_H - \bar{W}) + W_3{}'}{(W_H - \bar{W}) + W_2{}'}$ 的概率选择监管时的策略为混合均衡策略。

（三）静止员工与明星员工离职倾向的比较分析

在前面的分析中，已经得出静止员工和明星员工与企业之间基于离职的博弈模型。由于静止员工与企业博弈的混合均衡策略是：

$$(\alpha_3{}^*, \ \beta_3{}^*) = \left[\frac{(W_H - \overline{W}) + C}{(W_H - \overline{W}) + W_2}, \ \frac{(W_H - \overline{W}) + W_3}{(W_H - \overline{W}) + W_2} \right] \quad 式（3.32）$$

而明星员工与企业博弈的混合均衡策略是：

$$(\alpha_4{}^*, \ \beta_4{}^*) = \left[\frac{(W_H - \overline{W}) + C}{(W_H - \overline{W}) + W_2{}'}, \ \frac{(W_H - \overline{W}) + W_3{}'}{(W_H - \overline{W}) + W_2{}'} \right] \quad 式（3.33）$$

可以看出，均衡状态下，静止员工离职倾向的概率为

$$\alpha_3{}^* = \frac{(W_H - \overline{W}) + C}{(W_H - \overline{W}) + W_2} \quad\quad 式（3.34）$$

明星员工离职倾向的概率为

$$\alpha_4{}^* = \frac{(W_H - \overline{W}) + C}{(W_H - \overline{W}) + W_2{}'} \quad\quad 式（3.35）$$

由于 $W_2 < W_2{}'$，所以有 $\alpha_3{}^* > \alpha_4{}^*$，即当企业管理人员遭遇职业生涯高原危机时，静止员工比明星员工的离职倾向大。

四　博弈模型的启示

由以上模型的分析可知：

（1）职业生涯高原化进程中企业管理人员离职的机理是非常复杂的。影响企业管理人员离职的因素既有员工个人的内因，如个人绩效水平的高低等，也有劳动力市场和企业组织约束等外因，如管理人员一旦离职后的工作搜寻成本的大小，以及企业对待不同绩效员工的激励措施等。但作为企业，尤其对于企业高层管理决策者来说，更应关注企业组织约束以及企业与员工之间相互作用因素的影响，因为这些因素对于企业而言是能够加以控制的。

（2）对于企业管理人员中绩效低而未来提升可能性又比较高的新进员工，由于他们的离职倾向相对而言比枯萎员工高，而这部分人的工作绩效有可能在不久之后就会上升，因此，企业应该注重对新进员工职业生涯的开发，关心他们的思想动态及工作生活质量，提前采取相关措施减少新进管理人员的离职倾向。

（3）对于企业管理人员中绩效低而未来提升可能性又比较低的枯萎

员工，他们的离职倾向较低，除非企业能够给予他们较高的经济补偿，否则他们不会主动离开企业。从人力资源管理的角度来看，这部分人实际上是对企业最忠诚的，企业不应该简单的采取"逼"员工主动离职的方式，而可以根据其能力调整其岗位，或采取提前退休等措施来尽量发挥他们的才能，从而提高企业员工的凝聚力。

（4）对于企业管理人员中绩效高而未来提升可能性又比较低的静止员工，因企业向上提升的职位毕竟是有限的，所以这部分人可以说是占据了企业的大多数。但这部分管理人员的离职倾向相对而言比明星员工要高，因此，这部分人员应是企业关注的重点。

（5）对于企业管理人员中绩效高而未来提升可能性也较高的明星员工，企业在关注他们的同时，应注意从各个方面培养他们对企业的忠诚和保持持续的高绩效水平的能力。

总之，降低离职率的最好办法是企业实施人本管理，通过提高企业管理人员的工作满意度和组织承诺来降低他们的离职倾向，从而稳定企业管理人才的队伍，并最终提高企业的竞争力。

第四节　本章小结

本章以 Ference 等人按职业生涯高原化进程将企业管理者所划分的 4 类管理人员（即新进员工、枯萎员工、静止员工和明星员工）为研究对象，用博弈论方法来对每一种类型下的企业管理人员与企业之间的离职博弈进行分析，构建了基于职业生涯高原的四种不同类型的企业管理人员的离职博弈模型，并分别比较了低绩效下新进员工与枯萎员工之间、高绩效下静止员工与明星员工之间的离职倾向的概率，并针对博弈分析结果提出了企业应采取的相应措施。具体得出的均衡状态如下：

（1）基于职业生涯高原的低绩效企业管理人员离职倾向的比较

新进员工离职倾向的概率为：$\alpha_1^* = \dfrac{(\overline{W} - W_L) - C}{(\overline{W} - W_L) + W_1}$

枯萎员工离职倾向的概率为：$\alpha_2^* = \dfrac{(\overline{W} - W_L) - C}{(\overline{W} - W_L) + W_1'}$

由于 $W_1 < W_1'$，所以有 $\alpha_1^* > \alpha_2^*$，即企业管理人员职业生涯高原化进程中，新进员工比枯萎员工的离职倾向高。该结论也从博弈分析的角度

验证了 H_{2e}。

（2）基于职业生涯高原的高绩效企业管理人员离职倾向的比较

静止员工离职倾向的概率为：$\alpha_3^* = \dfrac{(W_H - \overline{W}) + C}{(W_H - \overline{W}) + W_2}$

明星员工离职倾向的概率为：$\alpha_4^* = \dfrac{(W_H - \overline{W}) + C}{(W_H - \overline{W}) + W_2'}$

由于 $W_2 < W_2'$，所以有 $\alpha_3^* > \alpha_3^*$，即企业管理人员职业生涯高原化进程中，静止员工比明星员工的离职倾向高。该结论也从博弈分析的角度验证了 H_{2f}。

第三章博弈分析对假设 H_{2e}、H_{2f} 进行了论证，博弈分析结果与第六章对 H_{2e}、H_{2f} 实证检验结果是一致的。

第四章　实证研究方法设计

第一节　引言

本章的实证研究方法设计主要根据第二章在相关文献理论基础上提出的研究假设进行变量设计。在变量设计过程中，应该注意前面理论分析中的不少变量，如工作满意度、组织承诺和离职倾向等都是难以直接观测的变量，即名义变量，因此必须将它们转换成可以操作的变量，在此基础上得到调查问卷。然后通过问卷调查获得相关数据，进行数据分析，并根据数据分析结果对所提出的假设作出验证。

变量设计的过程事实上是进行问卷设计的过程。变量设计首先要把研究假设所涉及的名义变量进行转换，使难以直接测量的名义变量，转换成可测的操作变量。通常这需要围绕研究假设对相关领域进行较为细致的文献研究，并结合研究对象的实际情况设计问卷的问题项。有时对于前人所做的较为成熟的问卷而且与研究对象的实际情况较为吻合，则直接沿用前人的研究成果也是可取的。之后，还应对每个可测的操作变量进行属性设计和尺度设计（李怀祖，2004）[127]。

为了保证研究结果的信度和效度，在本书中采用了两阶段问卷的做法即先进行小样本问卷调查，再进行大样本问卷调查。在这一过程中采用了交叉证实 Cross—Validation（Michael Tracey 等，1999）的方法，即先根据研究假设，通过文献阅读进行变量指标设计，在此基础上形成初步的问卷，以此问卷做小样本调查，并对小样本调查的结果进行探索性因子分析（Exploratory Factor Analysis），同时进行信度和效度分析[128—129]。根据分析结果对问卷进行修订，或者对某些变量指标进行剔除，或者对它们进行重新归类，从而形成大样本问卷（或量表），再以此问卷（或量表）进行大样本调查，根据大样本数据进行证实性因子分析（Confirmatory Factor Analysis），验证研究假设。

在本书中，所用到的统计工具主要有二个，分别是 SPSS、AMOS。SPSS 主要用于探索性因子分析，以及对变量指标的信度和效度分析；AMOS 用来对所提出的理论模型进行路径分析，进行结构方程建模，并对路径分析的结果进行检验并证实或证伪研究假设。结合本章的调查和分析的数据，在接下来的第五章中将构建职业生涯高原与工作满意度、组织承诺及离职倾向关系的结构方程模型，并对相关假设进行检验；第六章将对职业生涯高原进程中不同企业管理人员工作满意度、组织承诺及离职倾向的大小进行比较；第七章主要分析基于不同客观或主观职业生涯高原状态下企业管理人员的人口学变量对工作满意度、组织承诺及离职倾向的影响。

第三章博弈分析对假设 H_{2e}、H_{2f}进行了论证，博弈分析结果与第六章对 H_{2e}、H_{2f}实证检验结果也是一致的，但本书研究重心着眼于实证部分，而本章正是实证分析的基础，它涵盖了整个实证部分的变量设计及各测量量表的信度和效度检验，并综合采集了实证分析各章所需的各类信息。为了保持问卷结构的整体性以及章节之间的连贯性，因此，将本章单独作为一章，而没有将该章内容分散到后面实证分析的各章中去。为了保证研究假设和数据分析的衔接，本书将用五、六、七三章来分别论证各章所对应的一层研究命题（或假设）。

第二节　变量设计

一　变量设计的内涵

变量设计事实上就是对假设研究所涉及的各种概念变量的操作进程（operationlization），使所研究的各种概念变量转换成在现实社会中可观可测的变量，设计出可以操作的数据观测方案。变量设计包括三项内容，分别为操作变量或工作变量设计、变量的属性设计、变量的尺度选择（李怀祖，2004）[127]。本书研究假设涉及 6 个概念变量或名义变量，即客观职业生涯高原、主观职业生涯高原、工作满意度、组织承诺、离职倾向、工作绩效。

在各操作变量的具体设计上，本书将遵循国外实证研究的成熟方法对主观职业生涯高原与客观职业生涯高原进行测量，而对于工作满意度的测量则直接采用了中国科学院心理所基于中国文化情景下编制的成熟量表所设计的内容，对于组织承诺、离职倾向及工作绩效等变量的测量，本书将在借鉴相关测量量表研究的基础上，作适当的修改，并将重新进行信度和效度分析。

由于变量设计涉及到严格的信度和效度要求，测量量表（问卷）需要在实践中经过不断检验和修正，才能成为可使用的成熟量表。另外，本书主要是对各测量量表的信度和效度进行检验，然后利用相关成熟量表的测量结果来重点研究职业生涯高原与工作满意度、组织承诺及离职倾向之间的关系。故本书没有将研究的重心放在测量量表的编制上。

二　操作变量设计

下面根据文献并结合研究的实际情况对各名义变量进行操作化转换，使它们可以直接测量。

（一）客观职业生涯高原

在前面的文献综述部分，详细探讨了国外关于客观职业生涯高原测量的问题。本书遵循国外实证研究的做法，将在组织中工作资历（或工作年限）不满 5 年的企业管理人员不纳入我们的研究范畴，只有工作资历满 5 年及以上的管理人员才是本研究的对象，并进一步以管理人员在其当前工作岗位上是否满 5 年作为临界点，低于 5 年的认为未达到客观职业生涯高原，超过 5 年的认为已经达到客观职业生涯高原。

为了进一步研究在不同程度的岗位时间的约束下，企业管理人员各人口学变量对他们的工作满意度、组织承诺和离职倾向等有何影响，本书遵循以管理人员在其当前工作岗位上的时间长短来衡量客观职业生涯高原，并考虑到这种时间的长短对客观职业生涯高原的影响，我们将管理人员在其目前岗位上工作时间长短进一步细分为三个部分，分别是：A、5 年以下；B、5—8 年；C、8 年以上，并将这三个选项分别编码为 1、2、3，编码的大小反映了职业生涯高原的强度。这里主要结合国外研究中对客观职业生涯高原测量的界定，并与前面相关文献理论分析部分相对应，从而将客观职业生涯高原分为三类：第一类是未达到客观职业生涯高原，即管理人员在其当前岗位上工作未满 5 年的，我们将其称之为弱客观职业生涯高原；第二类是达到客观职业生涯高原不久，即管理人员在其当前岗位上工作已满 5—8 年的，我们将其称之为较强客观职业生涯高原；第三类是达到客观职业生涯高原较久，即管理人员在其当前岗位上工作 8 年以上，我们将其称之为强客观职业生涯高原（见表 4.1）。

表 4.1　　　　　　　　　　客观职业生涯高原的分类

	未达到客观职业生涯高原	达到客观职业生涯高原	
企业管理人员在其当前岗位上的工作时间	5 年以下（不含 5 年）	5—8 年	8 年以上（不含 8 年）
职业生涯高原状态	弱客观职业生涯高原	较强客观职业生涯高原	强客观职业生涯高原

（二）主观职业生涯高原

关于主观职业生涯高原的测量，同样遵循国外实证研究的做法，用了跟国外文献一致的两个问题来测量，一个问题是"我在目前级别的职位上所待的时间已经很长"，一个问题是"我在目前级别的职位上进一步发展的空间已经很小"（见表 4.2）。但在记分方式上，考虑到中国人的答题特点，尤其是在对自己职业生涯发展定位上的问题特别敏感，因此，并没有直接用肯定或否定的答案，而是采用李克特的 5 级记分方式来要求填答者作答，分别是"非常不同意、不太同意、一般、有些同意、非常同意"。为了更好地研究不同程度下主观职业生涯高原所表现出来的差异性，与客观职业生涯高原类似，同样将主观职业生涯高原状态分为三类。方法是将 2 道题回答的平均分小于或等于 2 称之为弱主观职业生涯高原，将平均分大于 2 而小于 4 称之为较强主观职业生涯高原，将平均分大于或等于 4 称之为强主观职业生涯高原（见表 4.3）。

表 4.2　　　　　　　　　主观职业生涯高原的操作变量

名义变量	操作变量	变量描述
主观职业生涯高原（ZG-GY）	ZGGY1	我在目前级别的职位上所待的时间已经很长
	ZGGY 2	我在目前级别的职位上进一步发展的空间已经很小

表 4.3　　　　　　　　　主观职业生涯高原的分类

职业生涯高原程度	低	较高	高
两个问题的平均分值	小于或等于 2	大余 2 小于 4	大于或等于 4
主观职业生涯高原状态	弱主观职业生涯高原	较强主观职业生涯高原	强主观职业生涯高原

（三）工作满意度

最早研究工作满意度的是 Hoppock（1935），但他的研究主要从影响工作满意度的外部因素来考虑问题，并未对工作满意度自身的结构进行探索。此后，研究者们开始从人的内在需要的角度来探索工作满意度问题，强调了个体的内在因素对工作满意度的影响。

中国科学院心理所的卢嘉、时勘等（2001）[56]在参考了国内外有关工作满意度量表，并在结合我国实情的基础上，研制出了我国的工作满意度量表，实践证明，此量表具有较好的信度、效度，它的测量结果与MSQ 的相关达到显著水平。各分量表的一致性系数都在 0.85 以上，该量表与 MSQ 中国地区短式量表修订版的皮尔逊相关系数达 0.842＊＊＊，相关达到 0.001 的显著性水平。MSQ 是国际通用标准化的权威量表，与该量表呈显著相关，说明本量表在测量上是有效的，具有较好的效标关联效度，能够达到其测量实用的目的。因此，本书将采用卢嘉、时勘等编制的工作满意度量表内的内容，并按照李克特的 5 级记分方式来要求填答者作答。

该量表包括 5 个维度：维度 1 "对领导行为的满意度" 的项目涉及领导能力、领导态度、工作认可度和工作交流，共计 16 个操作变量；维度 2 "对管理措施的满意度" 的项目涉及单位的制度管理、客户服务、质量管理和竞争管理，共计 16 个操作变量；维度 3 "对工作回报的满意度" 的项目涉及工资、福利、培训发展和工作条件，共计 14 个操作变量；维度 4 "对团体合作的满意度" 的项目涉及同事交流、同事关系和合作效率，共计 9 个操作变量；维度 5 "对工作激励的满意度" 的项目涉及工作兴趣、能力发挥和成就感，共计 10 个操作变量。具体如表 4.4 所示。

（四）组织承诺

组织承诺包含三个主要成分：（1）情感承诺，即由于员工对企业目标的认同和深厚的感情，而对企业组织所形成的忠诚并努力工作的程度；（2）持续承诺，即员工为不失去已有职位和多年投入所换来的待遇而不得不继续留在该组织工作，根据我国企业的实证研究，我国背景下员工的持续承诺更多表现为员工为了进一步发展而继续留在组织内工作的倾向；（3）规范承诺，即员工受社会责任感和社会规范约束而形成一种承诺感（王重鸣、刘小平）[129—130]。

表 4.4 工作满意度的操作变量

二级名义变量	操作变量	变 量 描 述
领导行为 （LDXW）	LDXW1	我的上级做事有能力
	LDXW2	我的上级处理问题公正
	LDXW3	我的上级能关心我
	LDXW4	我的上级很好地协调了下属之间的工作
	LDXW5	我的上级能迅速正确地作出决策
	LDXW6	我的上级在工作上善于指导下属
	LDXW7	我的上级能信任我
	LDXW8	我的上级能以开放、诚恳的态度听取下面的意见
	LDXW9	我的上级能尊重我
	LDXW10	我常常会因工作取得成绩而得到表扬
	LDXW11	我的上级给我适当的权力去完成我的工作
	LDXW12	我的上级明确提出了我今后发展的方向
	LDXW13	上级能根据我的表现给予鼓励，使我更加热爱自己的工作
	LDXW14	当我成功地完成一项工作后，会得到应有的承认
	LDXW15	本单位重视我个人所作的贡献
	LDXW16	我的上级能告诉我一些与工作有关的信息
管理措施 （GLCS）	GLCS1	本单位能根据顾客的意见，及时改进服务方法
	GLCS2	在我们的日常工作中，对工作质量有许多要求
	GLCS3	本单位很重视工作的质量
	GLCS4	本单位能够接受员工提出的合理可行的意见
	GLCS5	本单位在质量控制上取得了良好的效果
	GLCS6	本单位能根据顾客的需要来提供良好的服务
	GLCS7	本单位能通过不同的方法，寻求员工关于管理上的意见
	GLCS8	本单位正在努力超过同行的竞争者
	GLCS9	本单位鼓励我们对改进工作提出建议
	GLCS10	本单位了解自己的顾客有什么要求
	GLCS11	本单位为了与同行业的其他单位竞争，作了它要做的事
	GLCS12	本单位管理制度实行方式令人满意
	GLCS13	本单位的管理制度规范
	GLCS14	本单位的奖罚制度严明，有助于提高工作效率
	GLCS15	我的单位前景光明
	GLCS16	我清楚了解我所在的单位和部门的目标

二级名义变量	操作变量	变 量 描 述
工作回报 （GZHB）	GZHB1	付出的劳动与工资相比，我感到满意
	GZHB2	我对我的奖金发放是满意的
	GZHB3	与单位同类的其他员工相比，我的工资令人满意
	GZHB4	与从事相同工作的同行相比，我的工资令人满意
	GZHB5	本单位最近一次加工资是令人满意的
	GZHB6	本单位的福利与其他同类单位相比，是令人满意的
	GZHB7	本单位员工基本的劳保条件能够得到保障
	GZHB8	本单位采取了实际措施来解决福利方面的问题
	GZHB9	本单位的福利制度考虑到了员工的切身利益
	GZHB10	我认为本单位的加班情况是合理的
	GZHB11	我的工作环境安全和舒适
	GZHB12	在本单位，工作中做得好的人有合理的提升机会
	GZHB13	我的工作场所的实际条件（灯光、温度、工作空间等）令人满意
	GZHB14	本单位经常鼓励员工争取学习和发展的机会
团体合作 （TTHZ）	TTHZ1	我的同事之间愿意互相鼓励，尽最大努力去完成工作任务
	TTHZ2	在我所处的集体中，大家通过互相合作来完成工作
	TTHZ3	在工作需要时，同事能给我帮助
	TTHZ4	我的同事们能齐心协力地完成工作
	TTHZ5	我和同事在一起工作时，办事效率高
	TTHZ6	与我共事的人都有较好的能力，使我工作起来感到轻松
	TTHZ7	我的同事能充分地和我交流各种信息
	TTHZ8	我能够得到同事们的尊重
	TTHZ9	本单位员工之间能互相提供有助于改进工作的信息

二级名义变量	操作变量	变 量 描 述
工作激励 （GZJL）	GZJL1	我正在做能体现自己价值的工作
	GZJL2	我的工作能发挥自己的特长
	GZJL3	我的工作带给我成就感
	GZJL4	我的工作充分利用了我的技能与能力
	GZJL5	我对现在的工作感兴趣
	GZJL6	我认为自己的工作很有意义
	GZJL7	我对自己从事的工作感到自豪
	GZJL8	我觉得每天的工作很有干劲
	GZJL9	我的工作有一定的挑战性
	GZJL10	我的工作在本单位是不可缺少的

尽管在定义和测量组织承诺方面取得了重要的进展，对组织承诺的测量还主要是以问卷的形式通过调查来获得的。

组织承诺量表由 19 个项目组成，包括三个维度：情感承诺、持续承诺和规范承诺，项目采用刘小平[77][131]和陈志刚（2003）[132]论文中有关研究组织承诺的量表，经过适当修改后得出员工组织承诺的度量：本书把组织承诺作为多维度的变量，用 19 个问题分别测度了情感承诺、持续承诺和规范承诺。

综上，本书采用情感承诺、持续承诺、规范承诺三个二级名义变量来度量组织承诺，而采用表 4.5 的操作变量来分别度量情感承诺、持续承诺、规范承诺。

（五）离职倾向

Mobley（1977）、Newman（1974）等很多学者都提出了关于员工离职行为的模型，在这些模型中都包含一个或者多个关于离职倾向的因素。很多关于员工离职行为的经验研究都论证了离职倾向对于离职行为的预测作用（Bannister & Griffeth, 1986; Hom, Griffeth, & Sellaro, 1984; Williams & Hazer, 1986）。从理论研究结果来看，离职倾向存在一定的体系结构，这个结构调节着员工"对待一个工作的态度"和"离职和留任决策"之间的关系。

表 4.5 组织承诺的操作变量

二级名义变量	操作变量	变量描述
情感承诺 （QGCN）	QGCN 1	我常对朋友说：我所在的企业是一个值得效劳的企业
	QGCN 2	当我对别人提起我是本企业的一员时，我觉得很自豪
	QGCN 3	我认为我现在所服务的企业是我的最佳选择
	QGCN 4	我觉得自己的价值观和企业的经营理念很相似
	QGCN 5	我很庆幸当初找工作时能选择进入这家企业工作
	QGCN 6	只要能继续留下来，我愿意接受企业安排的任何工作
	QGCN 7	企业能激发出我的潜能，使我取得最佳成绩
持续承诺 （CXCN）	CXCN1	企业发展前景好，继续在企业工作对自己有利
	CXCN2	不继续留在这里工作，许多待遇就会没有
	CXCN3	我留在本企业，是因为很难找到更好的工作
	CXCN4	我得到支持与尊重，到其他地方去只能是"新兵"
	CXCN5	我相信管理者有能力，留在企业不会受到亏待
	CXCN6	我熟悉这里的环境和生活，感到有安全感
	CXCN7	留在本企业是因为这里的福利待遇不错
	CXCN8	我能够发挥自己的特长，工作起来得心应手
规范承诺 （GFCN）	GFCN1	我认为主动跳槽是不道德的
	GFCN2	留在本企业，因为身为其中一员，有责任这样做
	GFCN3	我认为任何人对自己的单位都应忠诚
	GFCN4	要享受企业带来的利益，员工就必须尽义务

本量表参考 Griffeth & Hom、Mobley et al 的离职倾向量表设计而成，共计 3 个问项。以李克特 5 点量尺计分，其中"1"表示非常不同意，"5"表示非常同意，分数愈高，离职意向愈强烈。同时考虑到中国人的特点，借鉴了厦门大学黄春生（2004）离职倾向量表的 3 个问项，归纳

起来为表 4.6 中的三个问题。

表 4.6　　　　　　　　　　　**离职倾向的操作变量**

二级名义变量	操作变量	变量描述
离职倾向 （LZ QX）	LZQX1	我考虑有一天我可能会离开这家企业
	LZQX2	我会寻找其他工作机会
	LZQX3	我经常想辞去目前的工作

（六）工作绩效

Scotter 和 Motowidlo （1994）[105] 以美国空军机械师工作绩效为例，在详细阐述任务绩效、周边绩效的考核指标之外，还将员工的总体绩效考核指标归纳为以下三个方面：一是"与工作标准相比的优劣程度"；二是"与同级员工相比的优劣程度"；三是"对部门（或单位）绩效的贡献程度"。

考虑到工作绩效评价的复杂性，本书关于工作绩效的量表参照 Scotter 和 Motowidlo 对员工总体绩效的考核指标思想设计而成，共计 3 个问项。以李克特 5 点量尺计分，其中"1"表示非常不同意，"5"表示非常同意，分数愈高，离职意向愈强烈。

表 4.7　　　　　　　　　　　**工作绩效的操作变量**

二级名义变量	操作变量	变量描述
工作绩效 （GZJX）	GZJX1	我的工作结果高于岗位的工作标准
	GZJX2	我的工作结果高于同级别的员工
	GZJX3	我对本部门（或单位）绩效的贡献大

对工作绩效的高低以上述三个问项的平均分的大小来区分，平均分大于 3 分的为高绩效，平均分在 3 分或 3 分以下的为低绩效。由于对新进员工、枯萎员工、静止员工和明星员工的划分是从企业管理人员当前的工作绩效的高低和组织对员工未来提升的可能性大小两个方面来衡量的。前面的文献研究分析表明，由于管理人员是否进入职业生涯高原是由组织来判断的，因此，这里的职业生涯高原应该是组织可直接观察的客观职业生涯高原。

基于此，我们对新进员工、枯萎员工、静止员工和明星员工的划分方式进行了归纳（如表4.8所示）。

表4.8　　　　　　职业生涯高原进程中企业管理人员的划分方式

企业管理人员类型	是否进入职业生涯高原	绩效高低
新进员工	未进入（弱客观职业生涯高原）	低
枯萎员工	进入（较强或强客观职业生涯高原）	低
静止员工	进入（较强或强客观职业生涯高原）	高
明星员工	未进入（弱客观职业生涯高原）	高

三　属性设计及尺度选择

属性设计需要按照完备性和独立性的原则对操作变量进行设计。不同的变量和属性具有不同的测量特点，所选择的尺度也不同，由于本研究的变量主要是离散变量（discrete variable），本研究选用等距尺度，即其排定的优先序次之间的差异程度是等距离的，它不仅具有同一性和优先性，同时还满足可加性的要求。客观职业生涯高原的衡量是根据企业管理人员在其目前工作岗位上的时间，包括5年以下、5—8年和8年以上三个选项，分别用1、2、3计分。主观职业生涯高原、工作满意度、组织承诺和离职倾向设计为"非常不同意、不太同意、一般、有些同意、非常同意"五个属性，分别用1、2、3、4、5计分。为避免被调查者对数字的不必要猜测，在问卷设计中分别用A、B、C、D、E代表1、2、3、4、5。

四　问卷形成及预测试

在完成操作变量设计、属性设计及尺度选择之后，便形成本研究的初始问卷。问卷包括封面信、指导语、问题项及答案、编码等。封面信主要内容包括自我介绍、调查的目的、解释调查工作的价值，并间接说明被调查者不会因此受到利益损失或带来麻烦。指导语，主要告诉被调查者如何正确地填写问卷。问题项遵循"一个问题包括一个明确界定的概念"的原则进行设计，并在用词上力图保持中性的原则。答案按照完备性和互斥性的原则进行属性设计和尺度选择。因此问卷中的每一个问题项都是在对某个变量进行测量，问题答案就是为变量可能的属性归类赋值。

　　问卷构建完成之后，在重庆大学经管学院企业管理人员培训班学员中进行了小范围访谈，同时让他们对问卷的问题项及答案进行评价；同时，也走访了部分企业内部的管理人员，就本问卷征询了他们的意见和建议。问卷中有些问题确实还值得商榷，比如企业人士提出问卷的问题过于学术化，不易理解；Likert 评分法有时不好把握；有一些问题设计得不够全面等。但总的来说问卷的问题设计是比较恰当的。根据反馈结果对问卷进行了修订，对问题项进行了增加、删减和修正，力图使问卷的问题及答案简明、中性且不会造成歧义，从而确保问卷的内容效度。最后形成正式问卷。

第三节　问卷预检验——小样本数据收集与处理

　　问卷预检验，也称前导性研究，在这里即为小样本定量研究，指在正式实施一项调查研究之前，完全按照原设计的要求进行一次小规模的调查，以检验问卷的信度和效度，并根据检验结果对有关问题项增加、删减和修正。

一　小样本数据收集

　　2005 年上半年，我们以重庆大学经管学院内攻读工商管理硕士的 87 名学员为小样本研究对象。87 名学员分别来自重庆市本地及周边地区的各类企业，其中有 3 人来自重庆市各类政府机关或事业单位。为了保证问卷的有效性，先用不到 5 分钟的时间阐述了本问卷研究的学术目的和意义，以及填答注意事项，然后请他们现场用 15 分钟左右的时间完成问卷，不懂的或者有疑问的直接给予解释。通过这种方式可以避免现场各种因素的种种干扰。共发放 87 份问卷，有 1 人中途临时有事离开而放弃作答。最后回收问卷 86 份，先剔除了来自政府机关或事业单位的问卷 3 份，余下的 83 份中因有 2 份完全选择折中选项而剔除，8 份填答者在其当前企业工作的年限不满 5 年也被剔除，最终的有效问卷为 73 份。具体情况如下：男性 55 人，女性 18 人；36 岁以下 51 人，36—45 岁 20 人，46 岁以上 2 人；在当前企业工作时间为 5—10 年的共 53 人，11—15 年的共 13 人，16 年以上的共 7 人；未婚者 17 人，已婚者 56 人；应答者中高层管理人员 18 人，中层管理人员 30 人，基层管理人员 25 人；其中，50 人来自国有企业，12 人来自民营企业，2 人来自集体企业，9 人来自三资企业。

二 小样本数据处理

问卷收回后，对其进行审核。由于问卷是在老师的监督和本人检查后完成的，因此没有未予回答的问卷，但有 2 份所有答案均选择"不清楚"的选项，我们将其作为无效问卷予以剔除，同时剔除了 8 份在其当前企业工作的年限不满 5 年的问卷。对于一个问题项有两个答案被选，则以选择标识比较认真的答案对应的分值计分。然后将所有的问卷得分用计算机录入在 SPSS（v11.0）程序文件上，并保存。

（一）问卷的信度分析

问卷信度是指问卷度量结果的重复性，即问卷所获得的数据与其平均值的差异程度；常用的信度指标有三类：稳定性（stability）、等值性（equivalance）和内部一致性（internal consistency）；其中内部一致性指标最为常用，它表示观测项目（问卷的问题项）之间的内部一致性或同质性（李怀祖，2004）[127]。内部一致性常用 Cronbach Alpha 值来表示。Cronbach Alpha 的值一般是介于 0 和 1 之间，越接近于 1，说明信度越高。Churchill 在 1979 年发表了有关信度如何验证的文章后，其方法被广泛应用，后来 Anne M. Smith（1999）对他的方法进行了进一步的讨论，对使用中应注意的事项作了说明。他的方法是计算校正后项目总分相关（Corrected Item—Total Correlation）系数，即 CITC 系数，若操作变量的 CITC 值大于 0.5 且名义变量的 Alpha 系数在 0.6 以上，说明用这些操作变量来度量相应的名义变量的可靠性是可以接受的，若操作变量 CITC 值小于 0.5，则应删去该变量，直到所有操作变量的 CITC 值都大于 0.5，且名义变量的 Alpha 系数在 0.6 以上[128][133]。

根据以上原则，下面分别对组织承诺、离职倾向、工作绩效等三个名义变量进行信度分析。由于客观职业生涯高原我们是直接通过员工在其当前职位上的工作时间来确定，因此，不需要对其信度和效度进行分析。主观职业生涯高原量表我们是直接采用 Tremblay、Roger & Toulouse（1995）[34] 开发的成熟量表，该量表已经广泛地被国外一些学者用于实证研究中，具有较大的影响。工作满意度量表我们也是直接采用中国科学院心理所卢嘉、时勘等人开发的成熟量表，该量表的信度和效度都比较好[56]。因此，我们关注的重点是组织承诺和离职倾向、工作绩效这三个量表。

（1）组织承诺

组织承诺分别采用情感承诺、持续承诺和规范承诺三个二级名义变量来度量，它们的操作变量信度分析结果如表4.9所示。

表4.9　　　　　　　　　　组织承诺的信度分析

二级名义变量	操作变量	CITC 系数	Cronbach α 值	Alpha 值	标准 Alpha 值
情感承诺（QGCN）	QGCN1	0.8188	0.9049	0.9229	0.9177
	QGCN2	0.8212	0.9049		
	QGCN3	0.9048	0.8955		
	QGCN4	0.8808	0.8979		
	QGCN5	0.8310	0.9035		
	QGCN6	0.2434	0.9530		
	QGCN7	0.8108	0.9065		
持续承诺（CXCN）	CXCN1	0.7999	0.9213	0.9326	0.9365
	CXCN2	0.8494	0.9176		
	CXCN3	0.2826	0.9608		
	CXCN4	0.8651	0.9163		
	CXCN5	0.8621	0.9161		
	CXCN6	0.8899	0.9147		
	CXCN7	0.8677	0.9169		
	CXCN8	0.8181	0.9200		
规范承诺（GFCN）	GFCN1	0.8385	0.9373	0.9447	0.9454
	GFCN2	0.8943	0.9191		
	GFCN3	0.8821	0.9233		
	GFCN4	0.8594	0.9305		

二级名义变量情感承诺（QGCN）的 Alpha 值、标准 Alpha 值分别为 0.9229 和 0.9177，说明它的操作变量内部一致性很好，信度很高；

不过由于其中的一个操作变量 QGCN6 的 CITC 值为 0.2434，应予剔除，从表中可以看出，如果把该变量剔除，整个 Alpha 值会上升到 0.9530。二级名义变量持续承诺（CXCN）的 Alpha 值、标准 Alpha 值分别为 0.9326 和 0.9365，说明它的操作变量内部一致性很好，信度很高；不过由于其中的一个操作变量 CXCN3 的 CITC 值为 0.2826，应予剔除，从表中可以看出，如果把该变量剔除，整个 Alpha 值会上升到 0.9608。二级名义变量规范承诺（GFCN）的 Alpha 值、标准 Alpha 值分别为 0.9447 和 0.9454，说明它的操作变量内部一致性很好，信度很高，且其所有的操作变量的 CITC 值都大于 0.5，故规范承诺下的 4 个操作变量都予以保留。

（2）离职倾向

名义变量离职倾向下的三个操作变量的信度分析结果如表 4.10 所示。

表 4.10　　　　　　　　　　离职倾向的信度分析

名义变量	操作变量	CITC 系数	Cronbach α 值	Alpha 值	标准 Alpha 值
离职倾向 （LZQX）	LZQX 1	0.7871	0.9274	0.9210	0.9208
	LZ QX2	0.8630	0.8667		
	LZQX 3	0.8706	0.8601		

从表 4.10 可以看出，名义变量离职倾向（LZQX）的 Alpha 值、标准 Alpha 值分别为 0.9210、0.9208，说明它的操作变量内部一致性很好，信度很高；三个操作变量 CITC 值均大于 0.5，故予以全部保留。

（3）工作绩效

名义变量工作绩效下的三个操作变量的信度分析结果如表 4.11 所示。

表 4.11　　　　　　　　　　工作绩效的信度分析

名义变量	操作变量	CITC 系数	Cronbach α 值	Alpha 值	标准 Alpha 值
工作绩效 （GZJX）	GZJX 1	0.5238	0.6964	0.7332	0.7379
	GZJX 2	0.6082	0.5905		
	GZJX 3	0.5480	0.6573		

　　从表 4.11 可以看出，名义变量工作绩效（GZJX）的 Alpha 值、标准 Alpha 值分别为 0.7332、0.7379，说明它的操作变量内部一致性很好，信度很高；三个操作变量 CITC 值均大于 0.5，故予以全部保留。

　　（二）问卷的效度分析

　　前面检验了问卷的信度。但问卷信度合格并不一定意味着其效度也合格。信度是效度的必要条件，但不是充分条件。事实上，效度检验最为有效，如测量工具（问卷等）效度合格，往往无须关心它的信度，只是效度不够才进而评价信度（李怀祖，2004）。所谓效度，是指度量结果是否真正是研究者所预期的结果，即数据与理想值的差异程度。效度包括内容效度（content validity）、效标关联效度（criterion—related validity）、构念（建构）效度（construct validity）。这里主要用因子分析和主成分分析（Principal Components）的方法来检验问卷的构念效度（石金涛、王莉，2004；陈升，2004）[128][134]。剔除 QGCN6、CXCN3 等操作变量后，现在来检验问卷的结构效度，以进一步分析问题项对相应名义变量是否有效。首先判定各名义变量是否适合作因子分析。通过探索性因素分析计算问卷各名义变量的问题项的因素载荷系数（factor loading coefficient），并运用主成分法按其初始特征值大于 1 提取共性因素。探索性因子分析主要是对指标数据进行提取、旋转，目的是对因子降维，从而可以有少数几个变量（一般为不可测）来解释数量较多的可测变量。题项的因素载荷系数越大，说明该问题项（Item）对其组成的共性因子（Common Factor）贡献率越高，从而对相应名义变量的贡献率也越高，也即该问题项对相应维度就越有效。为了使每个共性因素上具有较大因素载荷系数的题项减到最低限度，采用 Varimax 法对初始共性因素进行方差最大正交旋转（Rotation），即使共性因素上的各题项的相对载荷量平方的方差之和达到最大，并保证初始共性因素之间的正交性和共性方差总和不变。

　　（1）组织承诺

　　从表 4.12 可以看出，KMO 为 0.918，大于 0.5；Bartlett 球体检验的显著水平为 0.000，说明适合进行因子分析和主成分分析。因子分析和主成分分析的结果如表 4.13、4.14 所示。

表 4.12　　　　　　**组织承诺的 KMO 及 Bartlett 球体检验**

KMO 的样本适合程度		0.918
Bartlett 球形检验	Approx. Chi—Square	1342.875
	df	136
	Sig.	0.000

表 4.13　　　　　　　**组织承诺的总方差解释**

成分	初始特征值			提取成分后特征值			转置后特征值		
	特征值	解释方差百分比	累计解释方差比例	特征值	解释方差百分比	累计解释方差比例	特征值	解释方差百分比	累计解释方差比例
1	9.382	55.190	55.190	9.382	55.190	55.190	5.577	32.806	32.806
2	2.650	15.590	70.780	2.650	15.590	70.780	4.926	28.976	61.782
3	2.195	12.911	83.691	2.195	12.911	83.691	3.725	21.909	83.691
以下特征值小于 1 的略去									

可以看出，共性因子 1、共性因子 2、共性因子 3 分别对应三个二级名义变量持续承诺（CXCN）、情感承诺（QGCN）、规范承诺（GFCN），这三个二级名义变量对组织承诺解释的方差累计达到 80% 以上，说明组织承诺有很高的构念效度。

表 4.14　　　　　　**组织承诺各操作变量的因子载荷**

操作变量	共性因子 1	共性因子 2	共性因子 3
QGCN1		0.844	
QGCN2		0.850	
QGCN3		0.883	
QGCN4		0.868	
QGCN5		0.866	
QGCN7		0.768	
CXCN1	0.778		

续表

操作变量	共性因子 1	共性因子 2	共性因子 3
CXCN2	0.874		
CXCN4	0.896		
CXCN5	0.845		
CXCN6	0.852		
CXCN7	0.907		
CXCN8	0.780		
GFCN1			0.877
GFCN2			0.870
GFCN3			0.911
GFCN4			0.888

注：Rotation converged in 5 iterations.

（2）离职倾向

从表 4.15 可以看出，KMO 为 0.742，大于 0.5；Bartlett 球体检验的显著水平为 0.000，说明适合进行因子分析和主成分分析。

表 4.15　　　　　　　　离职倾向的 KMO 及 Bartlett 球体检验

KMO 的样本适合程度		0.742
Bartlett 球形检验	Approx. Chi—Square	164.542
	df	3
	Sig.	0.000

从表 4.16 可以看出经过主成分法提取后只有一个特征值大于 1，其解释方差达到了 86.364%。由于只提取了一个成分，不存在转置的情况，说明离职倾向只需用该共性因子即可很好的度量，且可以解释方差达到 86.364%。如果累计解释总方差大于 60%，就意味着有较好的构念效度（石金涛、王莉，2004；陈升，2004）[128][134]。离职倾向的操作变量累计解释总方差为 86.364%，远大于 60%，因此有着较高的构念效度。由于离职倾向各个操作变量的因子载荷均大于 0.6，如表 4.17 所示，说明操

作变量选取较好，应保留。

表 4.16　　　　　　　　　　离职倾向的总方差解释

成分	初始特征值			提取成分后特征值		
	特征值	解释方差百分比	累计解释方差比例	特征值	解释方差百分比	累计解释方差比例
1	2.591	86.364	86.364	2.591	86.364	86.364
2	0.274	9.138	95.502			
3	0.135	4.498	100.000			

表 4.17　　　　　　　　离职倾向各操作变量的因子载荷

操作变量	共性因子 1
LZQX 1	0.901
LZQX 2	0.941
LZQX 3	0.945

注：Only one component was extracted。The solution cannot be rotated。

3）工作绩效

表 4.18　　　　　　　工作绩效的 KMO 及 Bartlett 球体检验

KMO 的样本适合程度		0.676
Bartlett 球形检验	Approx. Chi—Square	46.668
	df	3
	Sig.	0.000

表 4.19　　　　　　　　工作绩效的总方差解释

成分	初始特征值			提取成分后特征值		
	特征值	解释方差百分比	累计解释方差比例	特征值	解释方差百分比	累计解释方差比例
1	1.970	65.657	65.657	1.970	65.657	65.657
2	0.581	19.360	85.017			
3	0.449	14.983	100.000			

从表 4.18 可以看出，KMO 为 0.676，大于 0.5；Bartlett 球体检验的显著水平为 0.000，说明适合进行因子分析和主成分分析。

从表 4.19 可以看出经过主成分法提取后只有一个特征值大于 1，其解释方差达到了 65.657%。由于只提取了一个成分，不存在转置的情况，说明离职倾向只需用该共性因子即可很好地度量，且可以解释方差达到 65.657%。如果累计解释总方差大于 60%，就意味着有较好的构念效度（石金涛、王莉，2004；陈升，2004）[128][134]。工作绩效的操作变量累计解释总方差为 65.657%，大于 60%，因此有着较高的构念效度。由于工作绩效各个操作变量的因子载荷均大于 0.6，如表 4.20 所示，说明操作变量选取较好，应保留。

表 4.20　　　　　　　　　工作绩效各操作变量的因子载荷

操作变量	共性因子 1
GZJX1	0.782
GZJX 2	0.843
GZJX 3	0.805

注：Only one component was extracted。The solution cannot be rotated。

第四节　量表形成——大样本数据收集与处理

问卷通过信度和效度的预检验之后，根据检验结果对有关问题项增加、删减和修正。经过修正之后的问卷，称之为初始量表（scale）。初始量表已满足研究所需要的信度和效度，因此可进行大样本正式的调查研究。

一　大样本数据收集

大样本调查时，为了保证数据的准确性和有效性，实际调研问卷中的指标问题项是随机排列的。该问卷内容除涉及企业管理人员详细的个人基本资料外，还有各类量表共 90 个项目测量组成，每个项目均采用 Liket 5 点量表法，其中 1 表示非常不同意；2 表示不太同意；3 表示一般；4 表示有些同意；5 表示非常同意。同时为避免被调查者对数字的不必要猜测。分别用 A、B、C、D、E 代表 1、2、3、4、5。我们在发放问卷之前声明：本问卷的各个题项与答案并无对与错之分，而您所填的答案仅供整体统计分析之用，决不个别处理或公开发表，资料绝对保密，不对任何人泄露，且不需要填写个人姓名，敬请您放心填答。并提醒作答者对每一个问题项要仔细阅读。事实证明，这种事先声明的方法是有效的。

本书所设计的研究问卷要求企业管理人员回答 8 道基本信息题及 92 道问项，需要花费调研对象 30 分钟左右的时间。最初在对一些企业的实际调查中，发现中层以上，尤其是高层管理人员的问卷调查回收率极低，且无效问卷较多。企业管理人员尤其是企业高层管理者不愿花如此长的时间来填答问卷，同时，调查者自身也受限于时间、精力尤其是经费等因素的制约，这些都给问卷的实地采样带来极大困难。

尽管实地调研遇到很大困难，但本研究的问卷属于自陈述量表，只需要企业管理人员结合自己的实际情况和主观感受进行作答，填答地点可以不局限于企业内，因此，2005 年期间，我们灵活地采用各种途径进行了问卷调查。一方面通过来重庆大学经管学院在职攻读工商管理硕士学位或进修的各类企业的高层、中层与基层管理人员，以及成建制的来自本地企业及外地企业的工商管理培训班学员进行信息收集，由于各任课老师及班主任的重视与支持，使问卷填答者都能以科学的态度认真作答，从而保证了问卷填答的质量，且部分企业管理人员来自外省市，这也拓宽了本问卷的调查范围。本次问卷合计发放并收回纸质问卷 399 份，从部分学员留下的单位地址来看，学员广泛分布在重庆市及周边省份的各类不同性质和不同行业的企业中，具有较好的代表性。另一方面，我们仍继续在重庆地区部分企业进行了实地调研，实地调研合计发放并收回纸质问卷 87 份；此外，我们还通过委托熟人联系，利用 E—mail 对重庆市及外省市部分企业的管理人员发放并回收电子问卷，这部分问卷填答后直接通过电子邮件返回了 39 份。

本次问卷调查共回收问卷 525 份，其中纸质问卷 486 份，占 92.6%，电子稿问卷 39 份，占 7.4%。在调查中，客观职业生涯高原是通过管理人员在其当前岗位上的工作年数测量的。由于在当前岗位上达到 5 年以上的人们才被认为是职业生涯高原者，因此，在一个企业中工作年限（或资历）不满 5 年的企业管理人员，其在当前岗位上的时间肯定不会超过 5 年，故这部分管理人员不属于我们的研究范畴。所以，我们剔除了不合乎填答资格要求，即在组织中少于 5 年资历的参与者（共 166 份）。这样，我们后期分析的有效样本总量降为 359 份，接着再剔除填答中有明显问题的 33 份无效问卷，最终进入我们大样本的有效问卷为 326 份，有效问卷占后期分析样本量（即剔除在组织中少于 5 年资历人员后的样本量）的比例为 90.8%。

最终的 326 份有效问卷的基本信息的统计结果显示：在性别上，男性管理人员 233 人，占 71.5%，女性管理人员 93 人，占 28.5%；在婚姻状况上，未婚管理人员 72 人，占 22.1%，已婚管理人员 254 人，占 77.9%；在企业管理人员的年龄结构上，实际调查中 25 岁以下及 46 岁以上的人数偏少，故在数据库建立中，我们将年龄结构分成 35 岁及其以下和 35 岁以上两部分，其中，35 岁以下的有 228 人，占 70%，35 岁以上的有 98 人，占 30%；在学历分布上，高中及以下的有 14 人，占 4.3%，专科毕业的有 55 人，占 16.9%，本科毕业的有 235 人，占 72.1%，硕士及以上学历的人为 22 人，占 6.7%；在工作资历上，工作 5—10 年的企业管理人员有 206 人，占 63.2%，工作 11—15 年的有 66 人，占 20.2%，16—20 年的有 34 人，占 10.5%，21 年以上的有 20 人，占 6.1%；在管理职位的分布上，高层管理人员 64 人，占 19.6%，中层管理人员 172 人，占 52.8%，基层管理人员 90 人，占 27.6%；调研对象中，来自国有企业的有 236 人，占 72.4%，来自民营企业的有 44 人，占 13.5%，来自三资企业的有 40 人，占 12.3%，来自集体企业的有 6 人，占 1.8%。尽管本样本中，女性管理人员的比例不高，但平均而言，我国企业管理人员中女性的比例一般都不到 30%，如华东师范大学孟慧（2003）[135]、复旦大学的高山川（2005）[136]在专门针对中国企业管理人员相关问题的研究中将女性管理人员的比例分别设置在 28.1% 和 23.3%，故本样本中女性管理人员 28.5% 的比例是恰当的。

二　大样本数据处理

问卷收回后，对其进行审核。然后将所有的问卷得分用计算机录入在 SPSS（v11.0）程序文件上，并保存。

（一）初始量表的信度分析

量表所有操作变量的 CITC 值都大于 0.5，且名义变量的 Alpha 系数大于 0.6，只有这种量表的信度才是可接受的。根据这一原则，下面利用大样本所获得的数据对组织承诺和离职倾向二个研究假设名义变量进行信度分析。

（1）组织承诺

组织承诺对应的操作变量描述性统计和信度分析结果如表 4.21、
4.22 所示。

表 4.21　　　　　　　组织承诺操作变量的描述性统计

二级名义变量	操作变量	均值	标准差	样本量
情感承诺（QGCN）	QGCN1	3.41	1.498	326
	QGCN2	3.74	1.543	326
	QGCN3	3.50	1.518	326
	QGCN4	3.55	1.516	326
	QGCN5	3.50	1.500	326
	QGCN7	3.50	1.408	326
持续承诺（CXCN）	CXCN1	3.36	1.345	326
	CXCN2	3.15	1.424	326
	CXCN4	3.09	1.306	326
	CXCN5	3.30	1.343	326
	CXCN6	3.49	1.358	326
	CXCN7	2.97	1.381	326
	CXCN8	3.47	1.253	326
规范承诺（GFCN）	GFCN1	3.52	1.764	326
	GFCN2	3.62	1.700	326
	GFCN3	3.78	1.570	326
	GFCN4	3.87	1.416	326

表 4.22　　　　　　　　　　组织承诺的信度分析

二级名义变量	操作变量	CITC 系数	Cronbach α 值	Alpha 值	标准 Alpha 值
情感承诺 （QGCN）	QGCN1	0.8844	0.9657	0.9698	0.9698
	QGCN2	0.9021	0.9639		
	QGCN3	0.9257	0.9614		
	QGCN4	0.9115	0.9629		
	QGCN5	0.9042	0.9636		
	QGCN7	0.8797	0.9661		
持续承诺 （CXCN）	CXCN1	0.7885	0.9238	0.9341	0.9342
	CXCN2	0.7666	0.9260		
	CXCN4	0.7177	0.9303		
	CXCN5	0.8020	0.9225		
	CXCN6	0.8350	0.9194		
	CXCN7	0.8071	0.9220		
	CXCN8	0.7913	0.9236		
续表规范承诺 （GFCN）	GFCN1	0.8301	0.9223	0.9356	0.9362
	GFCN2	0.8721	0.9079		
	GFCN3	0.8518	0.9146		
	GFCN4	0.8413	0.9187		

从表 4.22 可以看出，这三个名义变量下的所有操作变量的 CITC 值符合条件，它们的名义变量 Alpha 值、标准 Alpha 值都在 0.8 以上，因此情感承诺、持续承诺和规范承诺的信度较高，其操作变量也选取得较好。

（2）离职倾向

离职倾向对应的操作变量描述性统计和信度分析结果如表 4.23、4.24 所示。

表 4.23　　　　　　　**离职倾向操作变量的描述性统计**

二级名义变量	操作变量	均值	标准差	样本量
离职倾向（LZQX）	LZQX 1	2.57	1.643	326
	LZ QX2	2.37	1.606	326
	LZQX 3	2.46	1.812	326

表 4.24　　　　　　　**离职倾向的信度分析**

二级名义变量	操作变量	CITC 系数	Cronbach α 值	Alpha 值	标准 Alpha 值
离职倾向（LZQX）	LZQX 1	0.7462	0.8485	0.8798	0.8801
	LZ QX2	0.7815	0.8179		
	LZQX 3	0.7761	0.8227		

从表 4.24 可以看出，离职倾向的三个操作变量的 CITC 值都大于 0.5，且其 Alpha 值、标准 Alpha 值都大于 0.6，说明其三个操作变量内部一致性较好，信度较高，予以保留。

（3）工作绩效

工作绩效对应的操作变量描述性统计和信度分析结果如表 4.25、4.26 所示。

表 4.25　　　　　　　**工作绩效操作变量的描述性统计**

二级名义变量	操作变量	均值	标准差	样本量
工作绩效（GZJX）	GZJX 1	3.4202	1.0974	326
	GZJX 2	3.5245	1.0188	326
	GZJX 3	3.3436	1.0341	326

表 4.26　　　　　　　**工作绩效的信度分析**

二级名义变量	操作变量	CITC 系数	Cronbach α 值	Alpha 值	标准 Alpha 值
工作绩效（GZJX）	GZJX 1	0.5614	0.6822	0.7480	0.7491
	GZJX 2	0.6057	0.6301		
	GZJX 3	0.5603	0.6810		

从表 4.26 可以看出，工作绩效的三个操作变量的 CITC 值都大于 0.5，且其 Alpha 值、标准 Alpha 值都大于 0.6，说明其三个操作变量内部一致性较好，信度较高，予以保留。

（二）量表的效度分析

首先分析量表的内容效度。本书在广泛的文献综述基础上，进行各名义变量的操作变量设计，在此基础上形成了初始问卷。之后对初始问卷进行预测试，并根据预测试的结果对问题项进行了增加、删减和修正，力图使问卷的问题及答案简明、中性且不会造成歧义，从而形成正式问卷。正式问卷形成之后，在正式调查之前，又进行了一次小规模的调查问卷，并根据小样本数据的分析结果再次对有关问题项进行增加、删减和修正，从而形成最后的正式量表。因此该量表有较高的内容效度。

下面主要检验量表的结构效度。

（1）组织承诺

表 4.27　　　　　　　　　　组织承诺的总方差解释

成分	初始特征值			提取成分后特征值			转置后特征值		
	特征值	解释方差百分比	累计解释方差比例	特征值	解释方差百分比	累计解释方差比例	特征值	解释方差百分比	累计解释方差比例
1	14.496	58.353	58.353	14.496	58.353	58.353	8.129	32.724	32.724
2	3.525	14.192	72.545	3.525	14.192	72.545	6.617	26.636	59.360
3	2.252	9.065	81.610	2.252	9.065	81.610	5.527	22.250	81.610
以下特征值小于 1 的略去									

因子碎石图（scree plot）提供了因子数目和特征值大小的图形表示。可以用于直观地判定因子数目。从以上图表可以看出，名义变量组织承诺被提取、转置为三个主因子（主成分），它们对名义变量解释的方差累计达到80%以上，这意味着离职倾向的效度很高。其各操作变量的因子载荷如表 4.28 所示。

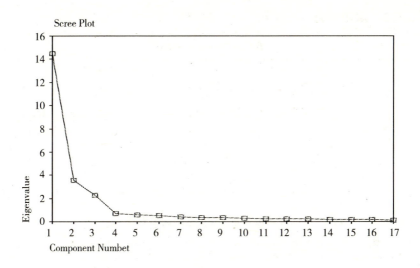

图 4.1   组织承诺各变量特征值碎石图

表 4.28   **组织承诺各操作变量的因子载荷**

操作变量	共性因子 1	共性因子 2	共性因子 3
QGCN1	0.841		
QGCN2	0.848		
QGCN3	0.888		
QGCN4	0.882		
QGCN5	0.860		
QGCN7	0.833		
CXCN1		0.682	
CXCN2		0.854	
CXCN4		0.820	
CXCN5		0.730	
CXCN6		0.811	
CXCN7		0.865	
CXCN8		0.745	
GFCN1			0.809
GFCN2			0.799
GFCN3			0.867
GFCN4			0.861

注：Rotation converged in 5 iterations。

（2）离职倾向

表4.29 离职倾向的总方差解释

成分	初始特征值			提取成分后特征值		
	特征值	解释方差百分比	累计解释方差比例	特征值	解释方差百分比	累计解释方差比例
1	4.085	80.714	80.714	4.085	80.714	80.714
2	.535	10.575	91.289			
3	.441	8.711	100.000			

表4.30 离职倾向各操作变量的因子载荷

操作变量	共性因子1
LZQX1	0.882
LZQX2	0.900
LZQX3	0.911

注：Rotation converged in 6 iterations。

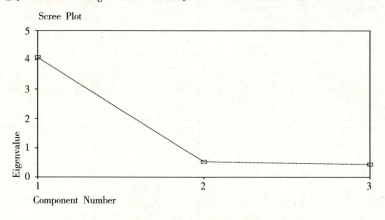

图4.2 离职倾向各变量特征值碎石图

从表4.29可以看出经过主成分法提取后只有一个特征值大于1，其解释方差达到了80.714%，而且各操作变量的载荷值高于0.8，离职倾向只需用该共性因子即可很好的度量，且累计解释方差达到80%以上，这意味着离职倾向的效度很高。

（3）工作绩效

表 4.31 工作绩效的总方差解释

成分	初始特征值			提取成分后特征值		
	特征值	解释方差百分比	累计解释方差比例	特征值	解释方差百分比	累计解释方差比例
1	1.998	66.599	66.599	1.998	66.599	66.599
2	0.539	17.975	84.574			
3	0.463	15.426	100.000			

表 4.32 工作绩效各操作变量的因子载荷

操作变量	共性因子1
LZQX 1	0.806
LZQX2	0.836
LZQX 3	0.806

注：Rotation converged in 6 iterations。

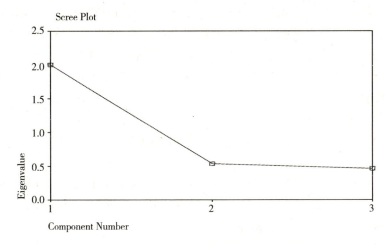

图 4.3 工作绩效各变量特征值碎石图

从表 4.31 可以看出经过主成分法提取后只有一个特征值大于 1，其解释方差达到了 66. 599%，而且各操作变量的载荷值高于 0. 8，工作绩效只需用该共性因子即可很好的度量，这意味着工作绩效的效度较高。

（三）客观与主观职业生涯高原各类状态的企业管理人员分布

表 4. 33　　　　　　　　各类职业生涯高原状态的人数

类型 状态	弱	较强	强	总和
客观职业生涯高原	136 人	104 人	86 人	326 人
主观职业生涯高原	99 人	99 人	128 人	326 人

从表 4. 33 的相关数据可以发现，弱客观职业生涯高原状态的人数为 136 人，而弱主观职业生涯高原状态的人数为 99 人，即弱客观职业生涯高原状态中有 37 人进入其他主观职业生涯高原状态；较强客观职业生涯高原状态的人数为 104 人，而较强主观职业生涯高原状态的人数为 99 人，即较强客观职业生涯高原状态中有 5 人进入其他主观职业生涯高原状态；强客观职业生涯高原状态的人数为 86 人，而强主观职业生涯高原状态的人数为 128 人，即弱或较强客观职业生涯高原状态中有 42 人进入了强主观职业生涯高原状态。

上述客观与主观职业生涯高原各类状态的人数分布表明，客观职业生涯高原的测量和主观职业生涯高原的测量是有差异的，这种差异性又可能反映到不同职业生涯高原状态的企业管理人员在工作满意度、组织承诺及离职倾向上的差异性上，对于这种差异性分析将在接下来的第五章中进行详细比较。

第五节　资料分析方法

本书接下来在第五章、第六章、第七章中将基于正式量表所收集的数据，采用 SPSS 10. 0 和 AMOS4. 0 统计分析软件作为资料分析的工具。使用的统计方法主要有以下几种：

一、信度分析

本书采用 Cronbach's alpha（1951）系数检验量表的信度，并以 Peterson（1994）所建议的 0. 7 为信度标准。

二、因子分析

将问卷中具有信度和效度的组织承诺、离职倾向等变量的测量项目作探索性因子分析，利用主成分分析及最大方差旋转法，提取组织承诺及离职倾向的构面。

三、均值分析

把组织承诺及离职倾向作平均数分析，来判断不同职业生涯高原状态下，员工个人特征变量对工作满意度的 5 个维度、组织承诺 3 个维度及离职倾向的大小，并可对它们之间的差异做进一步的分析。

四、独立样本 T 检验

使用独立样本 T 检验来判断不同职业生涯高原状态下企业管理人员的个人特征，如性别、年龄、学历、婚姻、管理职位、工作资历等，对工作满意度、组织承诺及离职倾向的影响是否显著。

五、方差分析

方差分析用来处理管理职位、工作资历等，根据方差齐性及方差的非齐性分别选取 LSD 和 Tamhane T2 法进行事后多重比较。

六、皮尔逊相关分析

相关分析用来检验客观职业生涯高原、主观职业生涯高原、工作满意度各维度、组织承诺各维度、离职倾向之间的关系。

七、结构方程模型

由于变量之间具有一定的相互作用，把假设关系综合考虑时，通过上述相关分析得出的结论，就不一定正确了。所以本研究同时使用 AMOS4.0 软件来验证客观职业生涯高原、主观职业生涯高原、工作满意度、组织承诺、离职倾向之间的关系。

第六节　本章小结

本章首先进行了变量设计，将客观职业生涯高原、主观职业生涯高原、工作满意度、组织承诺、离职倾向和工作绩效等名义变量转换成可操作的变量。其中，客观职业生涯高原和主观职业生涯高原遵循了国外实证研究的做法进行设计。工作满意度直接采用了中国科学院卢嘉、时勘编制的工作满意度量表，该量表是在参考了国内外有关研究，并结合我国实情研制出来的，具有较好的信度、效度，它的测量结果与 MSQ 的相关达到显著水平。对于组织承诺，在前述理论分析的基础上，我们采用刘小平和陈志刚论文中有关研究组织承诺的量表，经过讨论并作了适当修改。离职倾向量表也在黄春生、廖泉文离职倾向量表的基础上作了适当调整。工作绩效量表则是在借鉴 Motowidl 等关于工作绩效总体衡量指标的基础上设计而成。在相关文献理论的基础上，本章将主观与客观职业生涯高原划分为三种状态，同时将职业生涯高原进程中 4 类管理人员的划分及测量方式进行了界定。

　　为了保证研究结果的信度和效度，本书中采用了两阶段问卷的做法即先进行小样本问卷调查，再进行大样本问卷调查。在对小样本进行数据处理与分析后，根据分析结果对问卷进行修订，形成大样本问卷（或量表），并结合大样本调查的数据，对组织承诺和离职倾向量表的信度和效度进行了分析和检验。本章最后对实证中的数据分析方法进行了说明。

第五章 职业生涯高原与工作满意度、组织承诺及离职倾向关系的结构方程模型构建

第一节 引言

前面第二章对职业生涯高原与工作满意度、组织承诺及离职倾向的国内外研究现状进行了述评，第四章对职业生涯高原与工作满意度、组织承诺及离职倾向等变量的测量进行了分析，并通过问卷调查对数据进行了收集和整理。虽然在前面提出了与本章相关的研究假设，但是，这些研究假设需要实证来进行检验，即企业管理人员的职业生涯高原究竟对他们的工作满意度、组织承诺和离职倾向产生什么样的影响？这些问题正是本章研究的主题。因此，本章将依据理论分析部分提出的有关假设来详细探讨企业管理人员在客观与主观职业生涯高原下对工作满意度、组织承诺与离职倾向的影响及各名义变量之间的相互关系。

本章将首先从相关关系分析入手，分析客观职业生涯高原、主观职业生涯高原、工作满意度（领导行为、管理措施、工作回报、团队合作与工作激励 5 个维度）、组织承诺（情感承诺、持续承诺和规范承诺 3 个维度）及离职倾向的各维度之间是否显著相关。在接下来的数据分析中，本章并没有采用传统的多元回归分析方法，而是采用了一种与多元回归分析关系密切，但在原理和方法上有许多拓展的多变量数据分析方法，即结构方程建模法。由于多元回归分析方法有两个弱点：第一，管理研究难以回避诸如工作满意度、组织承诺等这类无法直接观测的不可观测的变量（non—observed variable），而多元回归的因变量和自变量都要求可测，方能估计出回归系数；第二，回归分析难以处理多重共线性问题。目前，在管理研究中，特别是采用问卷法收集数据的情况下，结构方程建模是针对上述回归分析的弱点而研发出来的并已得到较广泛应用的数据分析方法（李怀祖，2003）[127]。因此，本章将在相关分析的基础上，通过构建结构

方程模型对客观和主观职业生涯高原与工作满意度、组织承诺及离职倾向之间的关系假设进行详细的验证和分析。

　　本章将要验证 H_{1a}、H_{1b}、H_{1c}、H_{1d}、H_{1e}、H_{1f}、H_{1g}、H_{1h}、H_{1i} 等九个二层假设，第三章"相关文献研究的不足与本研究假设的提出"一节中已对这些假设的具体内容作了阐述。

　　由上述假设，可以得出企业管理人员职业生涯高原与工作满意度、组织承诺及离职倾向的关系模型，详见第二章中的图2.2，这里不再赘述，图上的"＋"表示正效应，"－"表示负效应。可以看出，实证分析是紧紧围绕第二章所提出的假设。如果实证的结果证明这些假设为真（或为假），则其对应的对立假设就为假（或为真）。

第二节　假设变量的相关关系分析

一　客观职业生涯高原与工作满意度各维度的相关关系分析

　　本部分使用 Pearson 相关分析法检验客观职业生涯高原与工作满意度的5个维度，即与领导行为、管理措施、工作回报、团队合作与工作激励之间的关系。表5.1是它们之间的 Pearson 相关分析结果。

　　表5.1的结果显示，客观职业生涯高原对工作满意度中的几个维度有显著影响，设 γ 为皮尔逊相关系数，可以看出，客观职业生涯高原与领导行为（$\gamma = -0.155$，$\rho = 0.005$）呈显著负相关，说明企业管理人员所处的客观职业生涯高原状态越强，管理人员对领导行为的满意度会越低。此外，客观职业生涯高原与管理措施（$\gamma = -0.101$）、工作回报（$\gamma = -0.088$）、团体合作（$\gamma = -0.102$）和工作激励（$\gamma = -0.088$）之间的相关系数均呈负相关，但没有显著影响。至于客观职业生涯高原与工作满意度整体上的关系，我们目前还无法判断，这将在接下来的结构方程模型中给以检验。

　　表5.1的结果同时显示，工作满意度的各维度之间，即领导行为与管理措施（$\gamma = 0.839$，$\rho = 0.000$）、领导行为与工作回报（$\gamma = 0.801$，$\rho = 0.000$）、领导行为与团体合作（$\gamma = 0.795$，$\rho = 0.000$）、领导行为与工作激励（$\gamma = 0.796$，$\rho = 0.000$）、管理措施与工作回报（$\gamma = 0.814$，$\rho = 0.000$）、管理措施与团体合作（$\gamma = 0.828$，$\rho = 0.000$）、管理措施与工作激励（$\gamma = 0.826$，$\rho = 0.000$）、工作回报与团体合作（$\gamma = 0.739$，$\rho = 0.000$）、工作回报与工作激励（$\gamma = 0.747$，$\rho = 0.000$）、团体合作与工作

激励（$\gamma = 0.790$，$\rho = 0.000$）均呈现显著正相关。

上述分析结果表明，企业管理人员在其目前岗位上所待的时间越久，即当其所处的客观职业生涯高原越强，那么他们对其上司的领导行为，如领导能力、领导态度、工作认可度和工作交流等就会表现出不满。这个结果符合企业实际，如果一位管理人员长期处在一个静止的岗位上，他对其上司或多或少会有一些埋怨。上述分析结果同时表明，企业管理人员在其目前岗位上所待的时间越久，即当其所处的客观职业生涯高原越强，他们

表 5.1　　　客观职业生涯高原与工作满意度的 Pearson 相关分析

		客观职业高原	领导行为	管理措施	工作回报	团体合作	工作激励
客观职业生涯高原	Pearson 相关系数	1.000					
	显著性 Sig. （2—tailed）						
领导行为	Pearson 相关系数	-0.155**	1.000				
	显著性 Sig. （2—tailed）	0.005					
管理措施	Pearson 相关系数	-0.104	0.839**	1.000			
	显著性 Sig. （2—tailed）	0.062	0.000				
工作回报	Pearson 相关系数	-0.088	0.801**	0.814**	1.000		
	显著性 Sig. （2—tailed）	0.113	0.000	0.000			
团体合作	Pearson 相关系数	-0.102	0.795**	0.828**	0.739**	1.000	
	显著性 Sig. （2—tailed）	0.066	0.000	0.000	0.000		
工作激励	Pearson 相关系数	-0.088	0.796**	0.826**	0.747**	0.790**	1.000
	显著性 Sig. （2—tailed）	0.113	0.000	0.000	0.000	0.000	

注：** Correlation is significant at the 0.01 level （2—tailed）。

对工作满意度的其他维度（除领导行为外）没有显著影响。可见，对于处于客观职业生涯高原状态越强的企业管理人员，企业应当重视他们对其上司领导行为方面的看法和意见。

二　客观职业生涯高原与组织承诺各维度的相关关系分析

本部分使用 Pearson 相关分析法检验客观职业生涯高原与组织承诺的3 个维度，即情感承诺、持续承诺和规范承诺之间的关系。表 5.2 是它们之间的 Pearson 相关分析结果。

表 5.2 的结果显示，客观职业生涯高原对组织承诺中的持续承诺（$\gamma = 0.127$，$\rho = 0.021$）呈显著负相关，说明企业管理人员客观职业生涯高原越强，管理人员对组织的持续承诺反而越高。规范承诺（$\gamma = 0.050$）和客观职业生涯高原也呈正相关，但不显著。同样，情感承诺与客观职业生涯高原（$\gamma = -0.058$）呈负相关，但不显著。对于整体上职业生涯高

表 5.2　　　客观职业生涯高原与组织承诺的 Pearson 相关分析

		客观职业生涯高原	情感承诺	持续承诺	规范承诺
客观职业生涯高原	Pearson 相关系数	1.000			
	显著性 Sig. （2—tailed）				
情感承诺	Pearson 相关系数	−0.058	1.000		
	显著性 Sig. （2—tailed）	0.297			
持续承诺	Pearson 相关系数	0.127*	0.566**	1.000	
	显著性 Sig. （2—tailed）	0.021	0.000		
规范承诺	Pearson 相关系数	0.050	0.649**	0.496**	1.000
	显著性 Sig. （2—tailed）	0.368	0.000	0.000	

注：　* Correlation is significant at the 0.05 level （2—tailed）。

　　　** Correlation is significant at the 0.01 level （2—tailed）。

原与组织承诺究竟呈何种相关性，在后面的结构方程模型中将作进一步的检验。表 5.2 同时显示出组织承诺的 3 个维度，即情感承诺、持续承诺和规范承诺之间呈显著正相关。

上述分析结果表明，企业管理人员在其目前岗位上所待的时间越久，即当其所处的客观职业生涯高原越强，其对组织的持续承诺会越深。另外，此结果也说明，当一个企业管理人员客观职业生涯高原越强，他对所在企业的情感承诺和规范承诺在统计学上没有显著的影响特征。

三　客观职业生涯高原与离职倾向的相关关系分析

本部分使用 Pearson 相关分析法检验客观职业生涯高原与企业管理人员离职倾向之间的关系。表 5.3 是它们之间的 Pearson 相关分析结果。

从表 5.3 中可以看出，客观职业生涯高原与企业管理人员的离职倾向（ = 0.052）呈正相关，但不显著。这个结果没有验证我们之前提出的假设，即客观职业生涯高原与企业管理人员的离职倾向显著负相关。这说明，企业管理人员在某一个级别的职位上待的时间越长，其离职倾向就会显著增加的看法是应该受到质疑的。同时，该结果也与现实实际比较符合，员工在某一个级别的职位上所待的时间受许多因素的影响，可能是组织的原因，也可能是管理人员自身的知识和能力受阻等多种原因等。因此，客观职业生涯高原与离职倾向之间的关系不显著。这个结果将在后面的结构方程模型中进一步进行检验。

表 5.3　　客观职业生涯高原与离职倾向的 Pearson 相关分析

		客观职业生涯高原	离职倾向
客观职业生涯高原	Pearson 相关系数	1.000	
	显著性 Sig.（2—tailed）		
离职倾向	Pearson 相关系数	0.052	1.000
	显著性 Sig.（2—tailed）	0.351	

四　主观职业生涯高原与工作满意度各维度的相关关系分析

本部分使用 Pearson 相关分析法检验主观职业生涯高原与工作满意度

的 5 个维度，即与领导行为、管理措施、工作回报、团队合作与工作激励之间的关系。5.4 是它们之间的 Pearson 相关分析结果。

表 5.4 的结果显示，主观职业生涯高原与工作满意度的各个维度之间均呈显著负相关。具体为，主观职业生涯高原与领导行为（$\gamma = -0.414$，

表 5.4　　　　主观职业生涯高原与工作满意度的 Pearson 相关分析

		主观职业生涯高原	领导行为	管理措施	工作回报	团体合作	工作激励
主观职业生涯高原	Pearson 相关系数	1.000					
	显著性 Sig. (2—tailed)						
领导行为	Pearson 相关系数	-0.414**	1.000				
	显著性 Sig. (2—tailed)	0.000					
管理措施	Pearson 相关系数	-0.419**	0.839**	1.000			
	显著性 Sig. (2—tailed)	0.000	0.000.				
工作回报	Pearson 相关系数	-0.415**	0.801**	0.814**	1.000		
	显著性 Sig. (2—tailed)	0.000	0.000	0.000			
团体合作	Pearson 相关系数	-0.348**	0.795**	0.828**	0.739**	1.000	
	显著性 Sig. (2—tailed)	0.000	0.000	0.000	0.000		
工作激励	Pearson 相关系数	-0.392**	0.796**	0.826**	0.747**	0.790**	1.000
	显著性 Sig. (2—tailed)	0.000	0.000	0.000	0.000	0.000	

注：** Correlation is significant at the 0.01 level (2—tailed)。

ρ＝0.000）呈显著负相关；与管理措施（γ＝－0.419，ρ＝0.000）呈显著负相关；与工作回报（γ＝－0.415，ρ＝0.000）呈显著负相关；与团体合作（γ＝－0.348，ρ＝0.000）呈显著负相关；与工作激励（γ＝－0.392，ρ＝0.000）呈显著负相关。这说明主观职业生涯高原的确与企业管理人员对其工作的满意程度有很大的关联性。

　　前面在分析客观职业生涯高原与工作满意度各维度之间的相关性时，我们发现客观职业生涯高原仅与领导行为维度呈显著负相关，而与工作满意度的其他维度之间的相关性均不显著。可见，主观职业生涯高原与客观职业生涯高原在对企业管理人员工作满意度各维度关系的差异上是十分明显的。即员工心里感受到的主观职业生涯高原比用工作职位长短直接观察的客观职业生涯高原是有明显区别的，主观职业生涯高原更能反映出员工对待工作的态度，从表5.4中清楚地反映出主观职业生涯高原对工作满意度各维度都具有显著的负相关，说明企业管理人员主观感受到的职业生涯高原越强烈，那么他对企业的领导行为、管理措施、工作回报、团体合作和工作激励就越不满意。

五　主观职业生涯高原与组织承诺各维度的相关关系分析

　　本部分使用 Pearson 相关分析法检验主观职业生涯高原与组织承诺的3个维度，即与情感承诺、持续承诺和规范承诺之间的关系。表5.5是它们之间的 Pearson 相关分析结果。

　　表5.5的结果显示，主观职业生涯高原与情感承诺（γ＝－0.363，ρ＝0.000）显著负相关；主观职业生涯高原与持续承诺（γ＝－0.185，ρ＝0.000）显著负相关；主观职业生涯高原与规范承诺（γ＝－0.453，ρ＝0.000）显著负相关。即主观职业生涯高原与组织承诺的各维度之间均呈现显著负相关。说明企业管理人员的主观职业生涯高原的感觉越强烈，他在情感承诺、持续承诺和规范承诺方面就会显著降低。

　　前面在分析客观职业生涯高原与组织承诺各维度之间的相关性时，结果显示客观职业生涯高原仅与持续承诺维度呈显著负相关，而与情感承诺和规范承诺的显著性不明显。这说明，客观职业生涯高原与主观职业生涯高原在对企业管理人员组织承诺的影响方面可能存在着一定的差异。表5.5中清楚地反映出主观职业生涯高原对组织承诺各维度都具有显著的负相关，说明企业管理人员主观感受到的职业生涯高原越强烈，那么他对企业的情感承诺、持续承诺和规范承诺就越低。

表 5.5　　　　　　主观职业生涯高原与组织承诺的 Pearson 相关分析

		主观职业高原	情感承诺	持续承诺	规范承诺
主观职业高原	Pearson 相关系数	1.000			
	显著性 Sig.（2—tailed）				
情感承诺	Pearson 相关系数	− 0.363**	1.000		
	显著性 Sig.（2—tailed）	0.000			
持续承诺	Pearson 相关系数	− 0.185**	0.566**	1.000	
	显著性 Sig.（2—tailed）	0.001	0.000		
规范承诺	Pearson 相关系数	− 0.453**	0.649**	0.496**	1.000
	显著性 Sig.（2—tailed）	0.000	0.000	0.000	

注：** Correlation is significant at the 0.01 level（2—tailed）。

六　主观职业生涯高原与离职倾向的相关关系分析

本部分使用 Pearson 相关分析法检验客观职业生涯高原与企业管理人员离职倾向之间的关系。表 5.6 是它们之间的 Pearson 相关分析结果。

表 5.6 的结果显示，主观职业生涯高原与离职倾向（$\gamma = -0.498$，$\rho = 0.000$）呈显著正相关。这个结果验证了前面提出的假设。前面在分析客观职业生涯高原与企业管理人员的离职倾向时，结果表明客观职业生涯高原与企业管理人员的离职倾向（$\gamma = 0.052$）虽然也呈正相关，但不显著。可见，主观职业生涯高原与客观职业生涯高原在对企业管理人员离职倾向的影响方面存在着一定的差异性。

表 5.6　　　　　主观职业生涯高原与离职倾向的 Pearson 相关分析

		主观职业生涯高原	离职倾向
主观职业生涯高原	Pearson 相关系数	1.000	
	显著性 Sig.（2—tailed）		
离职倾向	Pearson 相关系数	0.498**	1.000
	显著性 Sig.（2—tailed）	0.000	

注：** Correlation is significant at the 0.01 level（2—tailed）。

七　工作满意度与组织承诺各维度之间的相关关系分析

本部分使用 Pearson 相关分析法检验工作满意度与组织承诺之间的关系。表 5.7 是它们之间的 Pearson 相关分析结果。

表 5.7 的结果显示，工作满意度与组织承诺的各维度之间，即领导行为与情感承诺（$\gamma = 0.626$，$\rho = 0.000$）、管理措施与情感承诺（$\gamma = 0.721$，$\rho = 0.000$）、工作回报与情感承诺（$\gamma = 0.705$，$\rho = 0.000$）、团体合作与情感承诺（$\gamma = 0.627$，$\rho = 0.000$）、工作激励与情感承诺（$\gamma = 0.720$，$\rho = 0.000$）之间显著正相关。

领导行为与持续承诺（$\gamma = 0.421$，$\rho = 0.000$）、管理措施与持续承诺（$\gamma = 0.442$，$\rho = 0.000$）、工作回报与持续承诺（$\gamma = 0.494$，$\rho = 0.000$）、团体合作与持续承诺（$\gamma = 0.368$，$\rho = 0.000$）、工作激励与持续承诺（$\gamma = 0.438$，$\rho = 0.000$）之间显著正相关。

领导行为与规范承诺（$\gamma = 0.567$，$\rho = 0.000$）、管理措施与规范承诺（$\gamma = 0.656$，$\rho = 0.000$）、工作回报与规范承诺（$\gamma = 0.621$，$\rho = 0.000$）、团体合作与规范承诺（$\gamma = 0.579$，$\rho = 0.000$）、工作激励与规范承诺（$\gamma = 0.635$，$\rho = 0.000$）之间显著正相关。

上述结果表明，企业管理人员的工作满意度与组织承诺之间存在着密切的联系。这个分析结果与第二章文献理论部分中所阐述的国内外研究的结论是一致的，它再一次说明，企业管理人员的工作满意度与其对组织的承诺是息息相关的。企业管理人员在工作满意度的各维度，即在领导行为、管理措施、工作回报、团体合作和工作激励上的满意程度越高，其在组织承诺的三个维度，即对组织的情感承诺、持续承诺和规范承诺就越高；反之，就会越低。可见，企业要提高管理人员的组织承诺，一个重要途径就是要提高他们的工作满意度。

表 5.7　　　　　　　工作满意度与组织承诺的 Pearson 相关分析

		领导行为	管理措施	工作回报	团体合作	工作激励	情感承诺	持续承诺	规范承诺
领导行为	Pearson 相关系数	1.000							
	显著性 Sig. (2—tailed)								
管理措施	Pearson 相关系数	0.839**	1.000						
	显著性 Sig. (2—tailed)	0.000							
工作回报	Pearson 相关系数	0.801**	0.814**	1.000					
	显著性 Sig. (2—tailed)	0.000	0.000						
团体合作	Pearson 相关系数	0.795**	0.828**	0.739**	1.000				
	显著性 Sig. (2—tailed)	0.000	0.000	0.000					
工作激励	Pearson 相关系数	0.796**	0.826**	0.747**	00.790**	1.000			
	显著性 Sig. (2—tailed)	0.000	0.000	0.000	0.000				
情感承诺	Pearson 相关系数	0.626**	0.721**	0.705**	0.627**	0.720**	1.000		
	显著性 Sig. (2—tailed)	0.000	0.000	0.000	0.000	0.000			
持续承诺	Pearson 相关系数	0.421**	0.442**	0.494**	0.368**	0.438**	0.566**	1.000	
	显著性 Sig. (2—tailed)	0.000	0.000	0.000	0.000	0.000	0.000		
规范承诺	Pearson 相关系数	0.567**	0.656**	0.621**	0.579**	0.635**	0.649**	0.496**	1.000
	显著性 Sig. (2—tailed)	0.000	0.000	0.000	0.000	0.000	0.000	0.000	

注：** Correlation is significant at the 0.01 level (2—tailed)。

八 工作满意度各维度与离职倾向的相关关系分析

本部分使用 Pearson 相关分析法检验工作满意度与离职倾向之间的关系。表5.8 是它们之间的 Pearson 相关分析结果。

表 5.8 工作满意度与离职倾向的 Pearson 相关分析

		领导行为	管理措施	工作回报	团体合作	工作激励	离职倾向
领导行为	Pearson 相关系数	1.000					
	显著性 Sig. (2—tailed)						
管理措施	Pearson 相关系数	0.839**	1.000				
	显著性 Sig. (2—tailed)	0.000					
工作回报	Pearson 相关系数	0.801**	0.814**	1.000			
	显著性 Sig. (2—tailed)	0.000	0.000				
团体合作	Pearson 相关系数	0.795**	0.828**	0.739**	1.000		
	显著性 Sig. (2—tailed)	0.000	0.000	0.000			
工作激励	Pearson 相关系数	0.796**	0.826**	0.747**	0.790**	1.000	
	显著性 Sig. (2—tailed)	0.000	0.000	0.000	0.000		
离职倾向	Pearson 相关系数	-0.685**	-0.682**	-0.697**	-0.659**	-0.693**	1.000
	显著性 Sig. (2—tailed)	0.000	0.000	0.000	0.000	0.000	

注：** Correlation is significant at the 0.01 level (2—tailed)。

表5.8 的结果显示，工作满意度各维度与离职倾向之间，即领导行为与离职倾向（$\gamma = -0.685$，$\rho = 0.000$）、管理措施与离职倾向（$\gamma = -0.682$，$\rho = 0.000$）、工作回报与离职倾向（$\gamma = -0.697$，$\rho = 0.000$）、团

体合作与离职倾向（$\gamma = -0.659$，$\rho = 0.000$）、工作激励与离职倾向（$\gamma = -0.693$，$\rho = 0.000$）之间均呈现显著负相关。

这说明，工作满意度与企业管理人员的离职倾向之间存在着紧密的联系。同时说明企业管理人员对组织的领导行为、管理措施、工作回报、团体合作、工作激励越满意，管理人员的离职倾向就越小；反之，管理人员的离职倾向就会增加。

九　组织承诺各维度与离职倾向的相关关系分析

本部分使用 Pearson 相关分析法检验组织承诺与离职倾向之间的关系。表5.9是它们之间的 Pearson 相关分析结果。

表5.9的结果显示，组织承诺各维度与离职倾向之间，即情感承诺与离职倾向（$\gamma = -0.682$，$\rho = 0.000$）、持续承诺与离职倾向（$\gamma = -0.445$，$\rho = 0.000$）、规范承诺与离职倾向（$\gamma = -0.662$，$\rho = 0.000$）之间均呈现显著负相关。这说明，组织承诺与企业管理人员的离职倾向之间的确存在着紧密的联系。

表5.9　　　　组织承诺与离职倾向的 Pearson 相关分析

		情感承诺	持续承诺	规范承诺	离职倾向
情感承诺	Pearson 相关系数	1.000			
	显著性 Sig.（2—tailed）				
持续承诺	Pearson 相关系数	0.566 **	1.000		
	显著性 Sig.（2—tailed）	0.000			
规范承诺	Pearson 相关系数	0.649 **	0.496 **	1.000	
	显著性 Sig.（2—tailed）	0.000	0.000		
离职倾向	Pearson 相关系数	-0.682 **	-0.445 **	-0.662 **	1.000
	显著性 Sig.（2—tailed）	0.000	0.000	0.000	

注：** Correlation is significant at the 0.01 level（2—tailed）。

该结果进一步说明，企业管理人员对企业的组织承诺确实可以从一定程度上反映出其离职倾向。管理人员的情感承诺、持续承诺和规范承诺的增加或降低，直接表现出管理人员离职倾向的减弱或增强。这个结论与前面阐述的工作满意度各维度与离职倾向之间的相关关系是一致的。

以上使用 Pearson 相关分析法只是分析变量之间的相关关系，并没有考虑变量之间的次序关系，即没有考虑较先发生的变量通过什么途径影响其后发生的变量。为此还要在此基础对各潜变量进行结构模式分析。

第三节　基于结构方程模型的假设检验

一　结构方程模型简介

随着统计理论和计算机技术的不断发展，结构方程模型（Structural Equation Modeling，SEM）应运而生了。在 20 世纪 70 年代，Joreskog、Kessling 等人将通径分析的思想引入到潜变量研究中，并同因子分析方法结合起来，形成了 SEM。SEM 是一种复杂的因果关系模型，可以处理显变量与潜变量以及潜变量之间的关系，同时还考虑了误差变量。事实上，许多统计方法如回归分析、主成分分析（Component Analysis）、因子分析、通径分析及方差分析等都可看作是 SEM 的特例[137—140]。但是，SEM 却具有这些方法所无法比拟的优点。正因为如此，近十年来 SEM 在管理学、心理学、社会学、行为科学等领域中得到了越来越广泛的应用。

尽管采用相关分析对多数假设关系进行检验都具有统计显著性，但是把这些关系综合考虑时，上述结论却未必正确，因为变量之间具有一定的相互作用。因此本研究在上述相关分析的基础上，利用 AMOS4.0 软件进行结构模式分析（structural modeling），以进一步验证本研究提出的假设。9 个假设关系可以由模型中的 9 个关系来表示，如图 5.1 所示。

结构方程模型利用连立方程组来求解，但是它没有很严格的假定限制条件，同时允许自变量和因变量存在测量误差。在管理学、心理学、社会学中，许多变量诸如绩效、智力、能力、信任、自尊、动机、矛盾、合作、行为等概念并不能直接测量。实际上，这些变量基本上是人们为了理解和研究社会的目的而建立的假设概念，对于它们并不存在直接测量的操作方法。人们可以找到一些可观察的变量作为这些潜在变量的“标识”，然而这些潜在变量的观察标识总是包含了大量的测量误差。在统计分析中，即使是对那些可以测量的变量，也总是不断受到测量误差问题的侵扰。自变量测量误差的发生会导致常规回归模型参数估计产生偏差。虽然传统的因素分析允许对潜在变量设立多元标识，也可处理测量误差，但是，它不能分析因素之间的关系。只有结构方程模型既能使研究人员在分析中处理测量误差，又可分析潜在变量之间的结构关系[138][140]。

选择结构方程模型作为本研究的分析方法是恰当的。首先，在本研究里，模型中提出的变量既含有独立变量又含有依赖变量，并且涉及变量的多重的和内部依赖的关系。另一个重要原因是大多数变量（如工作满意度、组织承诺、离职倾向等）是不能直接被测量的潜在变量。所以在本研究中我们选择结构方程模型（SEM）来检验相关假设[140]。

应用结构方程模型建模有六个主要步骤：第一，模型设定，在进行模型评估之前，基于理论模型建立路径图；第二，把路径图转化成一套结构和测量模型；第三，选择数据输入方式，并进行模型估计；第四，模型识别，确定所研究的模型是否能够求出参数估计的唯一解；第五，模型评价，取得参数估计值后，对模型与数据之间是否拟合进行评价，并与替代模型的拟合指标进行比较；第六，模型修正和解释，如果模型不能很好地拟合数据，就需要对模型进行修正和再次设定。如果模型拟合很好，就对结果进行解释[137][140]。

本研究按照国际上的惯例，用 χ^2/df、GFI、AGFI、IFI、CFI 和 RMS-ER 这 6 个指标来评价研究模式（Medsker，Williams and Holahan，1994）[138-139]。以下对这些指标的含义逐一进行解释。

（一）χ^2/df 指标

评价整体模型对数据的拟合效果的指标有许多，其中最早建立并且最常用的指标是 χ^2 统计量，$\chi^2 = (n-1) F$。F 是模型拟合函数的最小值，n 为样本规模。χ^2 对应的自由度 $df = \frac{1}{2}(p+q)(p+q+1) - t$。在多元正态分布的假定前提下，$\chi^2$ 值渐近服从中心卡方分布。相对于自由度来说，大的 χ^2 说明模型对数据拟合不好，而小的 χ^2 则说明拟合较好。但用 χ^2 评价模型拟合好坏的标准存在一定的问题，原因是：χ^2 对样本大小及观测变量偏离正态敏感。在样本较大时，χ^2 容易拒绝实际上能够拟合数据的模型，而在样本较小时不容易拒绝一个对数据拟合较差的模型。那么应该怎样作出判断呢？为了减小样本规模对拟合检验的影响，本研究采用卡方值与自由度的比值这个指标。对于 χ^2/df 这个指标，不同的统计文献有不同的标准[140-142]：Carmines & Mclver（1981）认为 χ^2/df 小于 3.00，模型拟合较好；Wheaton、Muthen、Alwin & Summer（1997）认为 χ^2/df 小于 5.00，模型拟合较好；郭志刚（1999）、朱毅华（2004）认为 χ^2/df 小于 2.00，模型拟合的好。本研究中我们以 $\chi^2/df < 2$ 作为模型对数据拟合好的评价标准。

（二）拟合优度指数（Goodness—of fit index，GFI）和调整的拟合优度指数（Adjusted Goodness—of fit，AGFI）。

$$GFI = 1 - \frac{F\left[S, \Sigma\ (\hat{\theta})\right]}{F\left[S, \Sigma\ (0)\right]} \qquad AGFI = 1 - \frac{(p+q)\ (p+q-1)}{df}\ (1-GFI)$$

GFI 式中的分母所对应的模型是所有的参数被固定为 0，称为无参数模型的拟合函数。因此，GFI 表示目标模型与无参数模型相比对数据的拟合度。AGFI 是 GFI 按模型中参数估计总数调整后得到的，包含了对额外参数的惩罚，估计参数相对于数据点总数越少或自由度越大，AGFI 越接近于 GFI。GFI 和 AGFI 的范围在 0 和 1 之间。一般而言，GFI 指数超过 0.90，AGFI 的值超过 0.80，假设的模型就可以接受（Sefars and Grower，1993）[137]。

（三）规范拟合指数（Normed fit index，NFI）。

$$NFI = \frac{\chi_0^2 - \chi_t^2}{\chi_0^2} \qquad \chi_0^2 \text{是独立模型的卡方值，} \chi_t^2 \text{是目标模型的卡方值。}$$

因为独立模型是比目标模型更严格的模型，所以 χ_0^2 总是大于 χ_t^2。当 $\chi_0^2 = \chi_t^2$ 时，NFI = 0，表示目标模型拟合不好；当 $\chi_t^2 = 0$ 时，NFI = 1，表示目标模型完美拟合。NFI 对数据偏离正态和样本规模敏感，不能控制自由度，当 N 较小时易低估。该指标的取值范围在 0—1.0 之间，越接近于 1.0 越好，一般该指标大于 0.90 就可以表示模型拟合良好[137][140][143]。

（四）增值拟合指数（Incremental fit index，IFI）

$$IFI = \frac{\chi_0^2 - \chi_t^2}{\chi_0^2 - df_t}$$

IFI 是对 NFI 的一种修正，能减小 NFI 的平均值对样木规模的依赖。该指标的取值范围在 0—1.0 之间，越接近于 1.0 越好，一般该指标大于 0.90 就可以表示模型拟合良好（Bollen，1988）[137]。

（五）比较拟合指数（Comparative fit index，CFI）

$$CFI = 1 - \frac{\tau_t}{\tau_0}$$

CFI 也是目标模型与独立模型的相比来评价模型的拟合程度的，但它采取了小同的方式。CFI 运用了非中心卡方分布（noncentral Chi—square distribution）与非中心参数（noncentral parameters）τ。τ 的值越大，模型设定的错误越大；τ＝0 表示完全拟合。CFI 即使是对小样本估计模型拟合时效果也很好。其中，$\tau_0 = \chi_0^2 - df_0$，$\tau_t = \chi_t^2 - df_t$。该指标的取值范围也在 0—1.0 之间，越接近于 1.0 越好，一般该指标大于 0.90 就可以表示模型拟合良好。

（六）近似误差的均方根（Root mean square error of approximation，RMSEA）

$$\text{RMSEA} = \sqrt{\hat{F}_0/df} \qquad \hat{F}_0 = \max\ [\ \hat{F} - df/\ (n-1)，0\ ]$$

F_0 是总体差异函数（population discrepancy function，PDF）的估计。这个差异是拟合函数最小值 F_0 与 $df/\ (n-1)$ 之间的差。当其为正值时取其值，当其为其他值时取 0。该指标小于 0.05 表示模型拟合良好（Hair et al.，1998）[143]，达到 0.08 表示模型对总体误差的一种合理的近似，在 0.08—0.10 之间表示中等程度的拟合，而大于 0.10 表示拟合不好。RMSEA 考虑了总体的近似误差，在能够得到参数估计值的情况下评价了选择最佳参数的模型对总体协方差矩阵的拟合程度，它所测量的误差被表达为每个参数的拟合程度。Mac Cullum 等人建议用 RMSEA 的可信区间作为其评价模型拟合的参照，如果 RMSEA 较小，并且可信区间的范围较窄，表示 RMSEA 能较精确地反应模型的拟合程度。RMSEA 被认为是评价模型拟合效果的最具信息标准的指标[137][140][142]。

总之，本研究选用的这几个指标能比较真实地检验结构方程模型的成功与否，也是这几年来一些国际研究期刊要求报告的指标。

二　结构方程模型检验

前面我们详细分析了主客观职业生涯高原、工作满意度和组织承诺各维度及其与离职倾向之间的相关关系。尽管采用相关分析对多数假设关系进行检验都具有统计显著性，但是把这些关系综合考虑时，上述结论却未必正确，因为变量之间具有一定的相互作用。下面用线性结构建模（Structural Equation Modelling，SEM）的方法对图 5.1 中职业生涯高原与工作满意度、组织承诺及离职倾向的初始关系模型作进一步检验。所用的软件工具是 AMOS（v4.0）。SEM 通常以路径图的形式描绘，路径图中通常以圆圈或椭圆表示潜变量（latent variable），它是不能直接观测的变量，但可通过显变量（manifest variable）或观测变量（observed variable）来间接测度，如图 5.2 用方框表示的变量。如果潜变量的一级变量即为操作变量或显变量，则该潜变量为单维的，则可直接用操作变量的因子得分来表示该潜变量；如果潜变量有一级名义变量和二级操作变量，则该潜变量是多维的，则可通过对一级名义变量的因子得分加权平均来表示该潜变量（Ward et al.，1995；Ling X et al.，2002）。这是由于潜变量在因子分析中与因子（factor）术语的含义一样（李怀祖，2004）。

（一）初始模型及其评价

表 5.10　　　　　　　　　　　初始模型的适配度检定结果

卡方值 χ^2	自由度 df	卡方值/自由度 χ^2/df	拟合优度指数 GFI	调整的拟合优度指数 AGFI	规范拟合指数 NFI	增值拟合指数 IFI	比较拟合指数 CFI	近似误差的均方根 RMSEA
		<2	>0.90	>0.90	>0.90	>0.90	>0.90	<0.05
192.089	69	2.784	0.927	0.889	0.945	0.964	0.964	0.074

表 5.10 的拟合指数显示：卡方值与自由度的比值为 2.784 > 2，同时近似误差的均方根 RMSEA 为 0.074 > 0.05，这两个重要指标不太理想，说明观测数据与假设模型的拟合不够好，可以进行改进。根据模型修正的建议，允许客观职业生涯高原与主观职业生涯高原相关，同时剔除作用关系不显著的影响路径（见表 5.11）：客观职业生涯高原与工作满意度（P = 0.809 > 0.05），客观职业生涯高原与离职倾向（P = 0.554 > 0.05）之间的路径关系，图 5.1 用虚线对此进行了进一步的强调。

初始模型的实际拟合效果不是很好，其中两处在统计学意义上路径系数不显著的结果跟我们在之前所做的相关性检验是大体一致的，如客观职业生涯高原与工作满意度的关系，在前面的相关性检验中，客观职业生涯高原与工作满意度中（除领导行为外）的管理措施、工作回报、团体合作和工作激励维度的关系都不显著，同样，在客观职业生涯高原与离职倾向的相关关系分析中，同样发现它们二者之间的关系不显著。

客观职业生涯高原是以企业管理人员在其当前岗位上所处的时间长短

来刻画的，客观职业生涯高原与工作满意度和离职倾向在统计学上的关系不显著，一个合理的解释是，由于企业管理人员在知识、技能或能力方面存在一定的差异性，他们对职业发展的期望是不一样的，因此，随着客观职业生涯高原的增强，他们在工作满意度和离职倾向上就会表现出各种差异。由于主观职业生涯高原与个体自我概念相关，是个体主观上所认知到的一种职业上的"停滞期"。而客观职业生涯高原是个体根据可观察到的客观测量指标而直接刻画的。因此，在前面的假设中，我们并没有期望二者之间会有很强的关联性。但从第一次拟合模型的修正提示可以看出，这两个名义变量之间应该有较强的相关性，因此在修正模型中，我们将按模型提示要求予以修正。

表 5.11　　　　　　　　　　　初始模型结构参数

结构方程模型路径	回归系数	标准化回归系数	标准误	临界比	P 值
工作满意度 < - 客观职业生涯高原	- 0.011	- 0.012	0.045	- 0.242	0.809
工作满意度 < - 主观职业生涯高原	- 0.426	- 0.515	0.061	- 6.929	0.000
组织承诺 < - 客观职业生涯高原	0.117	0.133	0.033	3.582	0.000
组织承诺 < - 主观职业生涯高原	- 0.137	- 0.165	0.046	- 2.955	0.003
组织承诺 < - 工作满意度	0.791	0.788	0.059	13.322	0.000
离职倾向 < - 客观职业生涯高原	- 0.024	- 0.023	0.040	- 0.591	0.554
离职倾向 < - 主观职业生涯高原	0.226	0.233	0.060	3.785	0.000
离职倾向 < - 工作满意度	- 0.277	- 0.236	0.128	- 2.160	0.031
离职倾向 < - 组织承诺	- 0.608	- 0.520	0.148	- 4.097	0.000

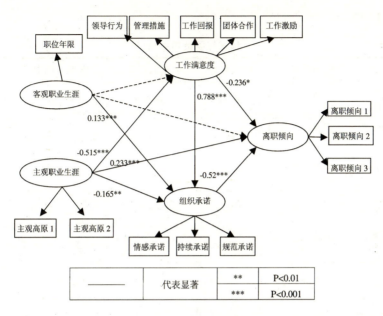

图 5.1　初始模型的评价结果

（二）修正模型及其评价

表 5.12　　　　　　　　　修正模型的适配度检定结果

卡 方值 χ^2	自由度 df	卡方值/自由度 χ^2/df	拟合优度指数 GFI	调整的拟合优度指数 AGFI	规范拟合指数 NFI	增值拟合指数 IFI	比较拟合指数 CFI	近似误差的均方根 RMSEA
		< 2	> 0.90	> 0.90	> 0.90	> 0.90	> 0.90	< 0.05
116.757	65	1.796	0.953	0.925	0.967	0.985	0.985	0.049

　　表 5.12 的拟合参数显示：观测数据与修正模型的拟合非常好。修正模型的卡方值与自由度的比值为 1.796，小于 2；拟合优度指数 GFI 为 0.953，调整的拟合优度指数 AGFI 为 0.925，规范拟合指数 NFI 为 0.967，增值拟合优度指数 IFI 为 0.985，比较拟合指数 CFI 为 0.985，都大于 0.90，近似误差的均方根 RMSEA 的点估计值 0.049 小于 0.05 的临界水平。所有的指标显示修正模型拟合较好，因此，可以接受该修正模型。为了便于看清楚图 5.2 中各变量之间的关系，把图 5.2 中显示的结果总结在

表 5. 13 中。

表 5. 13 修正模型结构参数

结构方程模型路径	回归系数	标准化回归系数	标准误	临界比	P 值
工作满意度 < - 主观职业生涯高原	- 0.446	- 0.518	0.063	- 7.132	0.000
组织承诺 < - 客观职业生涯高原	0.088	0.104	0.032	2.758	0.006
组织承诺 < - 主观职业生涯高原	- 0.121	- 0.147	0.046	- 2.624	0.009
组织承诺 < - 工作满意度	0.833	0.869	0.062	13.391	0.000
离职倾向 < - 主观职业生涯高原	0.223	0.226	0.057	3.928	0.000
离职倾向 < - 工作满意度	- 0.390	- 0.341	0.122	- 3.205	0.001
离职倾向 < - 组织承诺	- 0.493	- 0.412	0.137	- 3.587	0.000
主观职业生涯高原 < - > 客观职业生涯高原	0.282	0.244 （相关系数）	0.077	3.663	0.000

三 假设检验

H_{1a}：企业管理人员客观职业生涯高原对工作满意度具有显著负效应，即客观职业生涯高原越强烈，管理人员的工作满意度越低。在初始结构方程模型中，我们发现，客观职业生涯高原与工作满意度的标准化回归系数为 - 0.012，单从回归系数上来看与我们的假设似乎一致，但 P = 0.809 > 0.05，即该结果未能通过检验。这样，我们就可以否定 H_{1a}，同时也不支持其对立假设，即客观职业生涯高原跟企业管理人员的工作满意度之间的关系不明显。

H_{1b}：企业管理人员客观职业生涯高原对组织承诺具有显著负效应，即客观职业生涯高原越强烈，管理人员的组织承诺越低。在修正后的结构方程模型中，客观职业生涯高原与组织承诺之间的标准化回归系数为 0.104，P = 0.006 < 0.01，该结论与假设相反，即企业管理人员达到客观职业生涯高原的状态越强，其对组织的承诺反而增加。这是一个有意义的

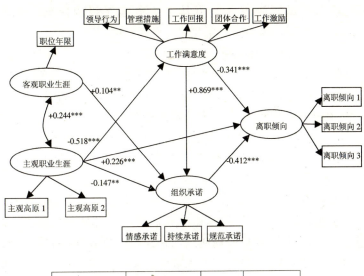

| —————— | 代表显著 | ** | P<0.01 |
| ------------ | 代表不显著 | *** | P<0.001 |

图 5.2 修正模型的评价结果

发现，它否定了我们通常认为企业管理人员在其目前级别岗位上待的时间越长，其对组织的承诺就会降低的假设。反之，该结果说明了企业中的管理人员在其当前职位上所经历的时间越长，尽管未能再进一步发展，但其对组织的承诺会增加。

H_{1c}：企业管理人员客观职业生涯高原对离职倾向具有显著正效应，即客观职业生涯高原越强烈，管理人员的离职倾向越高。在初始结构方程模型中，客观职业生涯高原与离职倾向之间的标准化回归系数为 -0.023，P = 0.554 > 0.05，即该结果未能通过检验。这样，我们就可以否定 H_{1c}，即客观职业生涯高原跟企业管理人员的离职倾向之间的关系不显著。

H_{1d}：企业管理人员主观职业生涯高原对工作满意度具有显著负效应，即主观职业生涯高原越强烈，管理人员的工作满意度越低。在修正后的结构方程模型中，客观职业生涯高原与组织承诺之间的标准化回归系数为 -0.518，P = 0.000 < 0.001，由此假设得到验证。

H_{1e}：企业管理人员主观职业生涯高原对组织承诺具有显著负效应，即主观职业生涯高原越强烈，管理人员的组织承诺越低。在修正后的结构方程模型中，主观职业生涯高原与组织承诺之间的标准化回归系数为 -0.518，$P = 0.000 < 0.001$，由此假设得到验证。

H_{1f}：企业管理人员主观职业生涯高原对离职倾向具有显著正效应，即主观职业生涯高原越强烈，管理人员的离职倾向越高。在修正后的结构方程模型中，主观职业生涯高原与离职倾向之间的标准化回归系数为 0.226，$P = 0.000 < 0.001$，由此假设得到验证。

H_{1g}：企业管理人员的工作满意度对离职倾向具有显著负效应，即工作满意度越低，管理人员的离职倾向越高。在修正后的结构方程模型中，工作满意度与离职倾向之间的标准化回归系数为 -0.341，$P = 0.001 < 0.01$，由此假设得到验证。

H_{1h}：企业管理人员的组织承诺对离职倾向具有显著负效应，即组织承诺越低，管理人员的离职倾向越高。在修正后的结构方程模型中，组织承诺与离职倾向之间的标准化回归系数为 -0.412，$P = 0.000 < 0.001$，由此假设得到验证。

H_{1i}：企业管理人员的工作满意度对组织承诺具有显著正效应，即工作满意度越高，管理人员的组织承诺就越强。在修正后的结构方程模型中，工作满意度与组织承诺之间的标准化回归系数为 0.869，$P = 0.000 < 0.001$，由此假设得到验证。

第四节　研究结果分析及其对企业人力资源管理的启示

一　研究结果分析

本章主要通过相关分析和结构方程模型的构建来验证前面文献理论述评中提出的一层命题假设，具体验证了假设 H_{1a} — H_{1i} 等九个二级假设。其检验结果汇总如下（详见表5.14）。

企业管理人员主客观职业生涯高原与工作满意度、组织承诺及离职倾向关系的结构方程模型研究发现，企业管理人员客观职业生涯高原与工作满意度、离职倾向的关系不显著，但却对组织承诺具有显著正效应。这说明，一位管理人员在其职位上长期未获得晋升，并不意味着其工作满意度将会降低或离职倾向将会增加，但意味着他对组织的承诺将会增加。比较合理的解释是，当今企业管理人员晋升的竞争环境越来越激烈，保住现有职位或许就是一部分企业管理人员追求的目标，尽管未受提拔，但企业管

表 5.14　　　　　　　　　　　　研究假设的检验结果汇总

标　号	假设	检验结果
H_{1a}	企业管理人员客观职业生涯高原对工作满意度具有显著负效应	不支持 （不显著）
H_{1b}	企业管理人员客观职业生涯高原对组织承诺具有显著负效应	支持对立假设
H_{1c}	企业管理人员客观职业生涯高原对离职倾向具有显著正效应	不支持 （不显著）
H_{1d}	企业管理人员主观职业生涯高原对工作满意度具有显著负效应	支持
H_{1e}	企业管理人员主观职业生涯高原对组织承诺具有显著负效应	支持
H_{1f}	企业管理人员主观职业生涯高原对离职倾向具有显著正效应	支持
H_{1g}	企业管理人员的工作满意度对离职倾向具有显著负效应	支持
H_{1h}	企业管理人员的组织承诺对离职倾向具有显著负效应	支持
H_{1i}	企业管理人员的工作满意度对组织承诺具有显著正效应	支持

理人员在其当前职位上的时间越久，其在情感上对组织的依赖和忠诚将会增加。因此，企业管理人员客观职业生涯高原对其工作满意度和离职倾向没有显著性影响，但其对管理人员的组织承诺有显著的正效应。

　　企业管理人员主观职业生涯高原对工作满意度、组织承诺具有显著负效应，而对离职倾向有显著正效应。该结果表明，员工心理上对自己达到职业生涯高原的感受越强烈，其工作满意度、组织承诺将会降低，而其离开组织的倾向将会增加。这说明，员工心理上对自我职业发展的评价问题将直接影响到其工作满意度、组织承诺和离职倾向的变化。

　　企业管理人员工作满意度和组织承诺对离职倾向具有显著负效应，且工作满意度对组织承诺有显著正效应。该结果说明，企业管理人员的工作满意度和组织承诺越高，其离职的倾向就会越低，而企业管理人员工作满意度越高，他们对组织的承诺也会越高。因此，现代企业在加强企业管理人员队伍的建设中，要注意采取各种措施提高企业管理人员的工作满意度，增强他们对组织的承诺，从而保证企业管理团队的稳定和持续发展。

　　总之，企业管理人员职业生涯高原与工作满意度、组织承诺及离职倾向的关系问题的研究在我国才刚刚起步，而且目前国内的文献大都停留在对职业生涯高原相关问题的综述或定性分析的层面，本书通过博弈论分析和实证分析得出的研究结论将进一步丰富和充实职业生涯高原方面的理论知识，并且在实践上将有助于现代企业更好的规划和管理企业管理人员的职业生涯。

二　对企业人力资源管理的启示

企业管理人员职业生涯高原与工作满意度、组织承诺及离职倾向问题是当今企业发展中面临的一个现实难题，不管企业管理人员在职业生涯高原阶段的绩效是高还是低，我们总是希望企业能采取适当的办法帮助员工渡过这段"职业生涯高原"危机，这里从以下几个方面探讨解决这一问题的思路。

（1）重塑新的承认企业管理人员价值的文化理念，打破传统的晋升怪圈毫无疑问，在传统组织文化的理念中，组织对管理人员价值的承认意味着员工必须一直向上运动，晋升是职业发展中对员工最有效的激励方式。但事实上职业发展还包括工作轮换、赋予更多责任等其他多种职业发展方式。重塑新的承认员工价值的文化理念，就是要打破传统的晋升怪圈。为此，现代企业必须重新建立员工职业发展的价值趋向，用心理成功文化弥补晋升文化，在晋升观念的引导方面，强调团队合作精神，教育员工转变对职业成功的看法，即成功意味着内在的成就感和薪水的增加，而不纯粹是职务上的提高而已；同时，组织内的职业没有贵贱之分，企业管理人员依照自己的知识、能力和其他因素的变动量体裁衣，进行职业上的横向运动、在特定层次原地不动以及向下运动（即传统观念中所谓的"降职"），都是组织内员工的一种自然选择。长期以来，降职跟失败联系在一起，在新的文化理念的冲击下，由于组织和员工个人的影响可能使其成为较合理的职业选择。如果能除去降职的羞耻感，则更多的管理人员，特别是资历久的管理人员，可能会选择这种调动。在现实情况里，这样做可以打开堵塞的停滞之路，同时可使组织内的高级管理人员摆脱掉其不想承受的压力，而不被人看作失败。

（2）建立灵活的企业管理人员职业发展路径，疏通组织中的职业堵塞

建立灵活的管理人员职业发展路径，就如现在都市中不断改造传统道路（建立诸如地铁、轻轨、立交桥等）来缓解城市交通压力一样来疏通组织中的职业堵塞。对传统职业发展路径的变革我们可以建立以下几种模式。第一，横向职业路径。即组织采取横向调动来使员工焕发新的活力、

迎接新的挑战。这种发展并没有给员工带来职务上的升迁，但获得了薪水的增加和组织的承认。第二，网状职业路径。它以横向职业路径为基础，是纵向发展的工作序列与横向发展机会的综合。这一路径承认在某些层次的工作经验的可替换性，使员工在纵向晋升到较高层职位之前具有拓宽和丰富本层次工作经验的经历。第三，双重职业路径。专指为经理人员和专业技术人员各自设计的一个平行职业发展体系，这两条职业路径在责任、报酬和影响力等方面都具有可比性。此外，道·科宁（Dow Corning）还创造了以管理、研究、技术开发、工艺工程等为职业发展体系的多重职业路径。需要注意的是，在企业员工职业发展中，实际上可能会出现少数管理人员愿意并有能力从管理型向技术型转变的现实情况。因此，在双重（或多重）职业路径的设置上，我们应当允许管理路径与技术路径交叉。当然，对于上述几种职业路径，每个企业都应该结合自身的实际加以综合利用。

（3）注重对企业管理人员的人力资本投资，拓展他们的职业发展空间

经济学家舒尔茨认为，体现在人身上的技能和生产知识的存量，即为人力资本。他指出："我们之所以称这种资本为人力的，是由于它已经成为人的一部分，又因为它可以带来未来的满足或者收入，所以将其称为资本。"现代企业的经营实践表明，人力资本是企业最基本最有价值的生产性投资，对其投资所带来的收益率远远超过了对其他形态投资的收益率。管理人员进入"职业生涯高原"时所表现出的知识技能及其结构的老化，可以从一个层面上折射出企业对员工人力资本投资的不足。在当今企业中，培训是改善管理人员知识技能结构从而提高人力资本积累的根本途径，是人力资本收益的重要决定因素。所以，对于处于职业生涯停滞时期的管理人员，企业应针对他们各自的长处和需要改进的地方，配合业务需求和员工的职业发展兴趣来进行灵活多样化的培训。可见，现代企业要解决日益突出的职业生涯高原问题，从而提高他们的工作满意度和组织承诺，降低离职率，就必须大力营造学习型组织气氛，让培训成为企业的一项基本活动，把培训作为人力资本增值的增长点。

（4）丰富组织中工作设计的内容，提升企业管理人员的工作生活质量

企业管理人员职业发展停滞，伴随而来的工作满意度和组织承诺的降低，离职倾向的增加，都将不可避免地挫伤他们的工作积极性，并最终影响到管理人员的工作生活质量，从而又进一步制约管理人员的职业发展。

所谓"工作生活质量"，实际上是指工作已成为员工生活中的一个重要组成部分，员工在企业里所得到的工作满足程度，将直接影响他们的工作兴趣、工作成就感等，并最终影响其现实的生活质量。这个概念目前在西方工业国家已被广泛接受，并在管理中予以重视。当今时代，企业管理人员更多地从事思维性工作，僵硬的工作内容对他们没有多大的意义，员工们更喜欢工作富有自主性和挑战性，喜欢更具弹性的工作安排。因此，组织中的工作设计应注意考虑体现管理人员的个人意愿及价值，并借助于现代信息技术，尽可能为员工营造相互尊重及和谐的工作环境。同时，在不断扩大工作范围，丰富工作内容，使工作多样化、完整化的同时，加大工作时间的可伸缩性和工作地点的灵活多变，如可考虑实行弹性工作制、工作分享等。通过丰富工作设计内容来提高员工的工作生活质量，从而提高他们的工作满意度和组织承诺，降低离职率等，这样必将会更有效地激活处于职业生涯高原期的管理人员，使他们觉得工作本身就是一种生活享受，从而激励他们充分发挥其主动性和创造力，为企业创造更多的价值。

第五节　本章小结

本章利用了第四章对企业管理人员的部分调查数据，详细分析了主客观职业生涯高原，工作满意度的 5 个维度，组织承诺的 3 个维度，以及离职倾向之间的相关关系。接着用结构方程模型对相关分析结果作了进一步的验证，最后结合研究结果详细分析了现代企业在人力资源管理中应如何应对管理人员职业生涯高原危机，合理规划职业生涯的具体措施，这些措施对当今企业提高管理人员的工作满意度和组织承诺，降低离职倾向等具有一定的理论与现实指导意义。

第六章　职业生涯高原进程中不同企业管理人员工作满意度、组织承诺及离职倾向的比较

第一节　引言

前一章对企业管理人员职业生涯高原与工作满意度、组织承诺及离职倾向之间的关系模型进行了实证分析与检验，通过结构方程模型的构建对关系模型进行了修正。本章将进一步结合企业管理人员在职业生涯高原化进程中所表现出的不同类型，对各类管理人员在工作满意度、组织承诺及离职倾向上的差异性作一个比较。

考虑到工作满意度和组织承诺最终都将共同影响到员工的离职倾向，因此，企业管理人员职业生涯高原与其离职之间的直接关联问题便具有十分重要的探究价值。在第三章中，已经采用博弈论的方法着重研究了职业生涯高原进程中不同类型的企业管理人员与企业之间的离职博弈问题。用博弈论方法来对每一种类型下的企业管理人员与企业之间的离职博弈进行分析，构建了基于职业生涯高原的四种不同类型的企业管理人员的离职博弈模型，并分别比较了低绩效下新进员工与枯萎员工之间，高绩效下静止员工与明星员工之间的离职倾向的概率，结果表明：企业管理人员职业生涯高原进程中，新进员工比枯萎员工的离职倾向大，静止员工比明星员工的离职倾向大。该博弈分析的结果能否从实证的角度得到证实，并能否进一步比较职业生涯高原进程中不同企业管理人员的工作满意度和组织承诺的大小，这些都是本章将着重探讨的问题。

Ference（1977）对企业管理人员的分类揭示了高原化进程中管理人员的主要职业发展类型。他提出的模型是基于企业管理人员当前的绩效和将来提升的可能性，从而对企业管理人员划分出了四种类型，分别是"新进员工"、"明星员工"、"静止员工"和"枯萎员工"。其中，"新进员工"是目前还没有发挥出潜力的那些企业管理人员，但公司对他们仍

然赋予了很大的期望，虽然他们现有的工作绩效水平并不高，但未来职业发展是具有一定的优势。"明星员工"是工作绩效水平高，并被组织认为在公司有更进一步提升潜力的管理人员。"静止员工"是那些工作绩效水平高，但由于组织或个人的或二者共同的原因，被认为是没什么机会晋升的管理人员。"枯萎员工"是指那些工作绩效水平没有达到组织可接受的水平，晋升机会近乎为零的那一类管理人员。前面的文献与理论述评部分对这四类员工的分类作了较详细的分析，而本章探讨的重心就是集中在这四类职业生涯高原化进程中的管理人员在工作满意度、组织承诺及离职倾向的差异性，具体将通过实证分析，验证以下假设：

H_{2a}：职业生涯高原进程中，新进员工工作满意度低于枯萎员工。

H_{2b}：职业生涯高原进程中，静止员工工作满意度低于明星员工。

H_{2c}：职业生涯高原进程中，新进员工组织承诺低于枯萎员工。

H_{2d}：职业生涯高原进程中，静止员工组织承诺低于明星员工。

H_{2e}：职业生涯高原进程中，新进员工离职倾向高于枯萎员工。

H_{2f}：职业生涯高原进程中，静止员工离职倾向高于明星员工。

第二节　职业生涯高原进程中不同企业管理人员工作满意度比较分析

Ference（1977）对企业管理人员的分类是从员工的绩效高低和晋升机会的大小两个层面来进行的，很显然对企业管理人员绩效高低和职业发展机会的准确衡量是有效划分出新进员工、枯萎员工、静止员工和明星员工的关键。由于这里的职业发展机会是由组织观察和认可的，因此，在划分员工是否达到职业生涯高原的评判标准只能是能直接观察的客观职业生涯高原，而不是管理人员自身的主观感觉。因此新进员工是指工作绩效低而又还未达到客观职业生涯高原（即处于弱客观职业生涯高原状态）的企业管理人员，枯萎员工是指工作绩效低且已达到客观职业生涯高原（即处于较强或强客观职业生涯高原状态）企业管理人员，静止员工是指工作绩效高且已达到客观职业生涯高原（即处于较强或强客观职业生涯高原状态）企业管理人员，明星员工是指工作绩效高且还未达到客观职业生涯高原（即处于弱客观职业生涯高原状态）的企业管理人员。

　　根据实证研究资料，进一步对工作满意度 5 个维度合并为统一的"工作满意度"指标，工作绩效的 3 个维度合并为统一的"工作绩效"指标，运用 SPSS 进行描述性统计分析，从均值比较结果看，新进员工（3.0342）的工作满意度低于枯萎员工（4.0835），静止员工的工作满意度（2.9340）低于明星员工（4.1013）。这个结果与我们的假设是一致的，但这种比较结果是否具有显著性差异，还需要对该结果作进一步的检验。

表 6.1　　　　　　　　四类企业管理人员工作满意度均值

管理人员类型	平均分	样本量	标准差
新进员工	3.0342	62	.74444
枯萎员工	4.0835	69	.67599
静止员工	2.9340	121	1.00054
明星员工	4.1013	74	.49906
Total	3.4613	326	.96901

　　从表 6.2 中可以看出，工作满意度的总平方和为 305.169，其中组间平方和为 101.978，组内平方和为 203.191，组间平方和、组内平方和以及总平方和的自由度分别为 3、322 和 325，F 为组间均方除以组内均方的商，F 比的值为 53.869，Sig. = .000〈0.05，即可以认为新进员工、枯萎员工、静止员工和明星员工在工作满意度上有显著性差异。

表 6.2　　　　　　　　工作满意度方差分析

	离差平方和	自由度	平均方差	F 值	显著性 Sig.
组间	101.978	3	33.993	53.869	0.000
组内	203.191	322	0.631		
总和	305.169	325			

为了探讨新进员工、枯萎员工、静止员工和明星员工在工作满意度上的具体差异，故需对其作多重比较。在进行多重比较前，要先进行方差齐性检验。结果发现，四类管理人员在工作满意度上是非齐性的，因此，工作满意度适合用方差不等时的 Tamhane's T2 法进行多重比较（具体详见表 6.3）。

从多重比较的结果来看，新进员工比枯萎员工的工作满意度要低（MD = − 1.0493），且具有显著性差异（Sig. = .000 < .05），同时，新进员工比明星员工的工作满意度也要低（MD = − 1.0671），且具有显著性差异（Sig. = .000 < .05），尽管新进员工工作满意度的均值（3.0342）比静止员工（2.9340）要高（MD = .1002），但两者之间并没有显著性差异（Sig. = .971 > 0.05）。由此，验证了假设 H$_{2a}$，即职业生涯高原进程中，新进员工的工作满意度低于枯萎员工，并进一步发现，新进员工工作满意度同时也显著低于明星员工。

从多重比较的结果来看，枯萎员工的工作满意度比新进员工（MD = 1.0493，Sig. = .000 < .05）和静止员工（MD = 1.1495，Sig. = .000 < .05）的工作满意度都要高，且具有显著性差异。尽管枯萎员工工作满意度的均值（4.0835）比明星员工（4.1013）要低（MD = − .0178），但二者之间并没有显著性差异（Sig. = 1.000 > 0.05）。该结果同样验证了假设 H$_{2a}$，并进一步发现，枯萎员工的工作满意度显著性高于静止员工。

从多重比较的结果来看，静止员工的工作满意度比明星员工的工作满意度要低（MD = − 1.1673），且具有显著性差异（Sig. = .000 < .05），同时，静止员工的工作满意度比枯萎员工的工作满意度也要低（MD = − 1.1495），且具有显著性差异（Sig. = .000 < .05），尽管静止员工工作满意度的均值（2.9340）比新进员工（3.0342）要低，但二者之间并没有显著性差异。由此，验证了假设 H$_{2b}$，即企业管理人员职业生涯高原进程中，静止员工的工作满意度比明星员工低，并进一步发现，静止员工比枯萎员工的工作满意度也要低。

从多重比较的结果来看，明星员工的工作满意度比新进员工（MD = 1.0671，Sig. = .000 < .05）和静止员工（MD = 1.1673，Sig. = .000 < .05）的工作满意度都要高，且具有显著性差异，但明星员工与枯萎员工在工作满意度上并没有显著性差异。

表6.3 Tamhane 法进行多重比较的结果

因素	方差齐性检验 Sig.	多重比较方法	(I) 员工类型	(J) 员工类型	均差 (I—J)	显著性 Sig.
工作满意度	0.000	Tamhane	新进员工	枯萎员工	−1.0493（*）	.000
				静止员工	.1002	.971
				明星员工	−1.0671（*）	.000
			枯萎员工	新进员工	1.0493（*）	.000
				静止员工	1.1495（*）	.000
				明星员工	−.0178	1.000
			静止员工	新进员工	−.1002	.971
				枯萎员工	−1.1495（*）	.000
				明星员工	−1.1673（*）	.000
			明星员工	新进员工	1.0671（*）	.000
				枯萎员工	.0178	1.000
				静止员工	1.1673（*）	.000

注：* The mean difference is significant at the .05 level。

新进员工、枯萎员工、静止员工和明星员工工作满意度的均值图如图6.1所示，图的横坐标表示四类管理人员，纵坐标表示工作满意度的均值。从均值图上可明显看出，枯萎员工和明星员工的工作满意度均值较高，新进员工和静止员工的工作满意度均值较低。

实际上，工作满意度的均值图是对前面多重比较分析结果的直观描述，其共同反映的结果为：企业管理人员在职业生涯高原进程中，新进员工和静止员工在工作满意度上显著低于枯萎员工和明星员工，但新进员工和静止员工之间，枯萎员工和明星员工之间在工作满意度上不存在显著的差异。

第三节 职业生涯高原进程中不同企业管理人员 组织承诺比较分析

进一步对组织承诺的 3 个维度合并为统一的"组织承诺"指标，运

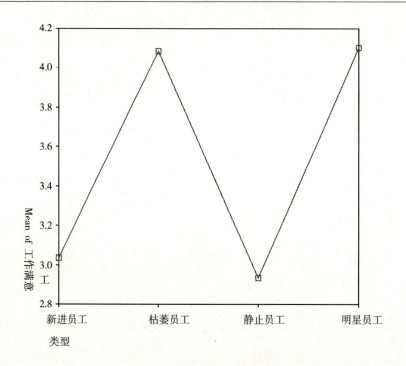

图 6.1 工作满意度均值图

用 SPSS 进行描述性统计分析，从均值比较结果看，新进员工（2.8714）的组织承诺低于枯萎员工（4.0162），静止员工的组织承诺（3.2058）低于明星员工（4.0128）。这个结果与我们的假设是一致的，但这种比较结果是否具有显著性差异，还需要对该结果作进一步的检验。

表 6.4 四类企业管理人员组织承诺的均值

管理人员类型	平均分	样本量	标准差
新进员工	2.8714	62	.84198
枯萎员工	4.0162	69	.69665
静止员工	3.2058	121	.93702
明星员工	4.0128	74	.58476
总 和	3.4969	326	.92717

从表 6.5 中可以看出，组织承诺的总平方和为 279.383，其中组间平方和为 72.814，组内平方和为 206.569，组间平方和、组内平方和以及总平方和的自由度分别为 3、322 和 325，F 为组间均方除以组内均方的商，F 比的值为 37.834，Sig. = .000 < .05，即可以认为新进员工、枯萎员工、静止员工和明星员工在组织承诺上有显著性差异。

表 6.5　　　　　　　　　　组织承诺方差分析

	离差平方和	自由度	平均方差	F 值	显著性 Sig.
组间	72.814	3	24.271	37.834	.000
组内	206.569	322	.642		
总和	279.383	325			

为了探讨新进员工、枯萎员工、静止员工和明星员工在组织承诺上的具体差异，故需对其作多重比较。在进行多重比较前，要先进行方差齐性检验。结果发现，四类管理人员在工作满意度上是非齐性的，因此，工作满意度适合用方差不等时的 Tamhane's T2 法进行多重比较。（具体详见表 6.6）。

从多重比较的结果来看，新进员工比枯萎员工的组织承诺要低（MD = -1.1449），且具有显著性差异（Sig. = .000 < 0.05），同时，新进员工比明星员工的组织承诺也要低（MD = -1.1414），且具有显著性差异（Sig. = .000 < 0.05），尽管新进员工组织承诺的均值（2.8714）比静止员工（3.2058）要低（MD = -.3344），但二者之间并没有显著性差异（Sig. = .091 > 0.05）。由此，验证了假设 H_{2c}，即职业生涯高原进程中，新进员工的组织承诺低于枯萎员工，并进一步发现，新进员工组织承诺同时也显著低于明星员工。

从多重比较的结果来看，枯萎员工的组织承诺比新进员工（MD = 1.1449，Sig. = .000 < 0.05）和静止员工（MD = .8104，Sig. = .000 < 0.05）的组织承诺都要高，且具有显著性差异。尽管枯萎员工组织承诺的均值（4.0162）比明星员工（4.0128）要高（MD = .0034），但二者之间并没有显著性差异（Sig. = 1.000 > 0.05）。该结果同样验证了假设 H_{2c}，并进一步发现，枯萎员工的组织承诺显著性高于静止员工。

　　从多重比较的结果来看，静止员工的组织承诺比明星员工的组织承诺要低（MD = −.8069），且具有显著性差异（Sig. = .000 < 0.05），同时，静止员工的组织承诺比枯萎员工的组织承诺也要低（MD = −.8104），且具有显著性差异（Sig. = .000 < .05），尽管静止员工组织承诺的均值（3.2058）比新进员工（2.8714）要低，但二者之间并没有显著性差异（Sig. = .091 > .05）。由此，验证了假设 H_{2d}，即企业管理人员职业生涯高原进程中，静止员工的组织承诺比明星员工低，并进一步发现，静止员工比枯萎员工的组织承诺也要低。

　　从多重比较的结果来看，明星员工的组织承诺比新进员工（MD = 1.1414，Sig. = .000 < .05）和静止员工（MD = .8069，Sig. = .000 < .05）的组织承诺都要高，且具有显著性差异，但明星员工与枯萎员工在组织承诺上并没有显著性差异。该结果再一次验证了假设 H_{2d}。

表 6.6　　　　　　　　　　Tamhane 法进行多重比较的结果

因素	方差齐性检验 Sig.	多重比较方法	(I) 员工类型	(J) 员工类型	均差 (I—J)	显著性 Sig.
组织承诺	.000	Tamhane	新进员工	枯萎员工	−1.1449（*）	.000
				静止员工	−.3345	.091
				明星员工	−1.1414（*）	.000
			枯萎员工	新进员工	1.1449（*）	.000
				静止员工	.8104（*）	.000
				明星员工	.0035	1.000
			静止员工	新进员工	.3345	.091
				枯萎员工	−.8104（*）	.000
				明星员工	−.8069（*）	.000
			明星员工	新进员工	1.1414（*）	.000
				枯萎员工	−.0035	1.000
				静止员工	.8069（*）	.000

　　注：* The mean difference is significant at the .05 level.

　　新进员工、枯萎员工、静止员工和明星员工组织承诺的均值图如图

6.2 所示，图的横坐标表示四类管理人员，纵坐标表示组织承诺的均值。从均值图上可明显看出，枯萎员工和明星员工的组织承诺均值较高，新进员工和静止员工的组织承诺均值较低。

实际上，组织承诺的均值图是对前面多重比较分析结果的直观描述，其共同反映的结果为：企业管理人员在职业生涯高原进程中，新进员工和静止员工在组织承诺上显著低于枯萎员工和明星员工，但新进员工和静止员工之间，枯萎员工和明星员工之间在组织承诺上不存在显著性差异。

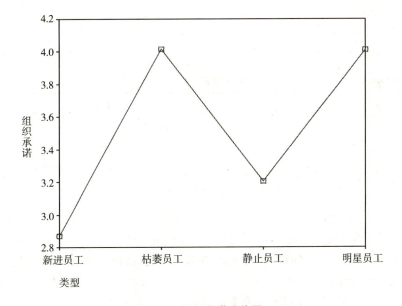

图 6.2　组织承诺均值图

第四节　职业生涯高原进程中不同企业管理人员
离职倾向比较分析

运用 SPSS 对职业生涯高原进程中新进员工、枯萎员工、静止员工、明星员工的离职倾向进行描述性统计分析（详见表 6.7），从均值比较结果看，新进员工的离职倾向（3.4086）高于枯萎员工（1.4155），静止员工的离职倾向（3.1708）高于明星员工（1.5090）。这个结果与我们的假设是一致的，但这种比较结果是否具有显著性差异，还需要对该结果作进一步的检验。

表 6.7 四类企业管理人员离职倾向的均值

管理人员类型	平均分	样本量	标准差
新进员工	3.4086	62	.82409
枯萎员工	1.4155	69	.60067
静止员工	3.1708	121	.92006
明星员工	1.5090	74	.45905
总 和	2.4673	326	1.16624

表 6.8 离职倾向方差分析

	离差平方和	自由度	平均方差	F 值	Sig. 值
组间	259.115	3	86.372	152.038	.000
组内	182.925	322	.568		
总和	442.040	325			

从表 6.8 中可以看出，离职倾向的总平方和为 442.040，其中组间平方和为 259.115，组内平方和为 182.925，组间平方和、组内平方和以及总平方和的自由度分别为 3、322 和 325，F 为组间均方除以组内均方的商，F 比的值为 152.038，Sig. = .000 < .05，即可以认为新进员工、枯萎员工、静止员工和明星员工在离职倾向上有显著性差异。

为了探讨新进员工、枯萎员工、静止员工和明星员工在离职倾向上的具体差异，故需对其作多重比较。在进行多重比较前，要先进行方差齐性检验。结果发现，四类管理人员在离职倾向上是非齐性的，因此，离职倾向适合用方差不等时的 Tamhane's T2 法进行多重比较。（具体详见表 6.9）。

从多重比较的结果来看，新进员工比枯萎员工的离职倾向要高（MD = 1.9931），且具有显著性差异（Sig. = .000 < 0.05），同时，新进员工比明星员工的离职倾向也要高（MD = 1.8996），且具有显著性差异（Sig. = .000 < 0.05），尽管新进员工离职倾向的均值（3.4086）比静止员工（3.1708）要高（MD = .2378），但二者之间并没有显著性差异（Sig. = .386 > 0.05）。由此，验证了假设 H_{2e}，即职业生涯高原进程中，新进员工的离职倾向比枯萎员工高，并进一步发现，新进员工比明星员工的离职倾向也要高。

从多重比较的结果来看，枯萎员工的离职倾向比新进员工（MD = -1.9931, Sig. = .000 < .05）和静止员工（MD = -1.7553, Sig. = .000 < .05）的离职倾向都要低，且具有显著性差异。尽管枯萎员工离职倾向的均值（1.4155）比明星员工（1.5090）要低（MD = .0034），但二者之间并没有显著性差异（Sig. = .882 > .05）。该结果同样验证了假设 H_{2e}，并进一步发现，枯萎员工的离职倾向显著性低于静止员工。

表 6.9　　　　　　　　　　Tamhane 法进行多重比较的结果

因素	方差齐性检验 Sig.	多重比较方法	(I) 员工类型	(J) 员工类型	均差 (I—J)	显著性 Sig.
离职倾向	.000	Tamhane	新进员工	枯萎员工	1.9931（*）	.000
				静止员工	.2378	.386
				明星员工	1.8996（*）	.000
			枯萎员工	新进员工	-1.9931（*）	.000
				静止员工	-1.7553（*）	.000
				明星员工	-.0936	.882
			静止员工	新进员工	-.2378	.386
				枯萎员工	1.7553（*）	.000
				明星员工	1.6618（*）	.000
			明星员工	新进员工	-1.8996（*）	.000
				枯萎员工	.0936	.882
				静止员工	-1.6618（*）	.000

注：* The mean difference is significant at the .05 level.

从多重比较的结果来看，静止员工的离职倾向比明星员工的离职倾向要高（MD = 1.6618），且具有显著性差异（Sig. = .000 < .05），同时，静止员工的离职倾向比枯萎员工的离职倾向也要高（MD = 1.7553），且具有显著性差异（Sig. = .000 < .05），尽管静止员工离职倾向的均值（3.1708）比新进员工（3.4086）要低，但两者之间并没有显著性差异

（Sig. = . 386 > . 05）。由此，验证了假设 H_{2f}，即企业管理人员职业生涯高原进程中，静止员工的离职倾向比明星员工高，并进一步发现，静止员工比枯萎员工的离职倾向也要高。

从多重比较的结果来看，明星员工的离职倾向比新进员工（MD = － 1. 8996，Sig. = . 000 < . 05）和静止员工（MD = － 1. 6618，Sig. = . 000 < . 05）的离职倾向都要低，且具有显著性差异，但明星员工与枯萎员工在离职倾向上并没有显著性差异。该结果再一次验证了假设 H_{2f}。

新进员工、枯萎员工、静止员工和明星员工离职倾向的均值图如图6. 3 所示，图的横坐标表示四类管理人员，纵坐标表示离职倾向的均值。从均值图上可明显看出，枯萎员工和明星员工的离职倾向的均值较低，新进员工和静止员工的离职倾向的均值较高。

实际上，离职倾向的均值图是对前面多重比较分析结果的直观描述，其共同反映的结果为：企业管理人员在职业生涯高原进程中，新进员工和静止员工的离职倾向高于枯萎员工和明星员工，但新进员工和静止员工之间，枯萎员工和明星员工之间在离职倾向上不存在显著的差异。

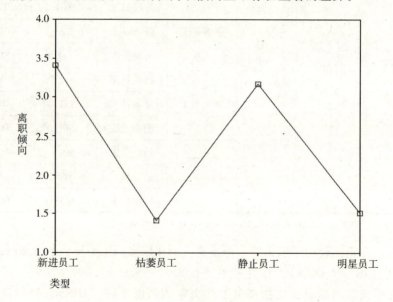

图 6.3　离职倾向均值图

第五节　研究结果分析及其对企业人力资源管理的启示

一　研究结果分析

表 6.10　　　　　　　　　研究假设的检验结果汇总

标号	假　设	检验结果
H_{2a}	职业生涯高原进程中，新进员工的工作满意度低于枯萎员工	支持
H_{2b}	职业生涯高原进程中，静止员工的工作满意度低于明星员工	支持
H_{2c}	职业生涯高原进程中，新进员工的组织承诺低于枯萎员工	支持
H_{2d}	职业生涯高原进程中，静止员工的组织承诺低于明星员工	支持
H_{2e}	职业生涯高原进程中，新进员工的离职倾向高于枯萎员工	支持
H_{2f}	职业生涯高原进程中，静止员工的离职倾向高于明星员工	支持

本章主要检验了 H_{2a}—H_{2f} 六个二层假设，具体检验结果归纳如表 6.10。该结果表明，企业管理人员在职业生涯高原进程中，新进员工与静止员工的工作满意度和组织承诺都显著低于枯萎员工和明星员工，但新进员工与静止员工的离职倾向却都显著高于枯萎员工和明星员工。这个结果符合现实实际。

对于新进员工和静止员工而言，这两类员工的工作满意度和组织承诺都相对较低，如果企业不加以关注，他们就有可能变成枯萎员工，或者在成为枯萎员工之前而离开当前的组织；枯萎员工工作绩效低，他们更多的是因安于现状而表现出较高的工作满意度和组织承诺，这部分企业管理人员的能力和绩效都决定了他们不可能有较高的离职动机；明星员工工作绩效高，职业发展前景好，很显然，这部分企业管理人员会表现出较高的工作满意度和组织承诺，且离职倾向低。因此，现代企业在人力资源管理中，一定要注意对不同类型企业管理人员采用不同的激励方式，以满足他们的不同需求，从而保证企业人力资源的可持续发展。

企业自然期望组织内所有的管理人员都是明星员工或高绩效的静止员工。对于新进员工，企业面临的挑战是想尽快把他们培养成高绩效员工，并力求不使他们变为低绩效的枯萎员工。由于新进员工比枯萎员工的离职倾向大，因此企业应加强对新进员工的关心和培养，并注重对这些管理人员职业生涯的规划与管理。

由于大多数企业的管理人员中，静止员工都要占据相当大的比例，企业对这部分管理人员的职业生涯发展方面的帮助往往是力不从心，因此出现了静止员工比明星员工的离职倾向高的现象。对静止员工的忽视所带来的第一个危害是使他们沦为枯萎员工。第二个危害是使他们被迫离开组织。一旦处于高绩效的静止员工大量流失时，企业也将不得不迎来人力资源匮乏所带来的经营困境。可见，静止员工同样需要企业投入大量的精力加以关注。

对处于职业生涯高原的枯萎员工而言，他们通常从事其工作很长时间了，并积累了相当的工作知识，而且十分熟悉企业，这部分员工一般不会跳槽，他们对企业已产生了一定的感情，对企业的忠诚度常常要胜于其他员工。因此，枯萎员工对企业而言仍然是一种宝贵的人力资本，企业应通过各种方式来提高他们的工作绩效，如进修学习或转岗等。在现实情况中，许多企业对枯萎员工采取简单的解雇或提前退休等方式并非是一种明智之举，这种做法实际上是企业向其他企业管理人员发出了一个强烈的警告信号，结果会使更多员工提前离开企业，从而影响企业管理人员的稳定性，因为没有谁能保证自己不会沦为枯萎员工。

二　对企业人力资源管理的启示

（一）对职业生涯高原进程中各类管理人员注意采用差异化的激励与约束机制，重视激励因素的满足，不断完善企业自身的组织文化和绩效考核制度，保持企业管理队伍的可持续发展。职业生涯高原化进程中企业管理人员工作满意度、组织承诺及离职倾向的机理是非常复杂的。根据赫茨伯格的双因素理论，保健因素不会使员工产生满意感，但保健因素的缺乏，会造成员工的不满意情绪。对企业管理人员而言，更为重要的是激励因素的满足，而激励因素的满足主要体现在力求获得知识、有所成就、有创造性、发展个性等内在的需求得到满足，只有这样，才能使企业管理人员产生满意感。因此，企业要针对不同类型的管理人员采取灵活的激励方式，建立和谐的组织文化和公平合理的绩效考核制度，使企业管理者在提高工作满意度和组织承诺的同时，减少离职意愿，从而保持企业管理团队的持续发展。

（二）注重对新进员工职业生涯的开发，关心他们的思想动态及工作生活质量，创造有利的发展空间，不断提升新进员工的工作满意度和组织承诺，并采取相关措施减少这部分管理人员的离职倾向。对于企业管理人员中绩效低而未来提升可能性又比较大的新进员工，由于他们的离职倾向相对而言比枯萎员工和明星员工都要高，而这部分人的工作绩效有可能在不久之后就会上升，因此，企业应从各个方面关心他们，使他们能够明晰自己未来的职业发展道路，从而提高留任率，并使这部分管理人员能以较高的工作热情投入到组织建设中去。

（三）加强对枯萎员工的管理，根据其能力的改变调整岗位，建立灵活的培训体系和有效的学习机制等措施来尽量发挥他们的才能。对于企业管理人员中绩效低而未来提升可能性又比较低的枯萎员工，他们的工作满意度和组织承诺较高，而离职倾向较低，企业除非能够给予他们较高的经济补偿，否则他们不会主动离开企业的。实际上，枯萎员工是企业中非常重要的一种宝贵的人力资源，尽管工作绩效有所下降，但他们的经验和对企业的忠诚是毋庸置疑的，同时，这部分管理人员对稳定人心具有重要的作用。因此，企业在人力资源管理中不应简单地采取"逼"员工主动离职的方式，而应加强对这部分管理人员的培训学习，并根据其管理才能的变化灵活调整其工作岗位，从而不断提高企业管理人员的凝聚力。

（四）建立有效的留人机制，并从改善薪酬待遇和工作环境等诸方面来弱化晋升岗位不足而带来的一系列弊端，以稳定企业管理队伍中的静止员工群体。对于企业管理人员中绩效高而未来提升可能性又比较低的静止员工，因企业向上提升的职位毕竟是有限的，所以这部分人可以说是占据了企业的大多数。静止员工的工作绩效高，若这部分员工一旦大面积流失，必然会对组织绩效带来严重的负面影响。因此，企业应在薪酬管理和职业生涯管理等方面采取积极灵活的方式来提高静止员工的工作满意度和组织承诺，减少这部分管理人员的离职率。

（五）加强对明星员工的绩效考核和管理能力的培养，并注意从各方面来提升他们对企业的忠诚度和保持持续高绩效水平的能力。对于企业管理人员中绩效高而未来提升可能性也较高的明星员工，他们的工作满意度和组织承诺都高于新进员工和静止员工，且离职倾向低。因此，企业在人力资源管理中，应注意建立有效的管理人员接续计划，注重对明星员工管理技能和忠诚度的培养，使他们的人力资本得到充分的发挥，并使他们能在组织建设中保持持续的高绩效水平。

第六节　本章小结

本章利用第四章调查的部分数据，详细分析了职业生涯高原进程中不同类型的企业管理人员，即新进员工、枯萎员工、静止员工和明星员工在工作满意度、组织承诺及离职倾向上的差异性，在论证相关假设的过程中进一步对四类员工在工作满意度、组织承诺及离职倾向的大小作了相互比较，得出的结果归纳为：企业管理人员在职业生涯高原进程中，新进员工与静止员工的工作满意度和组织承诺显著低于枯萎员工和明星员工，但新进员工和静止员工之间，枯萎员工和明星员工之间在工作满意度和组织承诺上没有显著的差异。新进员工与静止员工的离职倾向显著高于枯萎员工和明星员工，但新进员工和静止员工之间，枯萎员工和明星员工之间在离职倾向上没有显著的差异。

该结果表明，企业对职业生涯高原进程中不同类型的管理人员应注重采取差异化的激励与约束机制，并不断完善企业自身的组织文化和绩效考核制度，以保持企业管理队伍的可持续发展。此外，本章有关假设检验结果与第三章博弈分析结果相符，证明了博弈分析与实证分析的结论是一致的。

第七章 职业生涯高原下人口学变量对工作满意度、组织承诺及离职倾向的影响

第一节 引言

本章将在问卷调查资料的基础上，选择企业管理人员的人口学变量、工作满意度和组织承诺以及离职倾向等相关变量进行实证分析。其目的在于解释性别、年龄、学历、婚姻状况、管理职位、工作资历等人口学变量对不同职业生涯高原下的企业管理人员的工作满意度、组织承诺及离职倾向的影响。由于企业内部处于不同职业生涯高原下的管理人员分布的多样化，必将增加企业人力资源管理的难度和复杂性，因此，只有把握不同职业生涯高原下的企业管理人员对工作满意度、组织承诺和离职倾向的具体影响，才能更有效地构建企业管理人员的人力资源管理模式。

无论从客观职业生涯高原还是主观职业生涯高原来看，我们假设处于不同职业生涯高原的管理人员，其工作满意度、组织承诺和离职倾向是有差异的。本章以不同职业生涯高原下管理人员的人口学统计变量，即性别、婚姻、年龄、学历、管理职位、工作资历等为自变量，以工作满意度、组织承诺以及离职倾向为因变量，进行平均数差异显著性检验，以分析它们之间的关系。

具体假设我们集中归纳如下：

（1）对于客观职业生涯高原下企业管理人员人口学统计变量方面的假设有：

H_{3a}，H_{3b}，H_{3c}

（2）对于主观职业生涯高原下企业管理人员人口学统计变量方面的假设有：

H_{3d}，H_{3e}，H_{3f}

第二节　客观职业生涯高原下人口学变量对工作满意度、组织承诺及离职倾向的影响

一　不同客观职业生涯高原下管理人员性别的差异性检验

用独立组 t 检验的方法，首先将工作满意度的 5 个维度，即领导行为、管理措施、工作回报、团体合作和工作激励合并为统一的"工作满意度"指标，将组织承诺的三个维度，即情感承诺、持续承诺、规范承诺合并为统一的"组织承诺"指标，然后对工作满意度、组织承诺及离职倾向三个指标进行平均数差异显著性检验，结果分别如表 7.1，7.2，7.3 所示。

t 检验适用于判断两平均值在选定的显著条件下，是否存在真正差异，所采取的方法是将实际观测的平均数差异和预期的随机误差进行比较，差异值和随机误差的特征值之比构成用于检验差异的统计量 t，其分子为两样本平均数之差，分母为随机误差，随机误差用样本平均数的方差来表示[127]（李怀祖）。

（一）弱客观职业生涯高原下性别的影响

表 7.1　　　　弱客观职业生涯高原下对性别的平均数差异显著性检验

客观高原	因素	男（N = 90）		女（N = 46）		t 值
		均值	标准差	均值	标准差	
弱职业高原状态	工作满意度	3.6745 ± 0.8001		3.4981 ± 0.8496		1.191
	组织承诺	3.5817 ± 0.8530		3.3177 ± 1.0031		1.607
	离职倾向	2.3444 ± 1.1787		2.4348 ± 1.1019		− 0.432

注：* p < 0.05，** p < 0.01，*** p < 0.001。

表 7.1 结果表明，对于还未达到客观职业生涯高原，即被我们称之为弱客观职业生涯高原状态的企业管理人员，从均值的比较情况来看，男性管理人员的工作满意度（3.6745）和组织承诺（3.5817）都分别高于女性管理人员的工作满意度（3.4981）和组织承诺（3.3177），而男性管理人员的离职倾向（2.3444）比女性管理人员（2.4348）低。但从 t 值的大小来看，性别不同的管理人员，在工作满意度、组织承诺及离职倾向上并没有显著性差异。

上述结果说明，当企业管理人员在某一组织中工作超过 5 年，但在其当前的岗位上的时间不足 5 年，即处于弱客观职业生涯高原状态时，男性管理人员与女性管理人员在他们的工作满意度、组织承诺及离职倾向上没有显著差异，可见，在弱客观职业生涯高原下，企业管理人员的性别对工作满意度、组织承诺及离职倾向的影响很小。

（二）较强客观职业生涯高原下性别的影响

表 7.2　较强客观职业生涯高原下对性别的平均数差异显著性检验

客观高原	因素	男（N = 78）		女（N = 26）		t 值
		均值	标准差	均值	标准差	
较强职业高原状态	工作满意度	3.3103 ± 1.0573		3.4124 ± 1.0094		− 0.431
	组织承诺	3.4667 ± 0.9007		3.3613 ± 0.9600		0.509
	离职倾向	2.5812 ± 1.2113		2.6282 ± 1.2341		− 0.171

注：* p < 0.05, * * p < 0.01, * * * p < 0.001。

表 7.2 结果表明，对于处于较强客观职业生涯高原的企业管理人员，均值比较结果显示，男性管理人员的工作满意度（3.3103）略低于女性管理人员（3.4124），男性管理人员的组织承诺（3.4667）略高于女性管理人员（3.3613）。男性管理人员的离职倾向（2.5812）比女性管理人员（2.6282）略低。

尽管男性与女性管理人员在均值上存在差异，但 t 检验的结果表明，不同性别的企业管理人员在工作满意度、组织承诺及离职倾向上都没有显著性差异。可见，在较强客观职业生涯高原状态下，企业管理人员的性别对工作满意度、组织承诺及离职倾向的影响很小。

（三）强客观职业生涯高原下性别的影响

表 7.3 强客观职业生涯高原下对性别的平均数差异显著性检验

客观高原	因素	男（N = 65）		女（N = 21）		t 值
		均值	标准差	均值	标准差	
强职业高原状态	工作满意度	3.2764 ± 1.1407		3.6611 ± 0.76896		− 1.753
	组织承诺	3.4631 ± 1.0065		3.9106 ± 0.7961		− 1.856
	离职倾向	2.6308 ± 1.1624		1.9365 ± 0.8795		2.892 * *

注：* p < 0.05, * * p < 0.01, * * * p < 0.001。

　　结果表明，对于处于强客观职业生涯高原状态的企业管理人员，均值比较结果显示，男性管理人员的工作满意度（3.2764）低于女性管理人员（3.6611），男性管理人员的组织承诺（3.4631）也低于女性管理人员（3.9106）。但男性管理人员的离职倾向（2.6308）比女性管理人员（1.9365）要高。

　　进一步的 t 检验的结果表明，对处于强客观职业生涯高原的企业管理人员而言，他们在工作满意度和组织承诺上没有显著的性别差异；而在离职倾向上有显著的性别差异（$t = 2.892^{**}$，$p < 0.01$），女性管理人员的离职倾向显著低于男性管理人员。

　　综合上述三种不同客观职业生涯高原状态下男性与女性企业管理人员在工作满意度、组织承诺及离职倾向上的差异性比较结果，不难发现，管理人员的性别对工作满意度、组织承诺及离职倾向的影响小。仅在强客观职业生涯高原状态下，男性管理人员的离职倾向才显著高于女性管理人员。

二　不同客观职业生涯高原下管理人员婚姻状况的差异性检验

（一）弱客观职业生涯高原下婚姻状况的影响

　　从表 7.4 的均值比较可以看出，对于处于弱客观职业生涯高原的企业管理人员，均值比较结果显示，未婚管理人员的工作满意度（3.3779）低于已婚管理人员（3.7101），未婚管理人员的组织承诺（3.2014）也低于已婚管理人员（3.6094），但未婚管理人员的离职倾向（2.8718）比已婚管理人员（2.1753）要高。

表 7.4　　弱客观职业生涯高原下已婚与否平均数差异显著性比较

客观高原	因素	未婚（N = 39）		已婚（N = 97）		t 值
		均值	标准差	均值	标准差	
弱职业高原状态	工作满意度	3.3779 ± 0.6249		3.7101 ± 0.8690		-2.490^{*}
	组织承诺	3.2014 ± 0.8905		3.6094 ± 0.8979		-2.403^{*}
	离职倾向	2.8718 ± 0.9989		2.1753 ± 1.1508		3.310^{**}

注：$^{*}p < 0.05$，$^{**}p < 0.01$，$^{***}p < 0.001$。

　　进一步的 t 检验的结果表明，对于处于弱客观职业生涯高原状态的企业管理人员，在工作满意度方面，已婚者与未婚者（t = -2.490*，p < 0.05）有显著性差异；在组织承诺方面，已婚者与未婚者（t = -2.403*，p < 0.05）也有显著性差异；在离职倾向上，已婚者与未婚者也具有显性著差异（t = 3.310**，p < 0.01）。即未婚管理人员的工作满意度、组织承诺显著低于已婚管理人员，但离职倾向显著高于已婚管理人员。

（二）较强客观职业生涯高原下婚姻状况的影响

对于处于较强客观职业生涯高原的企业管理人员，从表7.5的均值比较结果来看，未婚管理人员的工作满意度（3.2875）低于已婚管理人员（3.3496），未婚管理人员的组织承诺（3.3333）低于已婚管理人员（3.4708），未婚管理人员的离职倾向（2.5797）也低于已婚管理人员（2.5967）。

尽管在均值比较方面来看，未婚者与已婚者在工作满意度、组织承诺和离职倾向上的大小不一样，但从t检验结果来看，企业管理人员的婚姻状况，即已婚和未婚管理人员，在工作满意度、组织承诺及离职倾向上都没有显著性差异。

表7.5　　较强客观职业生涯高原下已婚与否平均数差异显著性比较

客观高原	因素	未婚（N = 23）		已婚（N = 81）		t 值
		均值	标准差	均值	标准差	
较强职业高原状态	工作满意度	3.2875 ± 1.0779		3.3496 ± 1.0376		-0.251
	组织承诺	3.3333 ± 0.8888		3.4708 ± 0.9220		-0.636
	离职倾向	2.5797 ± 1.2153		2.5967 ± 1.2176		-0.059

注：*p < 0.05，**p < 0.01，***p < 0.001。

（三）强客观职业生涯高原下婚姻状况的影响

从表7.6的均值比较结果来看，对于处于强客观职业生涯高原的企业管理人员，未婚管理人员的工作满意度（3.8572）高于已婚管理人员（3.3063），未婚管理人员的组织承诺（4.1119）也高于已婚管理人员（3.5014），未婚管理人员的离职倾向（2.1667）低于已婚管理人员（2.5000）。

表7.6　　　　　强客观职业生涯高原下已婚与否平均数差异显著性比较

客观高原	因素	未婚（N＝10）		已婚（N＝76）		t 值
		均值	标准差	均值	标准差	
强职业 高原状态	工作满意度	3.8572 ± 0.9755		3.3063 ± 1.0721		1.542
	组织承诺	4.1119 ± 0.7233		3.5014 ± 0.9844		1.891
	离职倾向	2.1667 ± 0.9329		2.5000 ± 1.1592		− 0.871

注：* p < 0.05，** p < 0.01，*** p < 0.001。

尽管在均值比较方面未婚者与已婚者在工作满意度、组织承诺和离职倾向上有一定的不同，但从 t 检验结果来看，企业管理人员的婚姻状况，即已婚和未婚管理人员，在工作满意度、组织承诺及离职倾向上都没有显著差异。一般而言，我国各企业管理人员队伍中未婚管理人员所占比例小，工作时间也不会太长，因而，在强客观职业生涯高原下未婚管理人员的比例将显得更小，本研究满足这一特点，但这或许会对上述结果带来一定的影响。

三　不同客观职业生涯高原下管理人员年龄的差异性检验

本研究把被试者按年龄段分为 25 岁以下、26—35 岁、36—45 岁、46 岁以上，一共四个部分。由于被试年龄绝大部分处于 26—45 岁之间，年龄分组中 25 岁以下及 46 岁以上的人数较少，不适合进行平均数差异显著性检验，需要将一些组进行合并。于是我们把年龄分成 35 岁以下（含 35 岁）和 36 岁以上（含 36 岁）两组，对研究结果不会有较大的影响。然后也采用独立组 t 检验的方法对工作满意度、组织承诺及离职倾向进行平均数差异显著性检验，结果见表 7.7，7.8 和 7.9。

（一）弱客观职业生涯高原下年龄的影响

从表 7.7 的均值比较结果来看，在弱客观职业生涯高原下，35 岁以下的企业管理人员的工作满意度（3.4805）、组织承诺（3.3452）都分别低于 36 岁以上管理人员的工作满意度（4.0697）和组织承诺（3.9912），而 35 岁以下的企业管理人员的离职倾向（2.5651）比 36 岁以上的管理人员（1.7312）高。

表 7.7　　弱客观职业生涯高原下不同年龄的平均数差异显著性比较

客观高原	因素	35 岁以下 （N = 105）		36 岁以上 （N = 31）		t 值
		均值	标准差	均值	标准差	
弱职业高原状态	工作满意度	3.4805 ± 0.8226		4.0697 ± 0.6252		− 4.269 ***
	组织承诺	3.3452 ± 0.9375		3.9912 ± 0.5988		− 4.575 ***
	离职倾向	2.5651 ± 1.1723		1.7312 ± 0.7955		4.556 ***

注：* p < 0.05，** p < 0.01，*** p < 0.001。

进一步从 t 检验结果来看，基于弱客观职业生涯高原下，35 岁以下的管理人员和 36 岁以上的管理人员，在工作满意度（t = − 4.269 ***，p < 0.001）、组织承诺（t = − 4.575 ***，p < 0.001）和离职倾向（t = 4.556 ***，p < 0.001）上都存在显著性差异。即 36 岁以上的企业管理人员在工作满意度和组织承诺上都显著高于 35 岁以下的企业管理人员，而在离职倾向上却显著低于 35 岁以下的企业管理人员。

（二）较强职业生涯高原下年龄的影响

表 7.8　　较强客观职业生涯高原下不同年龄的平均数差异显著性比较

客观高原	因素	35 岁以下 （N = 74）		36 岁以上 （N = 30）		t 值
		均值	标准差	均值	标准差	
较强职业高原状态	工作满意度	3.1594 ± 1.0241		3.7711 ± 0.9687		− 2.802 **
	组织承诺	3.2421 ± 0.9350		3.9294 ± 0.6383		− 4.313 ***
	离职倾向	2.7928 ± 1.1919		2.1000 ± 1.1317		2.724 **

注：* p < 0.05，** p < 0.01，*** p < 0.001。

从表 7.8 的均值比较结果来看，在较强客观职业生涯高原下，35 岁以下的企业管理人员的工作满意度（3.1594）、组织承诺（3.2421）都分别低于 36 岁以上管理人员的工作满意度（3.7711）和组织承诺（3.9294）。而 35 岁以下的企业管理人员的离职倾向（2.7928）比 36 岁以上的管理人员（2.1000）高。

进一步从 t 检验结果来看，基于较强客观职业生涯高原状态下，35 岁以下的管理人员和 36 岁以上的管理人员，在工作满意度（t = − 2.802 **，p < 0.01）、组织承诺（− 4.313 ***，p < 0.001）和离

职倾向（2.724**，p<0.01）上都存在显著性差异。即36岁以上的企业管理人员在工作满意度和组织承诺上都显著高于35岁以下的企业管理人员，而在离职倾向上却显著低于35岁以下的企业管理人员。

（三）强客观职业生涯高原下年龄的影响

表7.9　　　　强客观职业生涯高原下不同年龄的平均数差异显著性比较

客观高原	因素	35岁以下（N=49）		36岁以上（N=37）		t值
		均值	标准差	均值	标准差	
强职业高原状态	工作满意度	3.1745±1.1101		3.6297±0.9710		−1.985
	组织承诺	3.4506±0.9929		3.7337±0.9379		−1.340
	离职倾向	2.6803±1.2209		2.1712±0.9514		2.173*

注：* p<0.05，** p<0.01，*** p<0.001。

从表7.9的均值比较结果来看，在强客观职业生涯高原下，35岁以下的企业管理人员的工作满意度（3.1745）、组织承诺（3.4506）都分别低于36岁以上管理人员的工作满意度（3.6297）和组织承诺（3.7337）。而35岁以下的企业管理人员的离职倾向（2.6803）要比36岁以上的管理人员（2.1712）高。这个结果单从均值大小而言，跟弱客观职业生涯高原和较强客观职业生涯高原下的相对比较是一致的，即无论企业管理人员处于何种客观职业生涯高原，35岁以下的管理人员在工作满意度、组织承诺上都比36岁以上的管理人员要低（这里仅从均值上判断）。

但从t检验结果来看，处于强职业生涯高原状态的企业管理人员，他们在工作满意度和组织承诺方面没有显著性的年龄差异。但在离职倾向上，35岁以下的管理人员与36岁以上的管理人员存在显著性差异（t=2.173*，p<0.05）。即36岁以上的企业管理人员在离职倾向上显著低于35岁以下的企业管理人员。

四　不同客观职业生涯高原下管理人员学历的差异性检验

本研究把被试的企业管理人员按学历分为高中（或中专）及以下、

大专、大学本科、硕士及以上，一共四个部分。由于被试分组中有些组人数比较少，如高中（或中专）及以下仅14人，硕士及以上仅22人，不适合进行平均数差异显著性检验，需要将一些组进行合并。于是我们把学历合并成大专及以下、本科及以上两组，接着再进行平均数差异显著性检验。

（一）弱客观职业生涯高原下学历的影响

从表7.10的均值比较结果来看，在弱客观职业生涯高原下，大专及以下学历的企业管理人员的工作满意度（3.6913）略高于本科及以上的企业管理人员的工作满意度（3.5923），组织承诺（3.6491）也高于本科及以上的企业管理人员（3.4461）；而在离职倾向方面，大专及以下学历的企业管理人员（2.4301）比本科及以上的管理人员（2.3587）略高。

表7.10　　弱客观职业生涯高原下不同学历的平均数差异显著性比较

客观高原	因素	大专及以下（N=31）		本科及以上（N=105）		t值
		均值	标准差	均值	标准差	
弱职业高原状态	工作满意度	3.6913 ± 0.8850		3.5923 ± 0.8007		0.591
	组织承诺	3.6491 ± 0.7682		3.4461 ± 0.9480		1.090
	离职倾向	2.4301 ± 1.1028		2.3587 ± 1.1682		0.303

注：$^*p<0.05$，$^{**}p<0.01$，$^{***}p<0.001$。

但从 t 检验结果来看，在弱客观职业生涯高原下，不同学历的企业管理人员在工作满意度、组织承诺及离职倾向上均没有显著性差异。

（二）较强客观职业生涯高原下学历的影响

表7.11　　较强客观职业生涯高原下不同学历的平均数差异显著性比较

客观高原	因素	大专及以下（N=15）		本科及以上（N=89）		t值
		均值	标准差	均值	标准差	
较强职业高原状态	工作满意度	3.9946 ± 0.6689		3.2248 ± 1.0547		3.742 **
	组织承诺	3.8677 ± 0.6956		3.3683 ± 0.9278		1.989 *
	离职倾向	1.8667 ± 0.8526		2.7154 ± 1.2232		−3.322 **

注：$^*p<0.05$，$^{**}p<0.01$，$^{***}p<0.001$。

从表 7.11 的均值比较结果来看，在较强客观职业生涯高原下，大专及其以下的企业管理人员的工作满意度（3.9946）、组织承诺（3.8677）都分别高于本科及以上管理人员的工作满意度（3.2248）和组织承诺（3.3683）；而大专及以下的企业管理人员的离职倾向（1.8667）比本科及以上的管理人员（2.7154）低。

从显著性检验结果来看，大专及以下的企业管理人员和本科及以上的管理人员，在工作满意度（$t = 3.742^{**}$，$p < 0.01$）、组织承诺（$t = 1.989^{*}$，$p < 0.05$）和离职倾向（$t = -3.322^{**}$，$p < 0.01$）方面都存在显著性差异。即在较强客观职业生涯高原状态下，大专及其以下的企业管理人员的工作满意度和组织承诺都显著高于本科及以上的企业管理人员，而在离职倾向上却显著低于本科及以上的企业管理人员。

（三）强客观职业生涯高原下学历的影响

表 7.12　　强客观职业生涯高原下不同学历的平均数差异显著性比较

客观高原	因素	大专及以下（N = 23）		本科及以上（N = 63）		t 值
		均值	标准差	均值	标准差	
强职业 高原状态	工作满意度	3.2414 ± 1.1853		3.4174 ± 1.0319		-0.673
	组织承诺	3.5906 ± 1.0034		3.5658 ± 0.9715		0.104
	离职倾向	2.5942 ± 1.3668		2.4127 ± 1.0468		0.578

注：$^{*}p < 0.05$，$^{**}p < 0.01$，$^{***}p < 0.001$。

从表 7.12 的均值比较结果来看，在强客观职业生涯高原状态下，本科及以上学历的管理人员的工作满意度（3.4174）略高于大专及以下学历的管理人员的工作满意度（3.2414）；而本科及以上学历的企业管理人员的组织承诺（3.5658）和离职倾向（2.4127）比大专及以下的管理人员的组织承诺（3.5906）和离职倾向（2.5942）略低。

但从显著性检验结果来看，对处于强客观职业生涯高原状态，即已经达到客观职业生涯高原很久的企业管理人员来说，他们的学历对工作满意度、组织承诺及离职倾向均没有显著的影响。

将企业管理人员学历在弱客观职业生涯高原、较强客观职业生涯高原和强客观职业生涯高原下的情况相对比，我们发现一个有意义的现象，即管理人员的学历对工作满意度、组织承诺及离职倾向的显著影响，仅仅当其处在较强客观职业生涯高原状态时才具有显著性差异。

　　上述比较说明，管理人员的学历在员工的职业生涯高原处于"强"状态下就没有多大作用了。一个可能的解释是，无论学历高低，到一定程度时管理人员知识都需要更新，尤其是对于长期处在某一个工作岗位上的管理人员更应如此，此时对企业管理人员更看重的应该是其能力，而学历已降为次要因素。

五　不同客观职业生涯高原下管理人员职位的差异性检验

（一）弱客观职业生涯高原下管理职位的影响

　　我们基于管理学原理的分类方法将企业管理人员分为高层管理人员、中层管理人员和基层管理人员三组。用单因素方差分析（One—Way ANOVE）进行显著性检验。

　　从表 7.13 中的比较结果发现，弱客观职业生涯高原下，不同类型的管理人员在工作满意度、组织承诺及离职倾向各因素上都存在显著性差异。为了探讨不同类型的管理人员在工作满意度、组织承诺及离职倾向上的具体差异，故需对其作多重比较。在进行多重比较前，先进行方差齐性检验，根据方差齐性及方差不具有齐性分别选取 LSD 和 Tamhane's T2 法进行多重比较。具体检验见表 7.14。

表 7.13　弱客观职业生涯高原下不同管理职位的平均数差异显著性比较

客观高原	因素	离差平方和	自由度	F 值	显著性 Sig.
弱职业 高原状态	工作满意度	90.403	135	9.250 ***	0.000
	组织承诺	112.158	135	12.863 ***	0.000
	离职倾向	178.542	135	8.327 ***	0.000

　　注：$*p < 0.05$，$**p < 0.01$，$***p < 0.001$。

　　表 7.14 的结果表明：弱客观职业生涯高原下，在工作满意度方面，高层管理人员（I）与中层管理人员（J）的均值差（I—J）为 0.4512，显著性概率 Sig. = 0.014。高层管理人员（I）与基层管理人员（J）的均值差（I—J）为 0.8638，显著性概率 Sig. = 0.000，中层管理人员（I）与基层管理人员（J）的均值差（I—J）为 0.4125，显著性概率 Sig. = 0.009。因此，在显著性水平 a = 0.05 下，高层、中层与基层管理人员相

互之间对工作满意度的影响存在显著性差异。

表 7.14　　　　　　　LSD **法** Tamhane **法进行多重比较的结果**

因素	方差齐性检验 Sig.	多重比较方法	（I）管理职位	（J）管理职位	均差（I—J）	显著性 Sig.
工作满意度	0.054 > 0.05	LSD	高层管理人员	中层管理人员	0.4512（*）	0.014
				基层管理人员	0.8638（*）	0.000
			中层管理人员	高层管理人员	−0.4512（*）	0.014
				基层管理人员	0.4125（*）	0.009
			基层管理人员	高层管理人员	−0.8638（*）	0.000
				中层管理人员	−0.4125（*）	0.009
组织承诺	0.001 < 0.05	Tamhane	高层管理人员	中层管理人员	0.3229	0.099
				基层管理人员	1.0222（*）	0.000
			中层管理人员	高层管理人员	−0.3229	0.099
				基层管理人员	0.6992（*）	0.003
			基层管理人员	高层管理人员	−1.0222（*）	0.000
				中层管理人员	−0.6992（*）	0.003
离职倾向	0.162 > 0.05	LSD	高层管理人员	中层管理人员	−0.2506	0.330
				基层管理人员	−1.0236（*）	0.000
			中层管理人员	高层管理人员	0.2506	0.330
				基层管理人员	−0.7731（*）	0.001
			基层管理人员	高层管理人员	1.0236（*）	0.000
				中层管理人员	0.7731（*）	0.001

注 : * The mean difference is significant at the .05 level。

在组织承诺方面，高层管理人员（I）与中层管理人员（J）的均值差（I—J）为 0.3229，显著性概率为 Sig. = 0.099 > 0.05，故在显著性水平 a = 0.05 下，高层与中层管理人员在组织承诺上没有显著差异。但高层管理人员（I）与基层管理人员（J）的均值差（I—J）为 1.0222，显著性概率 Sig. = 0.000，中层管理人员（I）与基层管理人员（J）的均值差（I—J）

为 0.6992，显著性概率 Sig. = 0.003。因此，在显著性水平 a = 0.05 下，高层与基层，中层与基层管理人员对组织承诺的影响存在显著性差异。

在离职倾向上，高层管理人员（I）与中层管理人员（J）的均值差（I—J）为 - 0.2506，显著性概率为 Sig. = 0.330 > 0.05，故在显著性水平 a = 0.05 下，高层与中层管理人员在离职倾向上没有显著差异。但高层管理人员（I）与基层管理人员（J）的均值差（I—J）为 - 1.0236，显著性概率 Sig. = 0.000，中层管理人员（I）与基层管理人员（J）的均值差（I—J）为 - 0.7731，显著性概率 Sig. = 0.001。因此，在显著性水平 a = 0.05 下，高层与基层、中层与基层管理人员对离职倾向的影响存在显著性差异。

（二）较强客观职业生涯高原下管理职位的影响

从表 7.15 中的比较结果发现，在较强客观职业生涯高原下，不同类型的管理人员在工作满意度、组织承诺及离职倾向上都存在显著性差异。为了探讨不同类型的管理人员在工作满意度、组织承诺及离职倾上的具体差异，故需对其作多重比较。具体检验见表 7.15。

表 7.15　较强客观职业生涯高原下不同职位的平均数差异显著性比较

客观高原	因素	离差平方和	自由度	F 值	显著性 Sig.
较强职业 高原状态	工作满意度	111.754	103	8.998***	0.000
	组织承诺	85.719	103	14.726***	0.000
	离职倾向	151.101	103	5.947**	0.004

注：* $p < 0.05$，** $p < 0.01$，*** $p < 0.001$。

表 7.16　　　　　LSD 法 Tamhane 法进行多重比较的结果

因素	方差齐性 检验 Sig.	多重比 较方法	（I）管理 职位	（J）管理 职位	均差值 （I—J）	显著性 Sig.
工作 满意度	0.302 > 0.05	LSD	高层管理人员	中层管理人员	.4948	.054
				基层管理人员	1.1512（*）	.000
			中层管理人员	高层管理人员	- .4948	.054
				基层管理人员	.6565（*）	.004
			基层管理人员	高层管理人员	- 1.1512（*）	.000
				中层管理人员	- .6565（*）	.004

因素	方差齐性检验 Sig.	多重比较方法	（I）管理职位	（J）管理职位	均差值（I—J）	显著性 Sig.
组织承诺	0.082 > 0.05	LSD	高层管理人员	中层管理人员	.3161	.139
				基层管理人员	1.1462（*）	.000
			中层管理人员	高层管理人员	−.3161	.139
				基层管理人员	.8302（*）	.000
			基层管理人员	高层管理人员	−1.1462（*）	.000
				中层管理人员	−.8302（*）	.000
离职倾向	0.511 > 0.05	LSD	高层管理人员	中层管理人员	−.4605	.131
				基层管理人员	−1.1111（*）	.001
			中层管理人员	高层管理人员	.4605	.131
				基层管理人员	−.6506（*）	.015
			基层管理人员	高层管理人员	1.1111（*）	.001
				中层管理人员	.6506（*）	.015

注：* The mean difference is significant at the .05 level。

在进行多重比较前，先进行方差齐性检验。表 7.16 的多重比较结果表明：在较强客观职业生涯高原下，在工作满意度方面，高层管理人员（I）与中层管理人员（J）的均值差（I—J）为 0.4948，显著性概率 Sig. = 0.054 > 0.05，故在显著性水平 a = 0.05 下，高层与中层管理人员在工作满意度上没有显著性差异。高层管理人员（I）与基层管理人员（J）的均值差（I—J）为 1.1512，显著性概率 Sig. = 0.000，中层管理人员（I）与基层管理人员（J）的均值差（I—J）为 0.6565，显著性概率 Sig. = 0.004。因此，在显著性水平 a = 0.05 下，高层与基层管理人员之间，中层与基层管理人员之间对工作满意度的影响确实存在显著性差异。

在组织承诺方面，高层管理人员（I）与中层管理人员（J）的均值差（I—J）为 0.3161，显著性概率为 Sig. = 0.139 > 0.05，故在显著性水平 a = 0.05 下，高层与中层管理人员在组织承诺上没有显著差异。但高层管理人员（I）与基层管理人员（J）的均值差（I—J）为 1.1462，显著性概率 Sig. = 0.000，中层管理人员（I）与基层管理人员（J）的均值差（I—J）为 0.8302，显著性概率 Sig. = 0.000。因此，在显著性水平 a = 0.05 下，高层与基层、中层与基层管理人员之间对组织承诺的影响存在显著性差异。

在离职倾向上，高层管理人员（I）与中层管理人员（J）的均值差（I—J）为 - 0.4605，显著性概率为 Sig. = 0.131 > 0.05，故在显著性水平 a = 0.05 下，高层与中层管理人员在离职倾向上没有显著性差异。但高层管理人员（I）与基层管理人员（J）的均值差（I—J）为 - 1.1111，显著性概率 Sig. = 0.001，中层管理人员（I）与基层管理人员（J）的均值差（I—J）为 - 0.6506，显著性概率 Sig. = 0.015。因此，在显著性水平 a = 0.05 下，可以认为高层与基层、中层与基层管理人员对离职倾向的影响存在显著性差异。

（三）强客观职业生涯高原下管理职位的影响

从表 7.17 中的比较结果发现，在强客观职业生涯高原下，不同类型的管理人员在工作满意度、组织承诺及离职倾向上都存在显著性差异。为了探讨不同类型的管理人员在工作满意度、组织承诺及离职倾向各因素上的差异，故需对其作多重比较。在进行多重比较前，先进行方差齐性检验。

表 7.17　　强客观职业生涯高原下不同职位的平均数差异显著性比较

客观高原	因素	离差平方和	自由度	F 值	显著性 Sig.
强职业 高原状态	工作满意度	97.457	85	10.668 ***	0.000
	组织承诺	80.681	85	7.778 **	0.001
	离职倾向	109.593	85	13.635 ***	0.000

注：* P < 0.05，** P < 0.01，*** P < 0.001。

结果发现，在强客观职业生涯高原下，高层、中层与基层管理人员在工作满意度和离职倾向上都是非齐性的，而在组织承诺上是齐性的。因此，工作满意度和离职倾向适合用方差不等时的 Tamhane's T2 法进行多重比较，组织承诺选用等方差下的 LSD 方法进行多重比较。

表 7.18　　　　　　　　LSD 法 Tamhane 法进行多重比较的结果

因素	方差齐性检验 Sig.	多重比较方法	(I) 管理职位	(J) 管理职位	均值差 (I—J)	显著性 Sig.
工作满意度	0.007 < 0.05	Tamhane	高层管理人员	中层管理人员	.1052	.969
				基层管理人员	1.1553 (*)	.004
			中层管理人员	高层管理人员	-.1052	.969
				基层管理人员	1.0500 (*)	.002
			基层管理人员	高层管理人员	-1.1553 (*)	.004
				中层管理人员	-1.0500 (*)	.002
组织承诺	0.210 > 0.05	LSD	高层管理人员	中层管理人员	.2749	.265
				基层管理人员	1.0211 (*)	.000
			中层管理人员	高层管理人员	-.2749	.265
				基层管理人员	.7461 (*)	.002
			基层管理人员	高层管理人员	-1.0211 (*)	.000
				中层管理人员	-.7461 (*)	.002
离职倾向	0.046 < 0.05	Tamhane	高层管理人员	中层管理人员	-.4213	.266
				基层管理人员	-1.4978 (*)	.000
			中层管理人员	高层管理人员	.4213	.266
				基层管理人员	-1.0765 (*)	.002
			基层管理人员	高层管理人员	1.4978 (*)	.000
				中层管理人员	1.0765 (*)	.002

注:* The mean difference is significant at the .05 level。

　　表 7.18 的多重比较结果表明:强客观职业生涯高原下,在工作满意度方面,高层管理人员 (I) 与中层管理人员 (J) 的均值差 (I—J) 为 0.1052,显著性概率 Sig. = 0.969 > 0.05,故在显著性水平 a = 0.05 下,高层与中层管理人员在工作满意度上没有显著性差异。高层管理人员 (I) 与基层管理人员 (J) 的均值差 (I—J) 为 1.1553,显著性概率 Sig. = 0.004,中层管理人员 (I) 与基层管理人员 (J) 的均值差 (I—J) 为 1.0500,显著性概率 Sig. = 0.002。因此,在显著性水平 a = 0.05 下,高

层与基层管理人员之间，中层与基层管理人员之间对工作满意度的影响确实存在显著性差异。

在组织承诺方面，高层管理人员（I）与中层管理人员（J）的均值差（I—J）为 0.2749，显著性概率为 Sig. = 0.265 > 0.05，故在显著性水平 a = 0.05 下，高层与中层管理人员在组织承诺上没有显著性差异。但高层管理人员（I）与基层管理人员（J）的均值差（I—J）为 1.0211，显著性概率 Sig. = 0.000，中层管理人员（I）与基层管理人员（J）的均值差（I—J）为 0.7461，显著性概率 Sig. = 0.002。因此，在显著性水平 a = 0.05 下，高层与基层、中层与基层管理人员之间对组织承诺的影响存在显著性差异。

在离职倾向上，高层管理人员（I）与中层管理人员（J）的均值差（I—J）为 -0.4213，显著性概率为 Sig. = 0.266 > 0.05，故在显著性水平 a = 0.05 下，高层与中层管理人员在离职倾向上没有显著性差异。但高层管理人员（I）与基层管理人员（J）的均值差（I—J）为 -1.4978，显著性概率 Sig. = 0.000，中层管理人员（I）与基层管理人员（J）的均值差（I—J）为 -1.0765，显著性概率 Sig. = 0.002。因此，在显著性水平 a = 0.05 下，可以认为高层与基层、中层与基层管理人员对离职倾向的影响存在显著性差异。

综上所述，在三类客观职业生涯高原下，对于工作满意度，高层管理人员比基层管理人员满意程度高，中层管理人员比基层管理人员满意程度高，且具有显著性差异。但高层管理人员与中层管理人员之间的差异性不显著（除弱客观职业生涯高原状态外）。对于组织承诺，高层管理人员比基层管理人员高，中层管理人员比基层管理人员高，且具有显著差异。但高层管理人员与中层管理人员之间的差异性不显著。对于离职倾向，基层管理人员比中层管理人员和高层管理人员都要高，且具有显著差异。但高层管理人员和中层管理人员在离职倾向上并没有显著性差异。

六 不同客观职业生涯高原下管理人员工作资历的差异性检验

（一）弱客观职业生涯高原下工作资历的影响

表 7.19 的结果表明，在弱客观职业生涯高原下，企业管理人员的工作资历对工作满意度、组织承诺以及离职倾向的影响均没有显著性差异。

表 7.19　　　弱客观职业生涯高原下不同工作资历的平均数差异显著性比较

客观高原	因素	离差平方和	自由度	F 值	显著性 Sig.
弱职业 高原状态	工作满意度	90.403	135	0.827	0.440
	组织承诺	112.158	135	1.179	0.311
	离职倾向	178.542	135	3.018	0.052

（二）较强客观职业生涯高原下工作资历的影响

表 7.20 的结果表明，在较强客观职业生涯高原下，企业管理人员的工作资历对工作满意度、组织承诺以及离职倾向的影响均没有显著性差异。

表 7.20　　　较强客观职业生涯高原下不同工作资历的平均数差异显著性比较

客观高原	因素	离差平方和	自由度	F 值	显著性 Sig.
弱职业 高原状态	工作满意度	111.754	103	1.513	0.225
	组织承诺	85.719	103	0.418	0.659
	离职倾向	151.101	103	1.462	0.237

（三）强客观职业生涯高原下工作资历的影响

表 7.21　　　强客观职业生涯高原下不同工作资历的平均数差异显著性比较

客观高原	因素	离差平方和	自由度	F 值	显著性 Sig.
强职业 高原状态	工作满意度	97.457	85	1.161	0.318
	组织承诺	80.681	85	1.391	0.255
	离职倾向	109.593	85	2.122	0.126

表 7.21 的结果同样表明，在强客观职业生涯高原下，企业管理人员的工作资历对工作满意度、组织承诺以及离职倾向的影响均没有显著性差异。

综合表 7.19、表 7.20 和表 7.21 的结果，我们发现，在客观职业生涯高原下，管理人员的工作资历对工作满意度、组织承诺以及离职倾向的影响都没有显著差异。这说明，随着社会的不断进步和企业人力资源管理的不断发展，工作资历对企业管理人员的职业发展已经减弱，企业管理中按资排辈的现象正逐渐淡化。因此，上述结果基本揭示了工作资历对企业管理人员影响的现实情况。

第三节　主观职业生涯高原下人口学变量对工作满意度、组织承诺及离职倾向的影响

一　不同主观职业生涯高原下管理人员性别的差异性检验

（一）弱主观职业生涯高原下性别的影响

从表 7.22 的均值比较结果来看，对于处于弱主观职业生涯高原的企业管理人员而言，男性管理人员的工作满意度（3.9972）和离职倾向（1.8087）都分别略高于女性管理人员的工作满意度（3.9390）和离职倾向（1.7895），而男性管理人员的组织承诺（3.8864）比女性管理人员（3.9297）略低。

但 t 检验的结果表明，不同性别的企业管理人员在工作满意度、组织承诺及离职倾向上都没有显著性差异。

表 7.22　　弱主观职业生涯高原下对性别的平均数差异显著性检验

主观高原	因素	男（N = 61）		女（N = 38）		t 值
		均值	标准差	均值	标准差	
弱职业高原状态	工作满意度	3.9972 ± 0.6128		3.9390 ± 0.5512		0.477
	组织承诺	3.8864 ± 0.5350		3.9297 ± 0.7018		− 0.347
	离职倾向	1.8087 ± 0.7187		1.7895 ± 0.6863		0.132

注：$^*p < 0.05$，$^{**}p < 0.01$，$^{***}p < 0.001$。

（二）较强主观职业生涯高原下性别的影响

表 7.23　　较强主观职业生涯高原下对性别的平均数差异显著性检验

主观高原	因素	男（N = 79）		女（N = 20）		t 值
		均值	标准差	均值	标准差	
较强职业高原状态	工作满意度	3.6102 ± 0.8046		3.4786 ± 0.7129		0.668
	组织承诺	3.7543 ± 0.7018		3.4401 ± 0.7336		1.773
	离职倾向	2.2574 ± 0.9041		2.4333 ± 0.9799		− 0.764

注：$^*p < 0.05$，$^{**}p < 0.01$，$^{***}p < 0.001$。

从表 7.23 的均值比较结果来看，对于处于较强主观职业生涯高原的

企业管理人员而言，男性管理人员的工作满意度（3.6102）和组织承诺（3.7543）都分别略高于女性管理人员的工作满意度（3.4786）和组织承诺（3.4401），而男性管理人员的离职倾向（2.2574）比女性管理人员（2.4333）略低。

进一步的 t 检验的结果表明，不同性别的企业管理人员在工作满意度、组织承诺及离职倾向等各个方面均没有显著性差异。

（三）强主观职业生涯高原下性别的影响

表 7.24　　　强主观职业生涯高原下对性别的平均数差异显著性检验

主观高原	因素	男（N = 93）		女（N = 35）		t 值
		均值	标准差	均值	标准差	
强职业高原状态	工作满意度	2.9337 ± 1.1240		3.0647 ± 1.0241		− 0.602
	组织承诺	3.0559 ± 1.0667		2.9714 ± 1.1014		0.396
	离职倾向	3.1685 ± 1.3055		2.9810 ± 1.2418		0.734

注：$^{*}p < 0.05$，$^{**}p < 0.01$，$^{***}p < 0.001$。

从表 7.24 的均值比较结果来看，对于处于强主观职业生涯高原的企业管理人员而言，男性管理人员的工作满意度（2.9337）比女性管理人员（3.0647）略低，男性管理人员的组织承诺（3.0559）和离职倾向（3.1685）都分别略高于女性管理人员的组织承诺（2.9714）和离职倾向（2.9810）。但 t 检验的结果表明，不同性别的企业管理人员在工作满意度、组织承诺及离职倾向上没有显著性差异。

综合上述结果，可以看出，在三类主观职业生涯高原状态下，男性管理人员和女性管理人员在工作满意度、组织承诺及离职倾向上都没有显著性差异。

二　不同主观职业生涯高原下管理人员婚姻状况的差异性检验

（一）弱主观职业生涯高原下婚姻状况的影响

从表 7.25 的均值比较结果来看，在弱主观职业生涯高原下，未婚管理人员的工作满意度（3.8850）和组织承诺（3.8618）都分别略低于已婚管理人员的工作满意度（4.0037）和组织承诺（3.9162），而未婚管理人员的离职倾向（2.0833）比已婚管理人员（1.7111）高。

　　上述均值比较从 t 检验结果来看，未婚管理人员与已婚管理人员在工作满意度和组织承诺上不存在显著性差异。但在离职倾向方面，未婚者与已婚者存在显著性差异（t = 2.307*，p < 0.05），未婚管理人员的离职倾向显著高于已婚管理人员。

表 7.25　　　　弱主观职业生涯高原下已婚与否平均数差异显著性比较

主观高原	因素	未婚（N = 24）		已婚（N = 75）		t 值
		均值	标准差	均值	标准差	
弱职业高原状态	工作满意度	3.8850 ± 0.5873		4.0037 ± 0.5889		− 0.860
	组织承诺	3.8618 ± 0.6172		3.9162 ± 0.5998		− 0.384
	离职倾向	2.0833 ± 0.7566		1.7111 ± 0.6652		2.307*

　　注：* p < 0.05，** p < 0.01，*** p < 0.001。

　　（二）较强主观职业生涯高原下婚姻状况的影响

　　从表 7.26 的均值比较结果来看，对于处于较强主观职业生涯高原的企业管理人员而言，未婚管理人员的工作满意度（3.3775）和组织承诺（3.4435）都分别略低于已婚管理人员的工作满意度（3.6425）和组织承诺（3.7615），而未婚管理人员的离职倾向（2.6667）比已婚管理人员（2.1861）高。

表 7.26　　　　较强主观职业生涯高原下已婚与否平均数差异显著性比较

主观高原	因素	未婚（N = 22）		已婚（N = 77）		t 值
		均值	标准差	均值	标准差	
较强职业高原状态	工作满意度	3.3775 ± 0.7162		3.6425 ± 0.7985		− 1.403
	组织承诺	3.4435 ± 0.7518		3.7615 ± 0.6941		− 1.860
	离职倾向	2.6667 ± 0.8100		2.1861 ± 0.9232		2.209*

　　注：* p < 0.05，** p < 0.01，*** p < 0.001。

　　上述均值比较从 t 检验结果来看，未婚管理人员与已婚管理人员在工作满意度及组织承诺上都没有显著性差异。但在离职倾向方面，未婚者与已婚者存在显著性差异（t = 2.209*，p < 0.05），未婚管理人员的离职倾

向显著高于已婚管理人员。

（三）强主观职业生涯高原下婚姻状况的影响

从表7.27的均值比较结果来看，对于处于强主观职业生涯高原的企业管理人员，未婚管理人员的工作满意度（3.0146）比已婚管理人员（2.9581）略高，组织承诺（2.8538）略低于已婚管理人员（3.0785），而未婚管理人员的离职倾向（3.2436）比已婚管理人员（3.0850）略高。

表7.27　　　　强主观职业生涯高原下已婚与否平均数差异显著性比较

主观高原	因素	未婚 （N = 26）		已婚 （N = 102）		t 值
		均值	标准差	均值	标准差	
强职业高原状态	工作满意度	3.0146 ± 0.9621		2.9581 ± 1.1307		0.234
	组织承诺	2.8538 ± 1.0076		3.0785 ± 1.0885		− 0.953
	离职倾向	3.2436 ± 1.2456		3.0850 ± 1.3005		0.560

注：$^*p < 0.05$，$^{**}p < 0.01$，$^{***}p < 0.001$。

进一步的t检验的结果表明，在强主观职业生涯高原下，企业管理人员的婚姻状况对工作满意度、组织承诺及离职倾向的影响都不显著。

三　不同主观职业生涯高原下管理人员年龄的差异性检验

由于被试年龄绝大部分处于26—45岁之间，年龄分组中25岁以下及46岁以上的人数较少，不适合进行平均数差异显著性检验，需要将一些组进行合并。和客观职业生涯高原时的分类一样，我们把年龄同样分成35岁以下（含35岁）和36岁以上（含36岁）两组。然后采用t检验的方法对工作满意度、组织承诺及离职倾向进行平均数差异显著性检验，结果见表7.28、表7.29和表7.30。

（一）弱主观职业生涯高原下年龄的影响

从表7.28的均值比较结果来看，对于处于弱主观职业生涯高原的企业管理人员而言，在工作满意度方面，36岁以上的管理人员（4.2829）比35岁以下的管理人员（3.8708）高。在组织承诺方面，36岁以上的管理人员（4.0924）比35岁以下的管理人员（3.8390）高。而在离职倾向方面，36 岁以上的管理人员（1.5333）比 35 岁以下的管理人员（1.8919）低。

表7.28　　弱主观职业生涯高原下不同年龄的平均数差异显著性比较

主观高原	因素	35 岁以下（N = 74）		36 岁以上（N = 25）		t 值
		均值	标准差	均值	标准差	
弱职业高原状态	工作满意度	3.8708 ± 0.5858		4.2829 ± 0.4843		− 3.167**
	组织承诺	3.8390 ± 0.6286		4.0924 ± 0.4741		− 2.117*
	离职倾向	1.8919 ± 0.7280		1.5333 ± 0.5528		2.575*

注：*p < 0.05，**p < 0.01，***p < 0.001。

进一步的 t 检验的结果表明，36 岁以上的企业管理人员与 35 岁以下的企业管理人员在工作满意度（t = − 3.167**，p < 0.01）和组织承诺（t = − 2.117*，p < 0.05）上存在显著性差异，36 岁以上的管理人员的工作满意度和组织承诺高于 35 岁以下的管理人员的工作满意度和组织承诺。而在离职倾向方面，35 岁以下的管理人员的离职倾向的程度高于 36 岁以上的管理人员，且存在着显著性的年龄差异（t = 2.575*，p < 0.05）。

（二）较强主观职业生涯高原下年龄的影响

从表7.29的均值比较结果来看，对处于较强主观职业生涯高原的企业管理人员，在工作满意度方面，36 岁以上的管理人员（3.8453）比 35 岁以下的管理人员（3.4643）高。在组织承诺方面，36 岁以上的管理人员（3.9407）比 35 岁以下的管理人员（3.5769）高。而在离职倾向方面，36 岁以上的管理人员（1.9247）比 35 岁以下管理人员（2.4608）低。

进一步的 t 检验的结果表明，36 岁以上的管理人员与 35 岁以下的管理人员在工作满意度（t = − 2.534*，p < 0.05）和组织承诺（t = −2.402*，p < 0.05）上都存在显著性差异，36 岁以上管理人员的工作满意度和组织承诺显著高于 35 岁以下的管理人员的工作满意度和组织承诺。在离职倾向方面，35 岁以下的管理人员的离职倾向的程度高于 36 岁以上的管理人员，且存在显著的年龄差异（t = 3.154**，p < 0.01）。

表 7.29　较强主观职业生涯高原下不同年龄的平均数差异显著性比较

主观高原	因素	35 岁以下（N = 68）		36 岁以上（N = 31）		t 值
		均值	标准差	均值	标准差	
较强职业 高原状态	工作满意度	3.4643 ± 0.8253		3.8453 ± 0.6245		− 2.534*
	组织承诺	3.5769 ± 0.7319		3.9407 ± 0.6192		− 2.402*
	离职倾向	2.4608 ± 0.9637		1.9247 ± 0.6870		3.154**

注：*p < 0.05，**p < 0.01，***p < 0.001。

（三）强主观职业生涯高原下年龄的影响

从表 7.30 的均值比较结果来看，对于处于强主观职业生涯高原的企业管理人员而言，在工作满意度方面，36 岁以上的管理人员（3.5076）比 35 岁以下的管理人员（2.7068）高。在组织承诺方面，36 岁以上的管理人员（3.6972）比 35 岁以下的管理人员（2.7084）高。而在离职倾向方面，36 岁以上的管理人员（2.3571）比 35 岁以下的管理人员（3.4884）低。

表 7.30　强主观职业生涯高原下不同年龄的平均数差异显著性比较

主观高原	因素	35 岁以下（N = 86）		36 岁以上（N = 42）		t 值
		均值	标准差	均值	标准差	
强职业 高原状态	工作满意度	2.7068 ± 0.9989		3.5076 ± 1.0979		− 4.121***
	组织承诺	2.7084 ± 0.9856		3.6972 ± 0.9363		− 5.416***
	离职倾向	3.4884 ± 1.1589		2.3571 ± 1.2084		5.113***

注：*p < 0.05，**p < 0.01，***p < 0.001。

进一步的 t 检验的结果表明，36 岁以上的管理人员与 35 岁以下的管理人员在工作满意度（t = − 4.121***，p < 0.001）上存在显著性差异，36 岁以上的管理人员的工作满意度高于 35 岁以下的管理人员。同样，t 检验的结果还表明，36 岁以上的管理人员与 35 岁以下的管理人员在组织承诺（t = − 5.416***，p < 0.001）上也存在显著性差异，36 岁以上的管理人员的组织承诺高于 35 岁以下的管理人员。而在离职倾向方面，35 岁以下的管理人员的离职倾向的程度高于 36 岁以上的管理人员，且存在着

显著性的年龄差异（t = 5.113***，p < 0.001）。

四　不同主观职业生涯高原下管理人员学历的差异性检验

本研究把被试按学历分为高中（或中专）及以下、大专、大学本科、硕士及以上，一共四个部分。由于被试分组中有些组人数比较少，不适合进行平均数差异显著性检验，需要将一些组进行合并。于是我们把学历合并成大专及以下、本科及以上两组，再进行平均数差异显著性检验。

（一）弱主观职业生涯高原下学历的影响

表 7.31　　弱主观职业生涯高原下不同学历的平均数差异显著性比较

主观高原	因素	大专及以下（N = 21）		本科及以上（N = 78）		t 值
		均值	标准差	均值	标准差	
弱职业高原状态	工作满意度	4.1527 ± 0.4137		3.9270 ± 0.6199		1.573
	组织承诺	4.1888 ± 0.4486		3.8261 ± 0.6162		2.519*
	离职倾向	1.6190 ± 0.5606		1.8504 ± 0.7319		− 1.344

注：*p < 0.05，**p < 0.01，***p < 0.001。

从表 7.31 的均值比较结果来看，对处于弱主观职业生涯高原的企业管理人员而言，在工作满意度方面，大专及以下的管理人员（4.1527）比本科及以上的管理人员（3.9270）高；在组织承诺方面，大专及以下的管理人员（4.1888）比本科及以上的管理人员（3.8261）高；而在离职倾向方面，大专及以下的管理人员（1.6190）比本科及以上的管理人员（1.8504）低。

进一步从 t 检验的结果表明，大专及以下的管理人员与本科及以上的管理人员在工作满意度方面不存在显著性差异。但 t 检验的结果表明，大专及以下的管理人员与本科及以上管理人员在组织承诺（t = 2.519*，p < 0.05）上存在显著性差异，本科及以上管理人员的离职倾向高于大专及以下的管理人员。但在离职倾向方面，大专及以下管理人员与本科及以上管理人员没有显著性差异。

（二）较强主观职业生涯高原下学历的影响

从表7.32的均值比较结果来看，对处于较强主观职业生涯高原的企业管理人员而言，在工作满意度方面，大专及以下的管理人员（3.8374）比本科及以上的管理人员（3.5068）高；在组织承诺方面，大专及以下的管理人员（3.8050）比本科及以上的管理人员（3.6563）高；而在离职倾向方面，大专及以下的管理人员（1.9565）比本科及以上的管理人员（2.3947）低。

表7.32　　较强主观职业生涯高原下不同学历的平均数差异显著性比较

主观高原	因素	大专及以下（N=23）		本科及以上（N=76）		t 值
		均值	标准差	均值	标准差	
较强职业高原状态	工作满意度	3.8374 ± 0.7828		3.5068 ± 0.7747		1.789
	组织承诺	3.8050 ± 0.5079		3.6563 ± 0.7672		1.080
	离职倾向	1.9565 ± 0.7997		2.3947 ± 0.9313		− 2.039*

注：*$p < 0.05$，**$p < 0.01$，***$p < 0.001$。

进一步从 t 检验的结果表明，大专及以下的管理人员与本科及以上的管理人员在工作满意度及组织承诺上都没有显著差异；但在离职倾向方面，本科及以上的管理人员与专科及以下的管理人员存在着显著性差异（t = − 2.039*，$p < 0.05$），本科及以上管理人员的离职倾向高于大专及以下的管理人员。

（三）强主观职业生涯高原下学历的影响

从表7.33的均值比较结果来看，对处于强主观职业生涯高原的企业管理人员而言，在工作满意度方面，大专及以下的管理人员（2.9374）比本科及以上的管理人员（2.9773）低；在组织承诺方面，大专及以下的管理人员（3.1297）比本科及以上的管理人员（3.0093）高；而在离职倾向方面，大专及以下的管理人员（3.3600）比本科及以上的管理人员（3.0583）高。

进一步从 t 检验的结果表明，大专及以下的管理人员与本科及以上的管理人员在工作满意度、组织承诺及离职倾上都没有显著性差异。

表 7.33　强主观职业生涯高原下不同学历的平均数差异显著性比较

主观高原	因素	大专及以下（N = 25）		本科及以上（N = 103）		t 值
		均值	标准差	均值	标准差	
强职业 高原状态	工作满意度	2.9374 ± 1.1297		2.9773 ± 1.0922		− 0.163
	组织承诺	3.1297 ± 1.0062		3.0093 ± 1.0915		0.502
	离职倾向	3.3600 ± 1.1584		3.0583 ± 1.3139		1.053

注：$^*p < 0.05$，$^{**}p < 0.01$，$^{***}p < 0.001$。

五　不同主观职业生涯高原下管理人员职位的差异性检验

（一）弱主观职业生涯高原下管理职位的影响

从表 7.34 中的比较结果发现，在弱主观职业生涯高原下，不同类型的管理人员仅在工作满意度上存在显著性差异，而在其余各因素上均没有显著性差异。为了探讨不同职位的管理人员在工作满意度上的具体差异性，故需对其作多重比较。在进行多重比较前，先进行方差齐性检验。

表 7.34　弱主观职业生涯高原下不同职位的平均数差异显著性比较

主观高原	因素	离差平方和	自由度	F 值	显著性 Sig.
弱职业 高原状态	工作满意度	33.857	98	3.254 *	0.043
	组织承诺	35.441	98	1.528	0.222
	离职倾向	48.426	98	1.282	0.282

注：$^*p < 0.05$，$^{**}p < 0.01$，$^{***}p < 0.001$。

结果发现，在弱客观职业生涯高原下，高层、中层与基层管理人员在工作满意度上是齐性的，因此只需选用等方差情况下的 LSD 方法进行多重比较。

表 7.35 的结果表明，在弱主观职业生涯高原下，在工作满意度方面，高层管理人员（I）与中层管理人员（J）的均值差（I—J）为 0.3268，显著性概率 Sig. = 0.024。高层管理人员（I）与基层管理人员（J）的均值差（I—J）为 0.3916，显著性概率 Sig. = 0.028，中层管理人员（I）与基层管理人员（J）的均值差（I—J）为 0.0649，显著性概率 Sig. = 0.666 > 0.05。因此，在显著性水平 a = 0.05 下，高层与中层管理人员之间，高层与基层管理人员之间对工作满意度的影响存在显著性差异，但中

层与基层管理人员之间对工作满意度的影响没有显著性差异。

表 7.35　　　　　　　　　　LSD 法进行多重比较的结果

因素	方差齐性检验 Sig.	多重比较方法	(I) 管理职位	(J) 管理职位	均值差 (I—J)	显著性 Sig.
工作满意度	0.822 > 0.05	LSD	高层管理人员	中层管理人员	0.3268 (*)	0.024
				基层管理人员	0.3916 (*)	0.028
			中层管理人员	高层管理人员	-0.3268 (*)	0.024
				基层管理人员	0.0649	0.666
			基层管理人员	高层管理人员	-0.3916 (*)	0.028
				中层管理人员	-0.0649	0.666

注:* The mean difference is significant at the .05 level。

（二）较强主观职业生涯高原下管理职位的影响

表 7.36　　　　　　较强主观职业生涯高原下不同职位的平均数差异显著性比较

主观高原	因素	离差平方和	自由度	F 值	显著性 Sig.
较强职业高原状态	工作满意度	60.429	98	4.882*	0.010
	组织承诺	50.217	98	8.576***	0.000
	离职倾向	82.505	98	4.952**	0.009

注:* p < 0.05,** p < 0.01,*** p < 0.001。

从表 7.36 中的 F 检验的结果表明，在较强的主观职业生涯高原下，不同管理层次的管理人员在工作满意度、组织承诺及离职倾向上都存在显著性差异。为了探讨不同职位的管理人员在这些因素上的具体差异，故需对其做多重比较。在进行多重比较前，先进行方差齐性检验。

结果发现，在较强主观职业生涯高原下，高层、中层与基层管理人员在工作满意度、组织承诺以及离职倾向上都是齐性的，故只需选用等方差下的 LSD 方法进行多重比较。

表 7.37 的多重比较结果表明：在较强主观职业生涯高原下，在工作满意度方面，高层管理人员（I）与中层管理人员（J）的均值差（I—J）为 0.2541，显著性概率 Sig. = 0.217 > 0.05，故在显著性水平 a = 0.05 下，高层与中层管理人员在工作满意度上没有显著差异。高层管理人员（I）与基层管理

人员（J）的均值差（I—J）为 0.7013，显著性概率 Sig. = 0.004，中层管理人员（I）与基层管理人员（J）的均值差（I—J）为 0.4472，显著性概率 Sig. = 0.017。因此，在显著性水平 a = 0.05 下，高层与基层管理人员之间，中层与基层管理人员之间对工作满意度的影响存在显著性差异。

表 7.37 LSD 法进行多重比较的结果

因素	方差齐性检验 Sig.	多重比较方法	（I）管理职位	（J）管理职位	均值差（I—J）	显著性 Sig.
工作满意度	0.076 > 0.05	LSD	高层管理人员	中层管理人员	0.2541	0.217
				基层管理人员	0.7013（*）	0.004
			中层管理人员	高层管理人员	−0.2541	0.217
				基层管理人员	0.4472（*）	0.017
			基层管理人员	高层管理人员	−0.7013（*）	0.004
				中层管理人员	−0.4472（*）	0.017
组织承诺	0.069 > 0.05	LSD	高层管理人员	中层管理人员	0.2331	0.199
				基层管理人员	0.7918（*）	0.000
			中层管理人员	高层管理人员	−0.2331	0.199
				基层管理人员	0.5587（*）	0.001
			基层管理人员	高层管理人员	−0.7918（*）	0.000
				中层管理人员	−0.5587（*）	0.001
离职倾向	0.642 > 0.05	LSD	高层管理人员	中层管理人员	−0.4055	0.093
				基层管理人员	−0.8565（*）	0.002
			中层管理人员	高层管理人员	0.4055	0.093
				基层管理人员	−0.4510（*）	0.038
			基层管理人员	高层管理人员	0.8565（*）	0.002
				中层管理人员	0.4510（*）	0.038

注：* The mean difference is significant at the .05 level。

在组织承诺方面，高层管理人员（I）与中层管理人员（J）的均值差（I—J）为 0.2331，显著性概率为 Sig. = 0.199 > 0.05，故在显著性水平 a = 0.05 下，高层与中层管理人员在组织承诺上没有显著性差异。但高层管理人员（I）与基层管理人员（J）的均值差（I—J）为 0.7918，显著性概率 Sig. = 0.000，中层管理人员（I）与基层管理人员（J）的均值差（I—J）为 0.5587，显著性概率 Sig. = 0.001。因此，在显著性水平 a = 0.05 下，高层与基层、中层与基层管理人员对组织承诺的影响存在显著性差异。

　　而在离职倾向上，高层管理人员（I）与中层管理人员（J）的均值差（I—J）为 -0.4055，显著性概率为 Sig. = 0.093 > 0.05，故在显著性水平 a = 0.05 下，高层与中层管理人员在离职倾向上没有显著性差异。但高层管理人员（I）与基层管理人员（J）的均值差（I—J）为 -0.8565，显著性概率 Sig. = 0.002，中层管理人员（I）与基层管理人员（J）的均值差（I—J）为 -0.4510，显著性概率 Sig. = 0.038。因此，在显著性水平 a = 0.05 下，高层与基层管理人员之间、中层与基层管理人员之间对离职倾向的影响存在显著性差异，即基层管理人员的离职倾向都显著高于中层及高层管理人员，而高层管理人员和中层管理人员之间并没有显著性差异。

　　（三）强主观职业生涯高原下管理职位的影响

表 7.38　　强主观职业生涯高原下不同职位的平均数差异显著性比较

主观高原	因素	离差平方和	自由度	F 值	显著性 Sig.
强职业 高原状态	工作满意度	152.333	127	15.576***	0.000
	组织承诺	105.774	127	23.833***	0.000
	离职倾向	210.131	127	16.642***	0.000

　　注：* p < 0.05，** p < 0.01，*** p < 0.001。

　　从表 7.38 中的比较结果发现，在强主观职业生涯高原下，不同管理职位的管理人员在工作满意度、组织承诺及离职倾向上都存在显著性差异。为了探讨不同职位的管理人员在工作满意度、组织承诺以及离职倾向上的具体差异，故需对其作多重比较。在进行多重比较前，先进行方差齐性检验。

　　结果发现，在强主观职业生涯高原下，高层、中层与基层管理人员在工作满意度和组织承诺上都是齐性的，而在离职倾向上是非齐性的。因此，工作满意度和组织承诺都选用等方差下的 LSD 方法进行多重比较，而离职倾向适合用方差不等时的 Tamhane's T2 法进行多重比较。

表 7.39 的多重比较结果表明，在强主观职业生涯高原下，在工作满意度方面，高层管理人员（I）与中层管理人员（J）的均值差（I—J）为 0.4602，显著性概率 Sig.＝0.060＞0.05，故在显著性水平 a＝0.05 下，

表 7.39　　　　　　　　LSD 法与 Tamhane 法进行多重比较的结果

因素	方差齐性检验 Sig.	多重比较方法	（I）管理职位	（J）管理职位	均值差（I—J）	显著性 Sig.
工作满意度	0.579＞0.05	LSD	高层管理人员	中层管理人员	0.4602	0.060
				基层管理人员	1.2863（*）	0.000
			中层管理人员	高层管理人员	−0.4602	0.060
				基层管理人员	0.8261（*）	0.000
			基层管理人员	高层管理人员	−1.2863（*）	0.000
				中层管理人员	−0.8261（*）	0.000
组织承诺	0.671＞0.05	LSD	高层管理人员	中层管理人员	0.4713（*）	0.039
				基层管理人员	1.4545（*）	0.000
			中层管理人员	高层管理人员	−0.4713（*）	0.039
				基层管理人员	0.9831（*）	0.000
			基层管理人员	高层管理人员	−1.4545（*）	0.000
				中层管理人员	−0.9831（*）	0.000
离职倾向	0.008＜0.05	Tamhane	高层管理人员	中层管理人员	−0.4625	0.389
				基层管理人员	−1.5072（*）	0.000
			中层管理人员	高层管理人员	0.4625	0.389
				基层管理人员	−1.0447（*）	0.000
			基层管理人员	高层管理人员	1.5072（*）	0.000
				中层管理人员	1.0447（*）	0.000

注：* The mean difference is significant at the .05 level。

高层与中层管理人员在工作满意度上没有显著差异。高层管理人员（I）与基层管理人员（J）的均值差（I—J）为 1.2863，显著性概率 Sig.＝0.000，中层

管理人员（I）与基层管理人员（J）的均值差（I—J）为 0. 8261，显著性概率 Sig. =0. 000。因此，在显著性水平 a =0. 05 下，高层与基层管理人员之间，中层与基层管理人员之间对工作满意度的影响存在显著性差异。

在组织承诺方面，高层管理人员（I）与中层管理人员（J）的均值差（I—J）为 0. 4713，显著性概率为 Sig. =0. 039，高层管理人员（I）与基层管理人员（J）的均值差（I—J）为 1. 4545，显著性概率 Sig. =0. 000，中层管理人员（I）与基层管理人员（J）的均值差（I—J）为 0. 9831，显著性概率 Sig. =0. 000。因此，在显著性水平 a =0. 05 下，高层与中层管理人员，高层与基层管理人员，中层与基层管理人员之间对组织承诺的影响存在显著性差异。

在离职倾向上，高层管理人员（I）与中层管理人员（J）的均值差（I—J）为 -0. 4625，显著性概率为 Sig. =0. 389 >0. 05，故在显著性水平 a =0. 05 下，高层与中层管理人员对离职倾向的影响没有显著差异。但高层管理人员（I）与基层管理人员（J）的均值差（I—J）为 -1. 5072，显著性概率 Sig. =0. 000，中层管理人员（I）与基层管理人员（J）的均值差（I—J）为 -1. 0447，显著性概率 Sig. =0. 000。因此，在显著性水平 a =0. 05 下，高层与基层、中层与基层管理人员对离职倾向的影响存在显著性差异，即基层管理人员的离职倾向都显著高于中层及高层管理人员，而高层管理人员和中层管理人员之间并没有显著性差异。

六　不同主观职业生涯高原下管理人员工作资历的差异性检验

（一）弱主观职业生涯高原下工作资历的影响

表 7. 40　　弱主观职业生涯高原下不同工作资历的平均数差异显著性比较

主观高原	因素	离差平方和	自由度	F 值	显著性 Sig.
弱职业 高原状态	工作满意度	33. 857	98	1. 197	0. 307
	组织承诺	35. 441	98	1. 287	0. 281
	离职倾向	48. 426	98	0. 436	0. 648

表 7. 40 的结果表明，在弱主观职业生涯高原下，企业管理人员的工作资历对工作满意度、组织承诺及离职倾向的影响都没有显著性差异。

（二）较强主观职业生涯高原下工作资历的影响

从表 7. 41 中的比较结果发现，在较强的主观职业生涯高原下，不同工作资历的管理人员在工作满意度和组织承诺上没有显著性差异，但在离职倾向上存在显著性差异。为了探讨不同资历的管理人员在离职倾向上的具体差异，故需对其做多重比较。在进行多重比较前，先进行方差齐性检验。

表 7.41　　较强主观职业生涯高原下不同工作资历的平均数差异显著性比较

主观高原	因素	离差平方和	自由度	F 值	显著性 Sig.
较强职业高原状态	工作满意度	60.429	98	2.226	0.113
	组织承诺	50.217	98	1.427	0.245
	离职倾向	82.505	98	4.210*	0.018

注：$*p < 0.05$，$**p < 0.01$，$***p < 0.001$。

结果发现，在较强主观职业生涯高原下，不同工作资历的管理人员在离职倾向上是齐性的，故只需选用等方差下 LSD 方法进行多重比较。

表 7.42 表明，在离职倾向方面，工作资历 5—10 年的管理人员（I）与工作资历 11—15 年的管理人员（J）的均值差（I—J）为 0.6273，显著性概率为 Sig. = 0.010，故在显著性水平 a = 0.05 下，工作资历 5—10 年的管理人员与工作资历 11—15 年的管理人员在离职倾向上有显著性差异，工作资历 5—10 年的管理人员的离职倾向大于工作资历 11—15 年的管理人员。

表 7.42　　　　　　　　　　LSD 法进行多重比较的结果

因素	方差齐性检验 Sig.	多重比较方法	（I）工作资历	（J）工作资历	均值差（I—J）	显著性 Sig.
离职倾向	0.223 > 0.05	LSD	5—10 年	11—15 年	.6273（*）	.010
				16 年以上	.4203	.086
			11—15 年	5—10 年	-.6273（*）	.010
				16 年以上	-.2070	.493
			16 年以上	5—10 年	-.4203	.086
				11—15 年	.2070	.493

注：* The mean difference is significant at the .05 level。

但工作资历 5—10 年的管理人员（I）与工作资历 16 年以上的管理人员（J）的均值差（I—J）为 0.4203，显著性概率 Sig. = 0.086 > 0.05，同样，工作资历 11—15 年的管理人员（I）与工作资历 16 年以上的管理人员（J）的均值差（I—J）为 - 0.2070，显著性概率 Sig. = 0.493 > 0.05。因此，在显著性水平 a = 0.05 下，工作资历 5—10 年的管理人员与工作资历 16 年以上的管理人员之间，工作资历 11—15 年的管理人员与工作资历 16 年以上的管理人员之间在离职倾向上都没有显著性差异。

（三）强主观职业生涯高原下工作资历的影响

表 7.43   强主观职业生涯高原下不同工作资历的平均数差异显著性比较

主观高原	因素	离差平方和	自由度	F 值	显著性 Sig.
强职业 高原状态	工作满意度	152.333	127	0.004	0.996
	组织承诺	146.109	127	0.201	0.818
	离职倾向	210.131	127	0.072	0.931

表 7.43 的结果表明，在强主观职业生涯高原下，企业管理人员的工作资历在工作满意度、组织承诺以及离职倾向上都没有显著性差异。

综合上述结果，可以看出，在三类主观职业生涯高原状态下，企业管理人员的工作资历对工作满意度、组织承诺的影响都没有显著性差异。对于离职倾向，除了在较强主观职业生涯高原下，工作资历 5—10 年的管理人员显著大于工作资历 11—15 年的管理人员外，在其余各高原状态下，工作资历对企业管理人员的离职倾向的影响都没有显著性差异。

第四节   研究结果分析及其对企业人力资源管理的启示

一   研究结果分析

职业生涯高原下人口学变量对工作满意度、组织承诺及离职倾向影响的实证研究结果发现：在各类职业生涯高原下，企业管理人员的性别和资历的影响相对最小，婚姻和学历的影响其次，而年龄和职位的影响相对最大。这个结果基本符合当今的社会现实情况（详见表 7.44）。

在我国，传统的"男主外，女主内"的思想已成为历史，男性与女性在社会地位等各个方面都基本实现了完全平等。具体到企业管理人员中，女性同男性一样都十分关注自己的管理技能和职业发展。此外，当今社会已步入知识经济时代，个人在组织中的价值更多体现在其能力而不是资历上，企业管理人员也不例外，即工作资历对企业管理人员职业发展的

表 7.44　　　　　　　　　　　　　**假设检验结果汇总**

假设	检验结果
H_{3a}	婚姻、年龄、职位对工作满意度、组织承诺及离职倾向有显著性影响；不支持性别、学历、资历
H_{3b}	年龄、学历、职位对工作满意度、组织承诺及离职倾向有显著性影响；不支持性别、婚姻、资历
H_{3c}	职位对工作满意度、组织承诺及离职倾向有显著影响；性别、年龄仅对离职倾向有显著影响；不支持婚姻、学历、资历
H_{3d}	婚姻对离职倾向有显著影响；年龄对工作满意度和离职倾向有显著影响；学历对组织承诺有显著影响；职位对工作满意度有显著影响；不支持性别和资历
H_{3e}	职位对工作满意度、组织承诺及离职倾向有显著影响；婚姻、学历、资历对离职倾向有显著影响；年龄对组织承诺和离职倾向有显著影响；不支持性别
H_{3f}	年龄、职位对工作满意度、组织承诺及离职倾向有显著影响；不支持性别、婚姻、学历、资历

作用会愈来愈小。性别仅在强客观职业生涯高原下对离职倾向的影响有显著的差异，在此职业生涯高原状态下，男性管理人员的离职倾向高于女性管理人员。随着社会的不断进步和企业人力资源管理的不断发展，工作资历对企业管理人员的职业发展已经减弱，企业管理人员中按资排辈的现象正逐渐淡化，衡量一个管理人员管理才能的优劣取决于其管理能力而不再是工作资历。目前，许多企业都开始转变观念，不再单纯凭工作资历，而是大胆启用有开拓性的年轻人担任企业的管理骨干来获取企业不断发展的竞争优势。

当企业管理人员处于不同状态的职业生涯高原时期，学历的高低在一定程度上影响着他们的工作态度和行为，但这种影响面并不太广。虽然当今社会已步入学习型社会，现代企业都在积极创造学习型组织，但企业管理人员对学习追求的深层次原因并不完全是为了获得文凭，更重要的是通过学习和培训来积累自己的人力资本，从而不断提高自己的管理能力和管理水平。企业管理人员结婚与否在一定程度上也影响着他们的工作态度和行为。由于已婚的企业管理人员在家庭责任、家庭矛盾、工作与家庭的冲突等诸方面承担的压力都要比未婚者高，很显然，这些因素将直接或间接影响员工的工作满意度、组织承诺和离职倾向。可见，企业管理人员的学历和婚姻在部分主观与客观职业生涯高原下对工作满意度、组织承诺及离职倾向其中之一或全部产生显著影响，这一结果是合乎现实的。

在一个人的职业生涯中，人的生理年龄跟其职业发展的阶段有着必然的联系。当今企业在人力资源管理中，越来越加强对本组织管理人员的年龄结构的科学规划，追求管理团队中"老、中、青"的合理搭配。一些企业对管理人员的晋升大都在生理年龄上进行了一定的限制。对处于不同职业生涯高原期的管理人员，年龄问题都将或多或少地影响到他们的工作满意度、组织承诺及离职倾向。企业中的高层、中层与基层管理人员，他们在组织中的地位、管理权限、晋升机会和个人的价值追求等方面都存在一定的差异。前面的实证研究发现，不同主观与客观职业生涯高原下，高层、中层与基层管理人员在工作满意度、组织承诺及离职倾向上几乎都存在着显著性差异，进一步的多重比较表明，有些差异仅仅局限于高层与基层，或高层与中层，或中层与基层管理人员之间。因此，企业在人力资源开发与管理中，有必要要密切关注不同年龄段的企业管理人员的职业发展，对不同层次的管理人员要注意区分他们在个人需求方面的差异性。

二　对企业人力资源管理的启示

（一）建立男女平等、公平公正的晋升环境，保持企业管理团队的稳定。虽然男女平等是基本国策，但"性别因素"仍然在职业发展中扮演着重要的角色。职业性别隔离严重存在，很少人能漠视性别问题。从上述汇总的结果看出，不同职业生涯高原状态下，性别对企业管理人员工作满意度、组织承诺及离职倾向的影响相对最小。从具体的比较结果发现，仅在强客观职业生涯高原下，男性企业管理人员的离职倾向显著高于女性管理人员。这说明，在个人职业发展进程中，男性与女性管理人员在追求工作满意度、组织承诺方面是基本一致的，因此，企业在人力资源管理中应摒弃性别歧视，维护企业管理团队的健康发展。

（二）打破传统的论资排辈的晋升观念，更有效地发挥不同工作资历的企业管理人员的管理才能。从上述汇总的结果看出，不同职业生涯高原状态下，工作资历对企业管理人员工作满意度、组织承诺及离职倾向的影响也相对最小。从具体的比较结果发现，仅在较强主观职业生涯高原下，工作资历5—10年的管理人员的离职倾向显著高于工作资历11—15年的管理人员。这说明，在个人职业发展进程中，不同资历的管理人员在追求工作满意度、组织承诺方面是基本一致的。实际上，现代企业在激烈的市场竞争环境下，应更加看重管理人员的能力，从而使那些尽管资历较浅但却有能力的管理人员能够脱颖而出。

（三）加强对未婚企业管理人员职业规划的引导，同时要注意帮助缓解已婚管理人员来自工作家庭冲突等方面的压力。从上述汇总的结果看出，在部分职业生涯高原状态下，结婚与否对企业管理人员工作满意度、组织承诺及离职倾向有一定的影响，尤其在离职倾向上，未婚管理人员通常都高于已婚管理人员。已婚管理人员因其已经负担起家庭的责任，做事往往会比婚前要谨慎，更有责任感、稳定、懂得珍惜。具体表现在工作上，就是工作态度踏实、细致、稳重，不容易出现随意跳槽的现象。未婚管理人员因其家庭方面的压力相对较小，职业发展上比较盲目，跳槽频率较高。因此，企业应注重对未婚管理人员的职业指导，帮助他们合理规划自己的职业发展路径，同时企业可利用工会组织等帮助已婚管理人员减轻来自各方面的压力。

（四）重视对企业管理人员的在职培训或脱产培训，在管理人员队伍建设中要注重员工的真才实学，同时要保持对高学历企业管理人员队伍的稳定。从上述汇总的结果看出，在大部分职业生涯高原状态下，学历对企业管理人员工作满意度、组织承诺及离职倾向的影响一般。在市场经济不断深入的今天，企业需要的是员工在其学历中内隐的知识和才能，学历固然对一个初涉职场的人具有重要的作用，但一个人在组织中的职业发展最终靠的是他或她的人力资本。在日益注重学习型组织的今天，对管理人员而言，尽管不再强调"唯文凭论"，但企业必须不断更新员工的知识结构，加强对他们的管理素养和能力的培训，使企业管理人员的思维和管理模式始终与经济及社会发展的要求同步。

（五）采取各项有利措施提高年轻管理人员的工作满意度和对组织的承诺度，减少优秀年轻管理人员的流失；对年龄较大的管理人员要注意保持他们的工作热情，使他们能可持续地为组织作出应有的贡献。从上述汇总的结果看出，不同职业生涯高原状态下，年龄对企业管理人员工作满意度、组织承诺及离职倾向的影响相对最大。从具体的比较结果发现，在大部分职业生涯高原状态中，35 岁以下的企业管理人员在工作满意度和组织承诺方面都明显低于 36 岁以上的管理人员，而离职倾向显著高于 36 岁以上的管理人员。很显然，年轻管理人员是组织人力资源可持续发展的保障，因此，企业应采取有效措施防止优秀的年轻管理人员的流失，使企业的管理团队在"老、中、青"的搭配上更趋合理和稳定。

（六）注意保护中基层管理人员的工作积极性，尤其要注意采取有效措施提高基层管理人员的工作满意度和组织承诺，稳定基层管理人员队伍。从上述汇总的结果看出，不同职业生涯高原状态下，管理职位对企业管理人员工作满意度、组织承诺及离职倾向的影响相对最大。从多重比较结果发现，在大部分职业生涯高原状态中，高层与中层管理人员在工作满意度、组织承诺及离职倾向上的差异性并不明显，而高层、中层管理人员的工作满意度、组织承诺一般都大于基层管理人员，而离职倾向低于基层管理人员。可见，企业在人力资源管理中，要采取有效的激励措施来增强基层管理人员的凝聚力。

第五节　本章小结

本章通过实证分析，详细分析了客观职业生涯高原与主观职业生涯高原基于弱、较强和强三种状态下，企业管理人员的人口学统计变量，即管理人员的性别、婚姻、年龄、学历、管理职位和工作资历与工作满意度、组织承诺及离职倾向之间的关系，通过 t 检验、F 检验和方差齐性检验等对它们之间关系的显著与否进行了检验。并结合研究结果，提出了企业在人力资源管理中应采取的相关措施。

第八章 企业管理人员职业生涯高原的应对策略

第一节 引言

前面我们已经将客观职业生涯高原与主观职业生涯高原分别按"弱、较强、强"三种状态来对其达到的强度进行了对比，由此进一步对客观职业生涯高原与主观职业生涯高原进行组合，并分别将一个企业管理人员同时经历"弱客观职业生涯高原"与"弱主观职业生涯高原"状态时称为该企业管理人员处于"弱职业生涯高原"；将一个企业管理人员同时经历"较强客观职业生涯高原"与"较强主观职业生涯高原"状态时称为该企业管理人员处于"较强职业生涯高原"；将一个企业管理人员同时经历"强客观职业生涯高原"与"强主观职业生涯高原"状态时称为该企业管理人员处于"强职业生涯高原"；将一个企业管理人员处于其他强弱不对称的主观职业生涯高原与客观职业生涯高原的组合，即分别包括弱主观与较强客观职业生涯高原并存、弱主观与强客观职业生涯高原并存、较强主观与弱客观职业生涯高原并存、较强主观与强客观职业生涯高原并存、强主观与弱客观职业生涯高原并存、强主观与较强客观职业生涯高原并存等六种组合状态称之为"非均衡性职业生涯高原"。

企业在应对管理人员职业生涯高原必须是在不损害组织利益的大前提下而作出一系列的措施。

不同企业管理人员可能处于不同的职业生涯高原状态，即使是同一个企业管理人员也可能在不同时期处于不同的职业生涯高原状态。各类职业生涯高原都会对处于其中的企业管理人员的个体发展产生不同程度的影响，同时也会作用到该企业管理人员所在的组织中去。前面第二章文献综述中介绍了应对职业生涯高原的策略，但是这些应对策略没有从具体的职业生涯高原状态作进一步区分来进行阐述。本书将遵循前述对职业生涯高原状态的进一步分类，按照"弱职业生涯高原应对策略"、"较强职业生涯高原应对策略"、"强职业生涯高原应对策略"和"主客观的非均衡性职业生涯高原应对策略"几节内容进行阐述。而第二章文献综述对职业生涯高原的应对策略分别从个体应对和组织干预两个角度进行了总结，本章对企业管理人员所表现出的各类职业高原状态的应对也将按照个体和组织两个层面的脉络来进行分析探讨。

第二节　弱职业生涯高原应对策略

一　基于弱职业生涯高原者的个体应对

弱职业生涯高原状态下，企业管理人员一方面在主观心感觉上对自己目前的职业发展并没有感觉到处于停滞状态，反之，其心理还处于不断上升的进取心态；另一方面在客观事实上企业管理人员担任目前职位的时间也不长，管理人员还需要不断提升自己的知识、技能和能力。因此，处于这种弱职业生涯高原状态的企业管理人员应该是个人职业发展最顺畅的时期，也是个人职业发展中最容易骄傲自满的"兴奋期"，同时也是获取个体人力资本最丰富的时期。一般而言，一个企业中有两类管理人员最容易处在弱职业生涯高原状态，一是提拔不久的企业管理人员，一是职业发展一帆风顺的企业管理人员。这些管理人员对组织中的其他成员乃至整个组织，不会因为个人职业生涯发展问题而产生抱怨。当然，处于弱职业高原的企业管理人员，如果不把握自己的职业方向，并为此积聚自己的人力资本，那么将很容易进入到较强或强职业生涯高原时期。因此，处于弱职业生涯高原状态的企业管理人员应注意采取相应的应对策略，来克服可能出现的职业发展危机。

（一）要注意将亢奋的心态回归于理性和平静。对处于弱职业生涯高原状态下的企业管理人员而言，由于职位的提升而带来的巨大激励力，很容易使人得意忘形和骄傲自满，从而在相当长的一段时期内处于兴奋状态，其结果很可能导致该企业管理人员在工作上偏离常态，采取一些过激而违背组织发展的"三把火"，这样稍不留意，反而使自己陷入不利的发展状态。因此，俗话讲的"新官上任三把火"不是不可以烧，而是要理性地点燃这所谓的三把火，其中一个重要约束条件就是心态必须回归理性和平静，这时候所作出的管理决策也才可能是理性的，同时也才能真正达到组织对自己的期望并为自己职业生涯的进一步发展奠定良好的基础。

（二）要注意加快积累自己的人力资本。弱职业生涯高原状态下的企业管理人员往往是在前面职业发展阶段为组织作出了较大贡献，积淀了一定的人力资本，并获得了自己的同事和组织上的认可，才得以进入高一层级的职业发展阶段。该职业状态下的管理人员在后续发展中往往朝两个相反的方向发展：一种是"倒退"，我们也可以将其称之为吃老本，即在工作上始终是以自己在前面积累的管理知识和管理技能等人力资本为依托，没有吸收和培育自己新的人力资本。然而，在日新月异的当今社会，由于知识和技能的折旧速度越来越快，个体积累的人力资本如不迅速补充更新，往往会演变成为个体职业发展的绊脚石。一种是"前进"，即不断充电补充新的人力资本，这正是我们所期待的。而处于弱职业生涯高原状态的企业管理人员，能否继续加快积累自己的人力资本，是这类群体职业发展"倒退"或"前进"的分水岭。

（三）要注意克服可能出现的工作家庭冲突。处于弱职业生涯高原状态下的企业管理人员常常是事业发展最快的时期，但恰恰也可能是工作家庭矛盾冲突最尖锐的时期。这类管理人员经常将大部分精力和时间作用于工作上，以回报组织对他们的激励。我们知道人是社会人，也是家庭人，一个人应该每天在组织和家庭中转换角色。但是，对于职业发展处于亢奋期的企业管理人员而言，在工作上过度的透支其时间精力常常会侵害家庭的和谐。因此，这时期的管理人员一方面要注意改善工作方式并提高工作效率，腾出一定的精力和时间来照顾家庭成员的感受；另一方面在不得已而为之的情形下，要与家庭成员沟通协调，取得他们的谅解，并争取他们的支持。

二　基于弱职业生涯高原者的组织干预

（一）强化忠诚度教育，将个体职业发展与组织发展保持高度一致。弱职业生涯高原状态下的企业管理人员对组织的忠诚度往往较高，他们更容易从组织利益的角度来思考自己的管理决策。因此，对这类人员进一步强化忠诚度教育往往会比其他管理人员更容易接受一些。当然，这里的忠诚度教育不是专门的教育大会或报告会等例行公事式的形式主义教育方式，而是隐藏于组织谈话、绩效考评反馈、培训计划于实施、职业发展规划及工作总结等人力资源管理的各环节中，从而使得这类管理人员在现在和将来都能成为组织利益至上的忠诚捍卫者，并通过他们影响辐射组织中的一大批人员提升他们对组织的忠诚度。

（二）给予适度的"泼冷水"，尽快帮助这类人员越过职业发展非理性的亢奋时期。由于没有处于职业生涯发展受阻的强高原状态，这类管理人员往往在心理上有一种自命不凡的自满情绪，带到工作上往往会出现非理性决策，从而会给组织带来意想不到的损失。因此，组织应给予他们适度的监控，既要保护他们的工作热情，又要适度的打击他们的自满情绪，如抓住他们一次小小的工作失误给予充分的教育帮助，尽快让他们回归到理性的平静的心理状态，从而使他们能克服工作上的"大跃进"，并能始终从大局的视角来维护组织的利益。

（三）出台相关学习政策，激励这类人员不断更新补充人力资本。在现代企业中，组织对这类处于弱职业生涯高原状态的管理人员在教育培训上往往会给予特别的青睐，企业会在财物和时间上都优先支持这类管理人员。但是，一些组织由于在教育培训与个体职业发展的政策上不协调，由此使得培训的激励机制偏离了组织目标，这样就常常使得企业管理人员并不钟情于补充新的人力资本，他们认为公司外派培训学习的机会成本太高，并不能使个人效用的最大化甚至次优化。因此，组织在制定有关教育培训政策时，要注意政策的长远性和协调性，并将培训学习与薪酬政策、绩效考评等有效的整合起来，真正使这类企业管理人员从"要我学"转变到"我要学"的轨道上来。

（四）采取相关措施，帮助这类人员克服工作家庭冲突。实际上，工作家庭冲突问题的克服决不仅仅只发生在弱职业生涯高原状态下的企业管理人员身上，对一个企业中的所有管理人员都或多或少地存在这个问题。因此，这里的措施应适应所有企业管理人员。在现实生活中，企业可以依组织的名义来帮助管理人员克服来自工作家庭中的各类冲突，并把它作为企业中一项员工福利安排，并给予财物和制度上的支持。具体实践中，各个企业必须根据自己的实际情况制定相关灵活措施来帮助员工克服工作对家庭的干扰或家庭对工作的干扰。这里举一个例子：重庆某商业银行由于业务繁忙，管理人员经常面临加班加点，为降低管理人员家属的抱怨，该银行经常在管理人员周末加班后邀请家属一道来聚餐或开展联谊活动，并且在管理人员爱人生日当天送上祝福和礼品，从而取得管理人员家属的理解和支持。类似的这些措施无疑都会在一定程度上帮助企业管理人员克服工作家庭冲突。

第三节　较强职业生涯高原应对策略

较强职业生涯高原本书将其界定为企业管理人员在客观职业生涯上的实际测度和主观职业生涯上的实际感觉均达到较强的状态。

一　基于较强职业生涯高原者的个体应对

（一）正视客观现实，分析原因，解开职业生涯高原产生的"结"。较强职业生涯高原状态的企业管理人员往往认为自身的职业发展已处在一段疲乏期，一方面他们看到后来居上的"后辈们"在不断超越自己，另一方面他们感觉自身努力的效率和效果不再像以前那样明显。因此，处于此状态的企业管理者要冷静分析客观事实：如果是个体人力资本贮备不足导致自己在组织中的地位不断边缘化，就要及时充电提升自己的智力资本；如果是所在组织的管理机制的现实限制自己的职业发展，就要适应并且择机为组织管理体制的改善提出良策；如果是其他难以克服的原因造成自己今后相当长的时期将一直处于这种状态，即进入到强职业生涯高原态势，那么更要结合外界环境和自身的现实状况，如自己的年龄、婚姻、家庭等诸方面的因素作出是否离开组织的判断。例如，对一个50多岁即将迈入退休阶段的男性管理人员，他可能更多的应该考虑去适应和改良自己的职业期望；而对一个30多岁的男性管理人员而言，选择离职有时候也并非不是一种不错的选择。

（二）作好自身的心理调适，减弱主观职业生涯高原的感受，变压力为动力。处于较强职业生涯高原状态的员工，面临前有标兵、后有追兵的双重压力，在现实中常常会发现，一部分处于此状态的企业管理人员积极应对，越过了这个高原期；另一部分企业管理人员则从此一蹶不振，并逐渐步入强的客观或强的主观职业生涯高原时期。因此，良好的心理素质是企业管理人员应对职业生涯高原期必须具备的重要素质之一。当今社会，企业组织结构扁平化和网络化已成为一种趋势，因此，客观上进入较强或强职业生涯高原的企业管理人员会越来越多，认清这种现实背景后，企业管理人员必须在主观职业生涯上适度降低自己的职业期望值，将较强主观职业生涯高原状态的出现推迟，并进一步弱化客观职业生涯高原对自己心理带来的挫折感。在现实生活中，每一个企业管理者都会面对或多或少的职业压力，这些压力也是他们前进的动力。而较强的职业生涯高原带来的压力有可能是最适合转化为企业管理人员职业发展动力的压力，从这个意义上而言，对一些企业管理人员而言，保持这种动力式的压力或许显得更有必要。

（三）在充分理性的权衡后，可考虑变换在组织中的职业路径，或离开该组织。在一个人的职业发展中，我们都明白这样一个道理：你必须适应社会，而非社会来适应你，否则你的职业发展就不会一帆风顺。这个简单的道理对处于较强职业生涯高原的企业管理人员尤其具有警示意义，即当某企业管理人员所在的企业组织已经形成的晋升文化或组织气氛等与该管理者的个性特征或其他要求相矛盾的时候，该企业管理人员是选择妥协还是反抗，这对该企业管理人员的职业发展具有重要的影响。通常而言，我们认为在不影响原则性的问题时，企业管理人员应该顺应企业文化要求从而作出一些个人利益上的牺牲，以保证团队的利益，同时也获得跨越职业生涯高原的机会。比如，有些企业管理人员在个人发展到一定时期，组织从企业利益出发，将该企业管理人员外派或晋升到自己并不太喜欢的新的岗位上，当该管理人员服从大局并努力工作后，这将最终实现个人和企业的共同发展。当然，当企业利益与个人利益出现无法调和的矛盾时，或者该企业管理人员在组织外找到了更令自己满意的职业时，这个时候，该企业管理人员经过充分理性的思考和权衡后，离职也会成为一个不错的选择。

二　基于较强职业生涯高原者的组织干预

（一）建立多途径的职业发展路径，疏通组织中可能已出现的僵化的职业规划体系。在传统的企业晋升链条中，尤其是传统的国有企业，由于晋升路径单一，大量优秀的管理人员在组织中很快进入较强职业生涯高原时期，而组织僵化的晋升体制在留住这些优秀管理人才方面显得无能为力。例如，在我国在改革开放初期的 20 世纪 80 年代末，很多国有企业高中层管理人员苦于无法在组织中进一步拓展自我发展的空间，纷纷跳槽到那些机制灵活的民营企业或"三资"企业中去，形成了改革开放后的第一波辞职浪潮。因此，企业应尝试并逐步为各类型的企业管理人员建立灵活的职业晋升通道，比如，有些优秀的技术管理人员到一定时间可能偏好于对新产品或新工艺的研发，这个时候，如果组织能够给予一个与其现在所处的管理岗位在地位、待遇等各方面相匹配的技术岗位，则能够充分释放该技术管理人员的人力资本，从而最大化的实现企业和个人发展的双赢。而对此解决方案的实际操作并不复杂，关键是企业在薪酬体系和绩效考评上要与该晋升体系相对应起来。如企业可以依据自身特点，建立包含各类管理晋升梯、技术晋升梯等相互协调的职业发展路径，使得组织中的各类管理人员在职业发展中有充分的选择机会。

（二）建立良好的沟通机制，注重心理疏导，不断优化组织的用人机制。职业生涯管理是企业人力资源管理中一个重要内容，而人力资源管理的最终目的还是为整个企业的管理服务的。这里提倡建立一种良好的沟通机制，应不仅仅局限于对企业管理人员在职业生涯发展问题方面的沟通。在现代企业中，组织对处于较强职业生涯高原状态的企业管理人员的心理状态必须给予高度关注，一般应由其直接上司或人力资源部相关领导站在组织的一方与其进行正式沟通，从信息透明的角度消除企业管理人员可能对企业存在的偏见或不满。当然，沟通的成效与该企业的用人机制有很大的关系，企业如果从这种沟通环节中审视自己在晋升路径设置上存在的问题并积极去解决它，这将有助于改善整个组织管理并加强组织文化建设。反之，在一个本身存在诸多问题的晋升文化下与这些处于较强职业生涯高原的企业管理人员进行沟通，其效果并不会太明显，如我国南方某一著名的外资企业中，不成文的规定企业管理职位到一定程度后必须由所在母国公司的管理人员担任，因此，中方企业管理人员干的再好，都不会步入职业生涯高原时期，显然，在这个前提下，无论采取怎样的沟通方式效果都不会很明显。当然，如果企业有自身的现实原因要另当别论，否则，企业应该在与这些管理人员的沟通中去发现组织在用人机制上可能存在的问题，要在释放这些企业管理人员心理压力的基础上去分析并化解这些矛盾和问题，从而真正建立适合本企业自身特色的用人机制。

（三）采取适度的激励措施，鼓励企业管理人员不断提升自己的人力资本，并保持对组织的忠诚。应该说，对一些有较高自我实现需求的企业管理人员而言，进入较强职业生涯高原状态后其离职的概率会增大。当然，企业不可能为了某一个人的职业发展来打破整个企业的人力资源管理制度体系，但企业至少可以采取一些适度的激励措施来减弱管理人员对组织的不满，如企业可以结合自己的实际对在某一岗位上满 5 年的企业管理人员提供继续深造或轮训的机会等，同时也可考虑适当增加这些人的岗位津贴，从而鼓励这些企业管理人员去提升自己的人力资本，并保持这些管理人员对组织的忠诚感。但是，对一些不思进取，"等、靠、要"思想严重的企业管理人员，该激励措施在建立上必须考虑其现实性和系统性，即激励的是那些真正上进的企业管理人员，而对与之相反的企业管理人员则应采取负激励，从而使得处于较强职业生涯高原期的管理人员能在职业发展的逆境中充满前进的动力，而不仅仅始终把眼光放在自己职位是否能进一步升迁上。当然，这种激励措施的建立要与组织的薪酬管理体系、绩效管理体系等人力资源管理制度进行有效的对接，从而使这种激励措施能真正作用于企业现实的管理制度上来。

第四节　强职业生涯高原应对策略

一　基于强职业生涯高原者的个体应对

（一）加强学习并尝试通过与组织沟通变换到平级管理岗位上，或在原岗位上开展管理创新，减弱职业倦怠。强职业高原下的企业管理人员由于长时间在同一个岗位上工作，容易出现对工作缺乏激情，并陷入工作倦怠。在我国一些国有或民营企业生产经营活动中，有些重大的安全事故或质量事故的发生，除了组织内外管理环境的影响外，有些重特大事故还与该环节的管理人员由于长期处在这一管理岗位上，渐渐养成麻痹大意而丧失应有的警惕性有很大的关联。诚然，在某一岗位上待的太久，对岗位的工作职责将会越熟悉或越得心应手。但客观事物往往是一把双刃剑，在同一岗位上待的时间越长，其所爆发出的问题常常是更危险的。因此，已到达强职业高原状态的企业管理人员必须采取各种方式消除职业倦怠，比如可考虑向组织提出在与其现有岗位相关联的平级管理岗位上进行变动，或适当增加新的工作内容从而使其岗位工作丰富化等。当然，这也有较大的风险，组织不会仅仅为了消除员工的工作倦怠而将其平调到其所不熟悉的其他管理岗位上去。另外一种较为可行的办法就是管理人员立足于所在岗位，开展管理创新，由于管理是组织永恒的主题，不断创新管理模式或许会在消除强职业生涯高原管理人员职业倦怠的同时，也给其职业发展带来新的生机和活力。

（二）利用业余时间寻求工作之外的兴趣爱好，实现物质需求与精神需求的平衡，保持心态平和与心理健康。强职业生涯高原最明显的特征是企业管理人员将工作仅仅看成工作，而对工作中产生的乐趣往往会视而不见，这样每天的工作就是例行公事的活动，工作仅仅是维护其物质收入的一种手段，从而使得自己的需要仅仅局限在马斯诺的需要层次理论中的初级需要阶段。这将扭曲这些企业管理人员的心态，并慢慢会使得他们对生活和组织失去耐心和信心，这些无疑都会给这部分企业管理人员的身心健康带来潜在而巨大的伤害。近几年来，新闻媒介上经常会报道一些国内外著名公司的一些企业管理人员以非正常的方式结束自己生命的事件，而报道分析中常常强调该悲剧的发生是由于该企业管理人员工作压力太大造成的，而没有从更深层次的企业管理人员精神需求，如职业发展受阻等方面作进一步解剖。因此，处于强职业生涯高原期的企业管理人员在满足物质需求的同时，更要注重精神需求，不能在物质需要充分满足的情况下，精神需要却始终无法满足。因此，处于强职业生涯高原期的企业管理人员要充分利用业余时间弥补自己的精神需要，如在声乐、书法、绘画等诸方面中去选择适合自己的业余爱好，从而使自己在职业发展中能始终保持一种平和的心态。

（三）理性分析并把握个人职业发展内外环境的影响因素，对一些企业管理人员在恰当的时机主动离职事后可能被证明是一种好的抉择。对处于强职业生涯高原时期的企业管理人员而言，其现实选择可概括为两个方面：其一，主动或被动等待，寻找机会，继续度过或越过职业生涯高原；其二，充分分析外界环境因素，在合适的时机主动离职，到其他组织中去寻求职业发展的新路径。当然，这两方面的抉择应因人、因时、因地而随机而定。例如，在某国有电力企业，某中层技术管理人员在进入强职业高原时期后曾一度想离职到另一城市中的某民营电力企业去工作，各方面的条件都谈妥了，但最终苦于家庭等原因而放弃。可见，如何越过强职业生涯高原时期不仅仅只是企业管理人员个人职业生涯管理问题，同时还要考虑家庭因素及社会伦理等各方面的因素，另外还要结合自身的年龄、性格及人力资本等内在因素。在综合权衡利弊得失后，企业管理人员才能作出事后证明为正确的离职决策，因为最终的离职也面临两方面的结果，要么柳暗花明又一村，要么重回另一死胡同。在离职选择这一点上，处于强职业生涯高原与较强职业生涯高原的企业管理人员比较类似，只是他们在考虑这些因素的影响程度上有一定差异。

二　基于强职业生涯高原者的组织干预

（一）加强对处于强职业生涯高原期的企业管理人员的培训，适度尝试建立岗位轮换或工作丰富化的机制。企业管理人员之所以会处于强职业生涯高原状态，均可归结到组织和个人这两个方面的因素上来。从组织的角度来看，当企业管理人员的人力资本已经无法使他承担更重要的岗位职责时，企业不会交给他更进一步的工作任务。但是，由于组织结构扁平化和网络化程度的不断加深，对那些拥有进一步晋升资格的企业管理人员而言，其晋升通道实际上是有限的。因此，大量企业管理人员进入职业生涯高原状态就不足为奇了。但组织应弱化这些处于强职业生涯高原时期管理人员的心理感受，其中比较可行的方式是加大对这些管理人员的培训。另外，可能还存在一定争议的解决办法是，在企业管理人员之间实行岗位轮换制度，这种方式对企业管理人员应该比较可行，因为管理岗位不同于技术岗位，它的一些思想和理念在不同管理岗位上都是相通的，不像技术岗位变换后的差异性会十分显著。从这个意义上来说，管理岗位之间进行适当轮换是可行的，但组织应作好统筹规划，并健全管理岗位轮换制度体系。另外，实行工作丰富化的机制从理论上也是弱化强职业生涯高原状态的一种行之有效的方式，只是工作丰富化的机制设计十分复杂，目前还处在一种理论探究阶段，离实际操作还有相当长的距离，但它无疑为解决企业管理人员越过强职业生涯高原提供了一种有益的参考思路。

（二）加强人文关怀和心理辅导，站在组织的立场强化这些企业管理人员的组织承诺。处于强职业生涯高原的企业管理人员由于在组织中工作时间较长，在面对后来居上的其他企业管理人员，尤其是曾经是自己下属的员工时，他们的心理压力是非常大的。作为"老"员工，企业应对这些管理人员给予人文关怀，解决他们在工作上、思想上甚至家庭上面临的具体问题，对那些表现特别反常的管理人员，企业应给予他们心理辅导和心理干预。不管由于什么原因造成他们今天进入强职业生涯高原状态，只要他们仍在岗位上为组织工作，企业就没有理由降低对这些员工的关注。因为对这些处于强职业生涯高原的企业管理人员而言，他们在思想上极容易出现两个截然相反的状态：要么死心塌地的忠诚于该组织，要么开始痛恨组织而产生较强的离心力。我们在现实生活中经常会看到有些处于强职业生涯高原期的企业管理人员将不满情绪发泄到组织上，如将公司的核心机密泄露给竞争对手等，从而给本企业带来巨大灾难，这些事情的发生，除了这部分管理人员道德和伦理出现紊乱外，还与企业长期对他们的职业关怀重视不够有较大的关联，从而使他们产生报复心理并付诸行动，进而给组织带来无法预料的伤害。因此，关注强职业生涯高原期的企业管理人员心理状态是企业人力资源管理中必须加以重视的一个管理内容。

（三）结合本组织的实际，尝试将管理人员"职位不变、职级变动"纳入到组织的绩效薪酬体系中去。这里的职级实际上可理解为某一职位上分布的薪酬等级。处于强职业生涯高原状态的企业管理人员对高原期的感受来自两个方面：一是职位上无法实现突破而带来的主要为精神层面挫折感，另外就是职位无法提升而造成薪水无法得到进一步提高所带来的主要为物质层面挫折感。诚然，在任何一个组织的管理层级中，越往上走，管理岗位越发显得珍贵和稀薄，因此，企业不可能通过设置过多的管理岗位来消除人们对职业生涯发展过高的期望。但是，无法提供更多的管理岗位并不意味着组织在帮助员工越过职业生涯高原期上显得无能为力。事实上，现代企业应借鉴当今我国政府管理机制中的一些做法，如实行"职位不变、职级变动"就是一种不错的方法。其原理并不复杂，即企业对那些绩效较好或资历较高的企业管理人员，可采取在不改变其现有管理岗位的前提下，提高其薪酬级别，使得他们在物质收入上能与高一级的管理职位相匹配，这样将激化他们对组织贡献的动力，增强他们的归属感，但又并没有对组织的管理职级体系带来冲击。当然，在具体建立"职位不变、职级变动"的管理制度上，企业必须结合自身实际，并设置适当的门槛来激励处于强职业生涯高原的员工继续更好地为组织贡献自己的人力资本。实际上，我国已经有相当一部分企业在按照上述思路设计薪酬体系，但仍然遭到员工的质疑和不满，把它理解为论资排辈思想的一种翻版。其实，这些问题进一步说明在设计一种科学合理的对应于管理岗位的薪酬职级体系时，必须立足于企业发展战略、组织传统文化和自身的财力资源，并一定要从系统的角度去规划设计，在此基础上建立严格的制度规范，从而真正让企业管理人员从薪酬这个物质层面的微小提升来弥补职业发展受阻而带来的精神层面的挫折感。

第五节　主客观非均衡性职业生涯高原应对策略

一　弱主观与较强客观职业生涯高原并存时的应对

（一）个体应对

如果一个企业管理人员客观上已进入较强职业生涯高原状态，但他在主观感受上对此并不明显的话，其主要原因大致可推断为以下几方面：一是该企业管理人员可能认为自己的人力资本贮备还不足以推动自身职业继续向前发展；二是该企业管理人员在自己各方面条件似乎都达到要求的情况下，可能认识到组织内部竞争比较激烈，在心态上没必要让自己进入主观职业生涯高原状态；三是个体的自我心态调控能力较强，将生活兴趣转移到其他方面，减弱甚至漠视职业发展对自己生活质量的影响。当然，由于主观职业生涯高原的产生实际上是员工内心深处的一种感受，因此，该心理状态产生的因素可能还很多，这里不再一一赘述。

对弱主观职业生涯高原与较强客观职业生涯高原并存的企业管理人员而言，他们在应对方式上并没有一个统一的模式，其具体措施也要因人而异。这里提供一个共同的应对思路，可以对处于这种状态的企业管理人员一个参考：首先，该状态下的企业管理人员应该重新审视自己的职业性向，理性思考自己的职业期望、自己的人生观和价值观等，在此基础上作一个阶段性的职业生涯再规划或再调整，在思想上对自我职业发展有一个清醒的认识。其次，该状态下的企业管理人员应结合自己的职业生涯再设计构想，采取比较可行的方式逐步去实现自己的规划，比如，当今社会有很多企业的各类管理人员职业发展到一定程度后纷纷到高校就读 MBA 或 EMBA 等，其中大部分人员在职深造的主要目的并非为了获取一纸文凭，而是为了使自己的人力资本得到保值和增值。最后，该状态下的企业管理人员在职业发展各方面条件基本具备的情况下，有时候还应迫使自己主观职业生涯进入一种较强甚至强烈的状态，如果他们过分的在心态上使自己处于一种随遇而安的情景，对职业发展中的企业员工尤其是管理人员而言有时候是一种下下策，因为许多机遇可能就在这种看似平和的生活中白白给丧失掉了。因此，对企业管理人员而言，保持一种职业发展的高昂斗志，抑或在主观心态上保持一种对职业发展不满足的状态，这将对他乃至组织来说都会带来较好的效用。

（二）组织干预

从组织的角度来看，一般而言，这些在客观上已进入较强职业生涯高原状态，而主观感受上并未进入职业生涯高原状态的员工或许不是组织关注的重点。因为，这些企业管理人员由于主观职业生涯高原感受较弱，他们在实际工作中将不会感受到自我职业发展所带来的压力，所以，这些企业管理人员没有职业困扰或者说困扰的程度很低。从这个意义上说，组织应该给他们工作效率的提高创造更好的物质环境和制度环境，使得他们能为组织发展作出更大的贡献。当然，这并非表明组织是非常希望员工尤其是管理人员都能保持这种状态的，对一些潜在的有较强人力资本的管理人员，组织还应采取一些措施激发他们在职业发展上能尽快走得更远。

组织在面对这些客观上已进入较强职业生涯高原，而主观上未进入职业生涯高原状态下的企业管理人员时：首先，要对这些管理人员的具体情况进行现状分析，尤其要多与他们进行沟通，找出影响他们主观感受上并未进入职业生涯高原状态的具体因素，并分析这些原因哪些是积极因素，哪些是消极因素。其次，针对这些积极或消极的因素，采取不同的对策，提高这些企业管理人员的工作效能，比如，对那些感叹自己的人力资本将始终只能适应现有管理岗位的员工，企业要给他们制定人力资源开发或培训计划；对那些可能因企业用人体制等消极因素影响，如某企业规定各管理层级的管理人员的晋升要受到年龄等诸多因素的限制，那么，企业就必须结合自身的实际对此加以灵活的改革。第三，企业应在组织的职业生涯管理制度上多下工夫，避免轻视这些主观上并未进入职业生涯高原状态的企业管理人员，企业要在人力资源管理的激励机制上多下工夫，激励这些管理人员能最大限度地利用自身的人力资本为本组织的发展创造最大化的绩效，并使得他们能与其他处于各类职业生涯高原状态的同事齐心协力，共同推动组织不断向前发展。

二　弱主观与强客观职业生涯高原并存时的应对

（一）个体应对

如果一个企业管理人员客观上已经进入强职业生涯高原时期，但在主观上却并没有对此产生不适应感。其原因是多方面的，这一点与前述中关于较强客观职业生涯高原状态出现时而企业管理人员在主观上并未察觉极其类似，其应对方式也与前述中弱主观与较强客观职业生涯高原并存时十分相近，但不同管理层级的企业管理人员在应对方式上可能有一定的差异。

对组织中的高层管理人员在弱主观与强客观职业生涯高原并存时，我们可以理解这种状况的出现是任何一个组织都会经常遇到的，因为对这类管理人员而言，他们向上晋升的通道几乎到顶了。因此，这些管理人员应更加注重责任意识，并进一步加强学习和知识更新，切忌以"老"卖"老"，避免长期以自己所熬成的管理资历和经验来压制或替代科学的管理思想。另外一点，就是要大胆培养下属，不断为组织发掘优秀的管理人才和技术人才。

对组织中的中层或基层管理人员而言，在职业发展上面对弱主观与强客观职业生涯高原并存时，要认真分析自己处于强客观职业生涯高原的原因：如果是自身能力或知识不足，就应该通过学习或培训等方式不断加强自我人力资源开发；如果是组织客观原因造成的，如同一层级的管理人员大都很优秀，而组织晋升平台又很窄，或者确实是自身能力不足，待在目前的职位上已是最好的选择了，那么，可以在目前岗位上继续认真工作，静心等待机会。应该说，处在该职业发展状态的企业管理人员一般不会主动选择离职，因为当他们有强烈的离职动机时，他们的主观职业生涯高原已从弱变为较强或强的状态了。

（二）组织应对

对弱主观与强客观职业生涯高原并存时的企业高层管理人员，组织应在人力资源管理制度上加以规范，以不断激励他们为组织努力工作。如在具体的薪酬制度设计上，对那些绩效优秀而又不能提拔或无提拔可能的企业管理人员，要在薪酬上给予适当的提升；相反，对绩效平平甚至下滑的企业管理人员，要有相应的负激励措施。在当前社会，我国很多企业对高管人员都实行了年薪制式的报酬制度，但其实际效果差强人意，许多企业尤其是国有企业在年薪制的设计上并没有与该企业管理人员的绩效有较强的关联性，或者企业管理人员在年薪的获取上并没有太大的风险。因此，对实行了年薪制的报酬制度但其实际效果却并不理想的企业，可以结合高层管理人员的职业发展，并与其工作绩效有效结合起来，使企业高层管理人员在获取年薪的同时，也有一种职业成长感。

对弱主观与强客观职业生涯高原并存时的企业中层或基层管理人员，组织要注意观察和分析他们的工作绩效和日常表现：如果他们的工作绩效高且日常表现也良好，组织应做好工作记录，并分析他们是否具有晋升更高一级管理岗位的管理综合能力，若已具备就应做好提拔的培养工作，若还未具备就要进一步观察并给予他们各种管理技能培训的机会；如果他们的工作绩效及日常表现都不佳，组织也要及时与他们沟通，找出原因，并用适当的负激励措施来刺激他们提高绩效；如果他们的工作绩效低但日常表现还可以或工作绩效高但日常表现不佳等，组织要注意继续观察他们的职业兴趣是否转移，尤其是一些管理人员在晋升无望时，将职业发展的重心由工作迁徙到家庭，这时候组织要在充分了解情况后与这些管理人员沟通，并帮助他们制定工作家庭平衡计划等。

三　较强主观与弱客观职业生涯高原并存时的应对

（一）个体应对

如果一个企业管理人员客观职业生涯并未进入高原时期，但主观上却进入了较强职业生涯高原状态，一般而言这对个体的发展是非常有利的。因为这些管理人员对自己的职业发展有一种超前的危机意识，他们喜欢未雨绸缪或者居安思危地谋划自己的职业发展，期望自身的职业轨迹能不断地向上行走。事实上，现今社会中那些事业早成而又年轻有为的企业管理人员经常是以这样一种职业生涯高原状态来激励自己不断前进。当然，如果企业管理人员仅仅在主观意识上停留在较强职业生涯高原状态，但在实际上不采取相应的行动措施，其客观职业生涯亦就很容易进入较强的高原状态。因此，企业管理人员应采取积极的应对措施。

首先，企业管理人员应更加虚心地向上司、同事乃至下属学习，积极表现自己的综合管理能力，不断强化自己在组织员工中追求上进的形象，使自己的工作绩效尤其是"周边绩效"尽可能的最大化。其次，企业管理人员要抓住一切可行的机会，如企业提供的各类管理培训、外出考察及MBA学习深造的机会等，从而不断提升自己的人力资本，并将其迅速转化到组织的管理实践中。再次，企业管理人员在心态上不能表现过于急躁，毕竟这些企业管理人员在新提拔的管理岗位上所待的时间不长，过于急迫地暴露自己向上爬的野心，与中国传统的谦让文化不太协调，虽然现在社会已开始强调能力至上，但毕竟人终究属于"社会人"，人的活动不可能脱离所属的社会文化土壤。最后，企业管理人员在扎实工作的同时，要善于抓住机遇，寻求职业发展的突破口，这里对"机遇"的理解不能简单认为是晋升的机会，它还包括得到上司的承认和赞许、工作任务更具有挑战性、组织中群众的认可和支持等。当然，上述建议不可能十全十美，有些应对措施还需要企业管理人员结合本组织的实际情况加以灵活运用。我们看到，目前很多企业的高层管理团队的平均年龄越来越年轻化，如在我国沿海的广州、深圳等地区，一些企业的董事长或总经理的年龄大都在 30 岁左右，这些人的职业发展轨迹中很少或几乎没有经历客观职业生涯高原时期，这是一个理应值得我们进一步研究的现象。

（二）组织应对

组织在面对这些客观职业生涯并未进入高原时期，但主观上且进入较强职业生涯高原状态的企业管理人员时，可能会喜忧参半：喜的是这些管理人员不断追求进步，他们一定会更加努力地工作，并不断取得令组织满意的高工作绩效；忧的是组织在管理岗位的设置上可能满足不了这些企业管理人员的需求，这意味着组织中的管理人员对岗位晋级的竞争将更加激烈，而过于激烈的局面可能会严重打击这些企业管理者的信心和工作积极性，从而使得他们对组织的工作绩效朝着消极的方向去发展。因此，组织在应对策略上一定要做到谨慎合理。

首先，企业要建立与组织战略发展相适应的管理岗位体系，并建立完善的晋升制度。职位设置一定要在工作分析的基础上完成，对每一个管理职位要有严格而规范的岗位说明书，尤其要有胜任岗位的具体要求，并在此基础上建立合理的晋升制度，从而保证企业管理人员在职位竞聘中公平、公正、公开。其次，企业在对管理人员绩效认可上要大胆创新，要摒弃传统的以职位晋升作为企业管理人员职业发展的唯一途径。这里提供一个类似于政府机关或学校的做法，如企业可尝试建立与职位晋升体系相一致的企业管理人员职称晋级体系，其中最为关键的是给予管理人员职位晋升与职称晋级相对等的薪酬待遇，即在薪酬上给予同等体现，如果企业管理人员管理的职称晋级或下调能使他的薪酬待遇与管理岗位晋升或降级时保持一致，这样，企业管理人员对职业发展关注的焦点就会从单一的"职位"层面转化到"职位"或"职称"两个层面上，从而削弱了职位晋升的压力，需要说明的是这种应对措施的具体操作还需要结合相关企业的实际进行有效的设计。最后，企业既要注意积极引导并支持这些企业管理人员大胆工作，又要通过有效的监督防止这类管理人员为了加快自身职业发展而贪大喜功。不置可否，这些管理人员应是组织中职业发展包袱较轻并有强烈奋斗欲望的群体，因此，企业在人力资源管理上要好好引导他们推动组织的绩效。但是，组织在激发这类管理人员工作激情的同时一定要加以有效的监控，因为这类管理人员在要求自身或组织绩效最大化的同时，常常会陷入非理性化的管理决策，如果这些决策一旦投入到实践中去，会对其所在的组织带来不可预料的风险，有些风险可能对企业来说就是毁灭性的。

四　较强主观与强客观职业生涯高原并存时的应对

（一）个体应对

当企业管理人员职业发展处在较强主观与强客观职业生涯高原并存的状态时，可以看出，当事的企业管理人员对自我的职业发展是不太满意的。从某种意义上说，企业管理人员有这样的状态出现时未必不是一件好事。现实中很多对自己职业发展抱有很大期望的企业管理人员在经历这种高原时期时，都会表现出积极的心态来应对。当然，由于强客观职业高原对一般管理人员而言，在主观上的挫折感一般都会很明显，只是有一些企业管理人员可能表现出随遇而安的心境而丧失前进的动力。在有些时候，当企业管理人员出现较强主观职业生涯高原时可视为一种积极的信号，因为它可以促使这些管理人员努力工作并尽早跨越这种职业生涯高原时期。

在面对这种职业生涯高原状态时，企业管理人员的具体应对策略有：一是在思想上要高度重视，并克服职业发展的急躁情绪。现实生活中有很多企业管理人员想尽快改变自己的职业状态，结果欲速则不达，工作绩效反而退步，并丧失了很多本应得到的机会，因此，企业管理人员应全面结合组织内外环境，系统规划自己的职业发展。二是在行动上要勤学习，多思考，大胆进行管理创新。目前，各类企业管理人员提升自己人力资本的途径有很多，除了可攻读国内外 MBA 学位外，还可参加各类管理培训，另外，他们还可以借助网络等现代化工具进行自我学习等，从而打开管理思维的视野，使自己在管理工作中能不断寻求新的突破口。三是在认识上要结合组织的实际情况，冷静分析自己职业生涯发展的出路。要站在组织的立场来换位思考，多一分理解，少一分抱怨。当然，如果确实是组织制度僵化而自己又无能为力去改变，在认真权衡后也可选择主动离职。总之，企业管理人员在经历这种职业生涯高原期时，一定要从自己、从组织以及从社会等各方面去综合分析，并对自己的职业发展规划进行动态调整，以保证自己的职业发展始终处在合理的轨道上。

（二）组织应对

当企业管理人员职业发展处在较强主观与强客观职业生涯高原并存的状态时，组织对他们的关注不应仅仅着眼于职业生涯高原的应对。因为，按照组织内部晋升的规律，不可能使得所有企业管理人员都能在一个时间段后都能获得职位的提升，毕竟，在组织结构由金字塔向扁平化日趋发展的今天，向上的管理职位已成为一种非常紧张的稀缺资源。因此，我们认为，组织应加强对职业价值文化的重构，对管理人员工作绩效的承认不能始终以晋升作为唯一的标志。当然，职业价值文化的构建是复杂的，它并非只是着重于对企业管理人员思想教育、奉献精神等"软文化"指标的构建，而还要着重体现在企业各项管理制度，尤其是与企业管理人员相关的绩效考核制度、薪酬管理制度等"硬文化"指标的构建，其核心是如何抓好对企业管理人员"薪酬的增加"替代"职位的晋升"这样一种制度的落实上。

除此之外，组织还应给予此种职业生涯高原状态的管理人员职业培训与开发的机会。目前，我国很多国有大中型企业越来越意识到员工个体人力资本增加对企业发展的重要意义，有些企业建立了明确的员工职业培训与人力资源开发计划，并从财力资源上加以保证，如重庆市一些国有企业每年都从销售总收入中强制提取一定比例作为员工培训或深造的专项费用。近年来，我国各企业加大了对企业管理人员培训及深造的资助力度，这是一种非常好的社会气氛。但企业要从管理体制上加以落实和保障，并建立相应的激励与约束机制，避免有些企业管理人员在自身人力资本增加后却跳槽到别的企业，从而使企业失财又折将。尽管我国《劳动法》、《合同法》对劳资双方的权益都作了一些保护，但企业不应将劳动法律作为保护自己的第一张牌，而是应以更积极的心态来培养企业管理人员对组织的忠诚感。

五　强主观与弱客观职业生涯高原并存时的应对

（一）个体应对

当一名企业管理人员职业发展处于强主观与弱客观职业生涯高原并存在的状态时，对组织或个体而言都可能是一件好事情，但作为个体的企业管理人员一方面要保持这种积极向上的心态，并将其转化到实际的工作和学习中去；另一方面要克服可能出现的急躁情绪，避免过犹不及并进一步出现与自己主观愿望相反的情形发生。以下从积极性和消极性两个层面来对个体的应对策略进行分析。

从积极性层面来说：首先，企业管理者在思想上要注意"适度"强化这种主观心态，并始终保持一种乐观、向上的情绪，同时要全面衡量自己，并做好职业发展受阻的思想准备；其次，要更加积极地通过各种途径提升自己的人力资本储量，勤于思考，主动积极地完成组织安排的工作任务，并能始终保持一种高工作绩效；最后，要注意融入组织的核心文化中，并使自己可持续地保持较高的任务绩效和周边绩效，在此基础上，积极把握好职业发展中可能出现的各种机遇。

从消极性层面而言：首先，企业管理人员不要在思想上刻意把"强主观高原"不断放大，以避免过度增加自己的压力并逐渐产生挫折感；其次，在平时工作上不要急功冒进，以避免出现个人任务绩效大起大落的被动局面；最后，不要忽视周边绩效，要注意与上司和下属做好沟通工作，尤其是不要忽视与下属的沟通。例如，一些处于此种职业生涯高原状态的企业管理人员，本来在上级层面的评价很不错，但在其下级的测评中其绩效却不容乐观，结果丧失了职业发展的好机会。因此，处于这种职业高原状态的企业管理人员更需要保持一种谦逊的工作作风，通过自己不懈努力赢得同事们的认可，从而为自己的职业发展奠定良好的群众基础。

（二）组织应对

当企业管理人员职业发展处在强主观与弱客观职业生涯高原并存的状态时，组织首先要注意保持并鼓励这些人追求职业进步的热情。一般而言，"强主观"与"弱客观"并存的状态在企业管理人员中应是少数。毕竟，对于一个刚提拔没有几年的管理人员，他必须在新的管理岗位上积淀了一定的人力资本后主观职业高原才能逐渐加强。当然，在当今日益激烈的竞争社会里，出现这种"强主观"与"弱客观"并存状态的管理人员对组织应该是一件好事，它将激活那些已处于较强或强主观，或者较强或强客观职业高原状态下的管理人员，从而使得大家在提高个人或团队绩效的同时推动整个组织绩效的不断提升。因此，组织应制定诸如"破格提拔"的相关晋升制度，鼓励并保持这类职业高原状态管理人员追求职业进步的热情。

其次，要依据他们的工作绩效，同时考察他们的综合管理能力等，避免出现提拔过度。现代管理学中有一个非常重要的"彼德原理",它提示组织要防止对组织管理人员的晋升提拔过头。由于个体的知识、能力在一定时间或空间范围内都是有限的,而当某一管理人员最大化的使用其人力资本时,其绩效已经达到最大值的波峰。作为组织,如果仅仅依据其绩效给予进一步提拔,常常会造成提拔后的绩效会立马急速下降。

最后,企业对于那些提拔较快的管理人员,一定要注意对他们加强新的知识、技能与能力的培训。在管理人员承担了更大的责任和权力的同时,其所拥有的人力资本必须同时得到提升。在激烈的市场竞争和人才竞争时代的今天,现代企业大都深刻地领会到了这样一个道理。例如,近几年来,很多企业纷纷与国内著名高校的管理学院建立战略合作,定期或不定期的将本企业的各层次管理人员送到高等院校进行培训,或直接请这些管理学院的专家教授到本企业授课或进行管理咨询等。

六　强主观与较强客观职业生涯高原并存时的应对

（一）个体应对

对处于强主观与较强客观职业生涯高原的员工的首要任务是摆脱主观上的抱怨,化心理压力为现实动力,在不断创造并提升个体人力资本的同时,积极寻求并利用好外界资源,以期能提高自己的工作绩效并获得上级的认可。即从思想和行动上打破这种强主观磁场对人思想和行动的束缚,否则,这些管理人员就很容易步入强客观职业高原状态。

通常,企业中处于这一职业高原状态的管理人员数量都比较多,结果就会造成很多管理人员在相互比较中变得心安理得了,即强主观上的职业高原会逐渐变成弱主观职业高原。因此,个体若能始终保持着这种强主观职业高原状态本身已表明他（她）并没有安于现状,这是一种积极的信号。但需要提醒这些管理人员的是,由于人的时间、精力有限,个体的知识、技能和能力也是有度的,如果盲目不切实际地追求职业发展可能并不一定能达到自己所期望的结果。因此,对处于这类职业高原状态的管理人员,要结合自己的实际作好职业生涯规划,然后再采取相应而可行的行动计划。

（二）组织应对

对组织而言,由于管理岗位越往上走,其稀缺程度会越高。因此,若单纯以职位的晋升与否来衡量职业高原状态,大多数管理人员处于较强客观职业高原状态是一种不争的事实。面对着有限的晋升岗位，组织摆脱管理人员职业生涯高原状态的途径很显然还是要在岗位的晋升上做文章。实际上，员工追求职位上的晋升外，追求的是在组织中的地位和权力，内容上是可以把它进一步浓缩成可量化的薪水。

上述分析给组织在应对这类职业高原状态的管理人员提供了一定的可操作的应对途径。首先，在薪酬设计上，组织可以设置一些与组织现有各层次岗位相比"有其薪水"而"无其权力"的薪酬级别，即管理人员在其现有管理岗位上拿高一层次的薪酬待遇。当然，这类岗位的数量不应过多，它主要是来解决那些在工作绩效上为组织作出了较大贡献，但组织并不能给其提供相应管理岗位时的一种策略；其次，在职业培训上，组织可以给予管理人员多个跨部门的管理实践能力的锻炼，并使得管理人员能积累多个部门的管理经验，这样通过平级调动一方面来缓解晋升空间的不足，另一方面在新的部门里工作将使很多管理人员消除主观职业高原感觉；最后，企业还是应该在晋升管理体系上下工夫，要根据企业和企业管理人员的实际，选择不同的时机灵活采取延时晋升、正常晋升和破格晋升等多种渠道，以缓解并调解组织与员工在晋升职位不足上产生的矛盾。

第六节　本章小结

本章按照个体的客观职业生涯高原与主观职业生涯高原各类型的随机组合，将企业管理人员可能经历的职业生涯高原分为"弱职业生涯高原"、"较强职业生涯高原"、"强职业生涯高原"和"非均衡性职业生涯高原"四种类型，其中"非均衡性职业生涯高原"又具体表现为六种形态。在此基础上，本章按照"个体应对"和"组织应对"这两种途径分别对处于这四大类职业生涯高原的企业管理人员的应对策略进行了详细分析，并力求使之具有一定的可操作性。当然，企业管理人员职业生涯高原的应对在不同的企业中的具体实践中并没有一个放之四海而皆准的模式，本章提出的一些观点难免有其自身的缺陷性，尤其是在"个体应对"与"组织应对"可能产生矛盾方面，本章并没有对此给予清晰的说明，这些都再一次说明，企业管理人员或组织在应对来自个体的职业生涯高原时，必须立足于本组织实际，并结合个体及组织内外环境采取灵活而理性的管理策略。

第九章 结论与研究展望

第一节 结论

本书针对企业管理人员职业生涯高原及其与工作满意度、组织承诺及离职倾向相关的一系列问题，通过理论和实证研究对本书提出的有关假设进行了深入的论证和分析，得出以下结论：

（一）在实证研究的基础上，通过构建企业管理人员主客观职业生涯高原与工作满意度、组织承诺及离职倾向关系的结构方程模型（如图9.1）。结果为：

（1）企业管理人员客观职业生涯高原与工作满意度、离职倾向的关系不显著，但却对组织承诺具有显著正效应。客观职业生涯高原越强，即企业管理人员在同一职位上的时间越久，则其组织承诺就会越高。

（2）企业管理人员主观职业生涯高原对工作满意度、组织承诺具有显著的负效应，而对离职倾向有显著的正效应。即企业管理人员的主观职业生涯高原越强，则其工作满意度和组织承诺就越低，而离职倾向会越高。

（3）企业管理人员工作满意度和组织承诺对离职倾向具有显著负效应，即工作满意度和组织承诺越高，则其离职倾向会越低。工作满意度对组织承诺具有显著正效应，即工作满意度越高，组织承诺也越高。

该结论对现代企业在人力资源管理中如何应对管理人员职业生涯高原危机，合理规划职业生涯具有重要的理论指导意义。为此，当今企业在人力资源管理中，应重塑新的承认管理人员价值的文化理念，打破传统的晋升怪圈；建立灵活的企业管理人员职业发展路径，疏通组织中的职业道路堵塞；注重对企业管理人员的人力资本投资，拓展他们的职业发展空间；丰富组织中工作设计的内容，提升企业管理人员的工作生活质量。

（二）通过研究发现，企业管理人员在职业生涯高原进程中，新进员

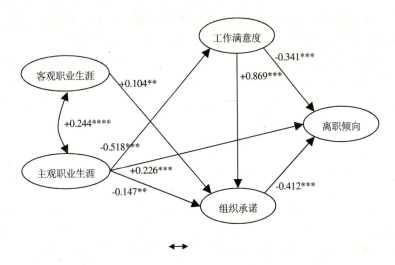

图 9.1　实证分析的论证结果

注：+代表正效应，－代表负效应，↔代表相关性。

工、静止员工、枯萎员工和明星员工的工作满意度、组织承诺及离职倾向的大小不一样。具体结论为：

（1）在基于博弈论分析的基础上，建立了职业生涯高原下企业管理人员的离职博弈模型，结果为新进员工离职的概率为 $\alpha_1^* = \dfrac{(\bar{W} - W_L) - C}{(\bar{W} - W_L) + W_1}$，枯萎员工离职的概率为 $\alpha_2^* = \dfrac{(\bar{W} - W_L) - C}{(\bar{W} - W_L) + W_1^1}$，且有 $\alpha_1^* > \alpha_2^*$，即新进员工比枯萎员工的离职倾向大；静止员工离职的概率为 $\alpha_3^* = \dfrac{(W_H - \bar{W}) + C}{(W_H - \bar{W}) + W_2}$，明星员工离职的概率为 $\alpha_4^* = \dfrac{(W_H - \bar{W}) + C}{(W_H - \bar{W}) + W_2^1}$，且有 $\alpha_3^* > \alpha_4^*$，即静止员工比明星员工的离职倾向大。

（2）通过实证研究进一步发现，新进员工与静止员工的工作满意度和组织承诺都显著低于枯萎员工和明星员工，但新进员工与静止员工在工作满意度和组织承诺上没有显著性差异，枯萎员工与明星员工在工作满意度和组织承诺上也没有显著性差异；新进员工与静止员工的离职倾向都显著高于枯萎员工和明星员工，但新进员工与静止员工在离职倾向上没有显著性差异，枯萎员工与明星员工在离职倾向上也没有显著性差异。其中关于企业管理人员离职倾向的结论与博弈分析结果是一致的。

该结果表明，企业对职业生涯高原进程中不同类型的管理人员应注重采取差异化的激励与约束机制，并不断完善企业自身的组织文化和绩效考核制度，以保持企业管理队伍的可持续发展。

因此，企业在人力资源管理上，第一，要注重对新进员工职业生涯的开发，关心他们的思想动态及工作生活质量，创造有利的发展空间，不断提升新进员工的工作满意度和组织承诺，并采取相关措施减少这部分管理人员的离职倾向。第二，加强对枯萎员工的管理，根据其能力的改变调整岗位，建立灵活的培训体系和有效的学习机制等措施来充分发挥他们的才能，不断提高企业管理人员的凝聚力。第三，建立有效的留人机制，并从改善薪酬待遇和工作环境等诸方面来弱化晋升岗位不足而带来的一系列弊端，从而稳定企业管理队伍中的静止员工群体。第四，加强对明星员工的绩效考核和管理能力的培养，并注意从各个方面提升他们对企业的忠诚度和保持持续的高绩效水平的能力。

（三）以重庆及周边地区企业管理人员为样本，通过 t 检验、F 检验和方差的齐性检验等，分析在"弱、较强、强"三类客观与三类主观职业生涯高原下，企业管理人员的人口学变量对工作满意度、组织承诺及离职倾向的影响是否具有显著差异。结果发现：在各类职业生涯高原下，企业管理人员的性别和资历的影响相对最小，婚姻和学历的影响其次，而年龄和职位的影响相对最大。具体结论概括为：

（1）企业管理人员的性别仅在强客观职业生涯高原下对离职倾向的影响有显著的差异，在其余各类客观职业生涯高原与主观职业生涯高原下，性别对工作满意度、组织承诺及离职倾向的影响都没有显著的差异。

（2）企业管理人员的资历仅在较强主观职业生涯高原下对离职倾向的影响有显著的差异，在其余各类客观职业生涯高原与主观职业生涯高原下，资历对工作满意度、组织承诺及离职倾向的影响都没有显著的差异。

（3）企业管理人员的学历在较强客观职业生涯高原下对工作满意度、组织承诺和离职倾向的影响都有显著差异，在弱主观职业生涯高原下对组织承诺的影响有显著差异，在较强主观职业生涯高原下对离职倾向的影响有显著差异，在其余各类客观职业生涯高原与主观职业生涯高原下，学历对工作满意度、组织承诺及离职倾向的影响都没有显著的差异。

（4）企业管理人员的婚姻状况在弱客观职业生涯高原下对工作满意度、组织承诺和离职倾向的影响都有显著差异，在弱主观职业生涯高原和较强主观职业生涯高原下对离职倾向的影响有显著差异，在其余各类客观职业生涯高原与主观职业生涯高原下，婚姻状况对工作满意度、组织承诺及离职倾向的影响都没有显著的差异。

（5）企业管理人员的年龄除了在强客观职业生涯高原下仅对离职倾向的影响有显著差异外，在其余各类客观职业生涯高原与主观职业生涯高原下，年龄对工作满意度、组织承诺及离职倾向的影响都有显著的差异。

（6）企业管理人员的职位除了在弱主观职业生涯高原下仅对工作满意度的影响有显著差异外，在其余各类客观职业生涯高原与主观职业生涯高原下，职位对工作满意度、组织承诺及离职倾向的影响都有显著的差异。

上述结果表明，企业在人力资源管理中，应将管理人员所处的职业生涯高原状态与其个人特征结合起来，从而有针对性地采取有效措施来提高管理人员的工作满意度和组织承诺，并降低他们的离职率。

具体措施有：建立男女平等、公平公正的晋升环境，保持企业管理团队的稳定；打破传统的论资排辈的晋升观念，更有效地发挥不同工作资历的企业管理人员的管理才能；加强对未婚企业管理人员职业规划的引导，同时要注意帮助缓解已婚管理人员来自工作家庭冲突等方面的压力；重视对企业管理人员的在职培训或脱产培训，在管理人员队伍建设中要注重员工的真才实学，同时要保持对高学历企业管理人员队伍的稳定；采取各项有利措施提高年轻管理人员的工作满意度和对组织的承诺度，减少优秀年轻管理人员的流失；对年龄较大的管理人员要注意保持他们的工作热情，使他们能可持续地为组织作出应有的贡献；注意保护对中基层管理人员的工作积极性，尤其要注意采取有效措施提高基层管理人员的工作满意度和组织承诺，稳定基层管理人员队伍。

（四）对企业管理人员主客观职业生涯高原组合形态作了进一步归类，分析了弱职业生涯高原、较强职业生涯高原、强职业生涯高原和非均衡性职业生涯高原的内涵，从个体和组织两个视角对处于这四大类职业生涯高原的管理人员给出了具有建设性的具体的应对策略。

（1）弱职业生涯高原应对策略

个体应对：要注意将亢奋的心态回归于理性和平静；要注意加快积累

自己的人力资本；要注意克服可能出现的工作家庭冲突。

组织干预：强化忠诚度教育，将个体职业发展与组织发展保持高度一致；给予适度的"泼冷水"，尽快帮助这类人员越过职业发展非理性的亢奋时期；出台相关学习政策，激励这类人员不断更新补充人力资本；采取相关措施，帮助这类人员解决工作与家庭的矛盾。

（2）较强职业生涯高原应对策略

个体应对：正视客观现实，分析原因，解开职业生涯高原产生的"结"；作好自身的心理调适，减弱主观职业生涯高原的感受，变压力为动力；在充分理性的权衡后，可考虑变换在组织中的职业路径，或离开该组织。

组织干预：建立多途径的职业发展路径，疏通组织中可能已出现的僵化的职业规划体系；建立良好的沟通机制，注重心理疏导，不断优化组织的用人机制；采取适度的激励措施，鼓励企业管理人员不断提升自己的人力资本，并保持对组织的忠诚。

（3）强职业生涯高原应对策略

个体应对：加强学习并尝试通过与组织沟通变换到平级管理岗位上，或在原岗位上开展管理创新，减弱职业倦怠；利用业余时间寻求工作之外的兴趣爱好，实现物质需求与精神需求的平衡，保持心态平和与心理健康；理性分析并把握个人职业发展内外环境的影响因素，对一些企业管理人员在恰当的时机主动离职事后可能被证明是一种好的抉择。

组织干预：加强对处于强职业生涯高原期的企业管理人员的培训，适度尝试建立岗位轮换或工作丰富化的机制；加强人文关怀和心理辅导，站在组织的立场强化这些企业管理人员的组织承诺；结合本组织的实际，尝试将管理人员"职位不变、职级变动"纳入到组织的绩效薪酬体系中去。

（4）主客观非均衡性职业生涯高原应对策略

第八章中对6类主客观非均衡性职业生涯高原的应对策略作了具体的分析，这里不再一一赘述。

第二节　局限性与进一步的研究展望

职业生涯高原领域是一个新兴的研究热点，国内研究较少。职业生涯高原及其相关问题需要探讨的内容相当多，本书仅对企业管理人员职业生涯高原相关问题进行了深入研究。由于时间、精力及相关条件的限制，与其他研究一样，本研究难免存在一定的局限性。当然，这也是一些需要拓展研究的内容，可以作为今后进一步的研究方向。

（一）尽管本研究花费大量的时间和精力进行问卷调查，但由于实际条件的约束，所选择的企业管理人员调研对象大都集中在重庆及周边省份地区，其他外省市的企业管理人员所占比例不高，可能会由于地区的差异而对实证结论带来一定的影响；另外，本研究涉及众多变量的测量中，由于研究条件的限制，有些量表还可以不断进行修订以期能进一步提高其信度和效度。

（二）本书运用的问卷调查法中，所有变量都是用主观陈述构成，方法一样可能会导致对变量之间关系的过大或过高反应。此外，由于在中国文化背景下对职业生涯高原量表的研制还涉及社会学、心理学等专业知识，今后可从多学科角度来对此问题作深入探讨。

（三）企业管理人员职业生涯高原除了与工作满意度、组织承诺及离职倾向之间的关系密切外，还有可能对企业管理人员的工作生活质量、工作家庭冲突等带来较大的冲击和影响，这些相关问题也是职业生涯高原急需拓宽的研究方向。

参 考 文 献

1. Lee, Patrick Chang Boon, "Going beyond Career Plateau: Using Professional Plateau to Account for Work Outcomes", Journal of Management Development, Vol. 22, No. 6, 2003.

2. Slocum Jr. W. , Cron W. L. , Hansen R. W. , Rawlings, S. , "Business Strategy and the Manageme [nt of Plateaued Employees", Academy of Management Journal, Vol. 28, No. 1, 1985.

3. Elsass, Priscilla M. , Ralston, David A. , "Individual Responses to the Stress of Career Plateauing", Journal of Management, Vol. 15, No. 1, 1989.

4. Gerpott, T. J. and Dorsch, M. , "R&D professionals' Reactions to the Career Plateau: Mediating Effects of Supervisory Behaviours and Job Characteristics", R&D Management, Vol. 17, No. 2, 1987.

5. Michael J. Driver, "Demographic and Societal Factors Affecting the Linear Career Crisis", Canadian Journal of Administrative Sciences / Revue Canadienne des Sciences de I' Administration, Vol. 2, No. 2, 1985.

6. Chao, G. T. , "Exploration of the Conceptualization and Measurement of Career Plateau: A Comparative Analysis", Journal of Management, Vol. 16, No. 1, 1990.

7. Feldman, D. C. , Weitz, B. A. , "Career Plateaus Reconsidered", Journal of Management, Vol. 14, No. 1, 1988.

8. Hall, D. T. , "Project Work as an Antidote to Career Plateauing in a Declining Engineering Organization", Human Resource Management, Vol. 24, No. 3, 1985.

9. Near, J. P. , "A Discriminant Analysis of Plateaued versus Nonplateaued Managers", Journal of Vocational Behavior, Vol. 26, No. 2, 1985.

10. Weiner Andrew, Remer Rory, Remer Pam. , "Career Plateauing: Im-

plications for Career Development Specialists", Journal of Career Development, Vol. 19, No. 1, 1992.

11. Veiga, John F., "Plateaued Versus Nonplateaued Managers: Career Patterns, Attitudes, and Path Potential", Academy of Management Journal, Vol. 24, No. 3, 1981.

12. Deborah R. Ettington, "Successful Career Plateauing", Journal of Vocational Behavior, Vol. 52, No. 1, 1998.

13. Hall, D. T., Rabinowitz, S., "Maintaining employee involvement in a plateaued career", in M. London and E. Mine, eds., Career growth and human resource strategies, New York: QUO – RUM Books, 1988.

14. Bardwick, Judith M., The plateauing trap: How to avoid it in your career and your life, New York : Amacom, 1986.

15. Veiga, John F., "Mobility Influences During Managerial Career Stages", Academy of Management Journal, Vol. 26, No. 1, 1983.

16. Carlson Dawn S., Williams, Larry J., Kacmar, K. Michele, "Construction and Initial Validation of a Multidimensional Measure of Work – Family Conflict", Journal of Vocational Behavior, Vol. 56, No. 2, 2000.

17. Locke, E. A., Shaw, K. N., Saari, L. M., Latham, G. P., "Goal setting and task performance: 1969 – 1980", Psychological Bulletin, Vol. 90, No. 1, 1981.

18. 谢宝国、龙立荣:《职业生涯高原研究述评》,《心理科学进展》2005 年第 3 期。

19. 马远、凌文辁、刘耀中: 《 "职业生涯高原" 现象研究进展》,《心理科学》2003 年第 3 期。

20. 张维迎:《博弈论与信息经济学》,上海三联书店、上海人民出版社 1996 年版。

21. 张再生:《职业生涯开发与管理》,南开大学出版社 2003 年版。

22. 周文霞:《职业生涯管理》,复旦大学出版社 2004 年版。

23. [美] R·韦恩·蒙迪、罗伯特·M·诺埃著:《人力资源管理》,葛新权等译,经济科学出版社 1998 年版。

24. Carnazza, J., Korman, A., Ference, T., & Stoner, J., "Plateaued and Nonplateaued Managers: Factors in Job Performance", Journal of Manage-

ment, Vol. 7, No. 2, 1981.

25. Appelbaum Steven H. , Finestone Dvorah, "Revisiting Career Plateau-ing", Journal of Managerial Psychology, Vol. 9, No. 5, 1994.

26. Tremblay Michel, Roger Alain, "Individual, Familial and Organiza-tional Determinants of Career Plateau", Group & Organization Management, Vol. 18, No. 4, 1993.

27. Milliman J. F. , Causes, Consequences, and Moderating Factors of Career Plateauing, Ph. D. dissertation, Los Angeles: University of Southern California, 1992.

28. Joseph, Jacob, "An Exploratory Look at the Plateauism construct", Journal of Psychology, Vol. 130, No. 3, 1996.

29. Rosenbaum James E. , Career mobility in a corporate hierarchy, New York: Academic Press, 1984.

30. Andreas G. M. Nachbagauer, Gabriela Riedl. , "Effects of Concepts of Career Plateaus on Performance, Work Satisfaction and Commitment", Inter-national Journal of Manpower, Vol. 23, No. 8, 2002.

31. Greenhaus, J. H. , Parasuraman, S. , Wormley, W. M. , "Effects of Race on Organizational Experiences, Job Performance Evaluations, and Career Outcomes", Academy of Management Journal, Vol. 33, No. 1, 1990.

32. Feldman Daniel C. , Weitz Barton A. , "Career Plateaus in the Sales-force: Understanding and Removing Blockages to Employee Growth", Journal of Personal Selling & Sales Management, Vol. 8, No. 3, 1988.

33. Deborah R. Ettington. , "How Human Resource Practices can Help Plateaued Managers Succeed", Human Resource Management, Vol. 36, No. 2, 1997.

34. Tremblay Michel, Roger Alain, Toulouse Jean – Marie. , "Career Plateau and Work Attitudes: an Empirical Study of Managers", Human Rela-tions, Vol. 48, No. 3, 1995.

35. Tremblay Michel, Roger Alain, "Career Plateauing Reactions: the Moderating Role of Job Scope, Role Ambiguity and Participation among Canadi-an Managers", International Journal of Human Resource Management, Vol. 15, No. 6, 2004.

36. Rantze K R, Feller R W., "Counseling Career – Plateaued Workers during Times of Social Change", Journal of Employment Counseling, Vol. 22, No. 1, 1985.

37. Rotondo Denise., "Individual – Difference Variables and Career – Related Coping", Journal of Social Psychology, Vol. 139, No. 4, 1999.

38. Tan C S, Salomone P R., "nderstanding Career Plateau: Implications for Counseling", Career Development Quarterly, Vol. 42, No. 4, 1994.

39. Defrank Richard S., Ivancevith John M., "Job loss: An Individual Level Review and Model", Journal of Vocational Behavior, Vol. 28, No. 1, 1986.

40. Duffy Jean Ann., "The Application of Chaos Theory to the Career – Plateaued Worker", Journal of Employment Counseling, Vol. 37, No. 4, 2000.

41. Locke. Edwin A., "What is Job Satisfaction?", Organizational Behavior and Human Performance, Vol. 4, 1968.

42. 黄春生:《工作满意度、组织承诺与离职倾向相关研究》,博士学位论文,厦门大学,2004 年。

43. [美] 斯蒂芬. P. 罗宾斯著:《组织行为学(第七版)》,孙建敏、李原等译,中国人民大学出版社 1997 年版。

44. Schultz, D. P., Psychology and industry today, New York: Macmillan, 1982.

45. 周三多:《管理学》,高教出版社 2003 年版。

46. 张润书:《组织行为与管理》,台北五南图书出版公司 1990 年版。

47. 郑树荣:《行为科学理论与企业人力资源开发利用系统解读》,《企业经济》2005 年第 3 期。

48. [美] 丹尼尔·A·雷恩:《管理思想的演变》,孙耀君等译,中国社会科学出版社 1986 年版。

49. 袁勇志、奚国泉:《期望理论述评》,《南京理工大学学报(社会科学版)》2000 年第 3 期。

50. 张黎莉、周耀烈:《员工工作满意度研究综述》,《企业经济》2005 年第 2 期。

[51] Cranny C. J., Smith P. C. and Stone E. F., Job Satisfaction: How People Feel about Their Jobs and How It Affects Their Performance, New York:

Lexington Books, 1992.

［52］Thompson David P. , McNamara J. , "Job satisfaction in educational organizations: A synthesis of research findings", Educational Administration Quarterly, Vol. 33, No. 1, 1997.

［53］Zeitz Gerald, "Age and Work Satisfaction in a Government Agency: A Situational Perspective", Human Relations, Vol. 43, No. 5, 1990.

［54］Oʹreilly Charles, Chatman Jennifer, "Organizational Commitment and Psychological Attachment: The Effects of Compliance, Identification, and Internalization on Prosocial Behavior", Journal of Applied Psychology, Vol. 71, No. 3, 1986.

［55］DeSantis V. S. , Durst S. L. , "Comparing Job Satisfaction among Public and Private – Sector Employees", American Review of Public Administration, Vol. 26, No. 3, 1996.

［56］卢嘉、时勘:《工作满意度评价结构研究》,转引自赵曙明等《人力资源管理研究新进展》,南京大学出版社 2002 年版。

［57］冯伯麟:《教师工作满意及其影响因素的研究》,《教育研究》1996 年第 2 期。

［58］俞文钊:《合资企业的跨文化管理》,北京人民教育出版社 1996 年版。

［59］邢占军、张友谊、唐正风:《国有大中型企业职工满意感研究》,《心理科学》2001 年第 2 期。

［60］Chen Zhen Xiong, Tsui Anne S. , Farh Jiing – Lih, "Loyalty to Supervisor vs. Organizational Commitment: Relationships to Employee Performance in China", Journal of Occupational and Organizational Psychology, Vol. 75, No. 3, 2002.

［61］Allen Natalie J. , John P. Meyer. , "The Measurement and Antecedents of Affective, Continuance and Normative Commitment to the Organization", Journal of Occupational Psychology, Vol. 63, No. 1, 1990.

［62］Meyer John P. , Allen Natalie J. , "A Three – Component Conceptualization of Organizational Commitment", Human Resource Management Review, Vol. 1, No. 1, 1991.

［63］Hackett Rick D. , Bycio Peter, Hausdorf Peter A. , "Further Assessment of Meyer and Allen's (1991) Three – Component Model of Organizational Commitment", Journal of Applied Psychology, Vol. 79, No. 1, 1994.

[64] Meyer John P., Allen Natalie J., Smith Catherine A., "Commitment to Organizations and Occupations: Extension and Test of a Three – Component Conceptualization", Journal of Applied Psychology, Vol. 78, No. 4, 1993.

[65] 刘小平、王重鸣:《中西方文化背景下的组织承诺及其形成》,《外国经济与管理》2002 年第 1 期。

[66] 刘小平、王重鸣、Brigitte Charle – Pauvers:《组织承诺影响因素的模拟实验研究》,《中国管理科学》2002 年第 10 期。

[67] 凌文辁、张治灿、方俐洛:《中国职工组织承诺的结构模型研究》,《管理科学学报》2000 年第 2 期。

[68] 凌文辁、张治灿、方俐洛:《影响组织承诺的因素探讨》,《心理学报》2001 年第 3 期。

[69] 郭玉锦:《组织承诺及其中的文化思考》,《哈尔滨工业大学学报(社科版)》2001 年第 2 期。

[70] Price James L., "Handbook of Organizational Measurement", International Journal of Manpower, Vol. 18, No. 4 – 6, 1997.

[71] Cohen Aaron, "Organizational Commitment and Turnover: A Meta – Analysis", The Academy of Management Journal, Vol. 36, No. 5, 1993.

[72] Tett Robert P., Meyer ohn P., "Job Satisfaction, Organizational Commitment, Turnover Intention and Turnover: Path Analysis Based on Meta – Analytic Findings", Personnel Psychology, Vol. 46, No. 2, 1993.

[73] Bozeman Dennis P., Perrewe Pamela L., "The Effect of Item Content Overlap on Organizational Commitment Questionnaire – Turnover Cognitions Relationships", Journal of Applied Psychology, Vol. 86, No. 1, 2001.

[74] Meyer John P., Allen Natalie J., "Links between Work Experiences and Organizational Commitment during the First Year of Employment: A Longitudinal Analysis", Journal of Occupational Psychology, Vol. 61, No. 3, 1988.

[75] Rhoades Linda, Eisenberger Robert, Armeli Stephen, "Affective Commitment of the Organization: The Contribution of Perceived Organizational Support", Journal of Applied Psychology, Vol. 86, No. 5, 2001.

［76］Mathieu J. E.，Zajac D. M.，"A Review and Meta – Analysis of the Antecedents，Correlates，and Consequences of Organizational Commitment"，Psychological Bulletin，Vol. 108，No. 2，1990.

［77］刘小平：《组织承诺及其形成机制研究》，博士学位论文，浙江大学，2000 年。

［78］符益群：《企业员工离职影响因素探讨》，硕士学位论文，暨南大学，2002 年。

［79］李 震：《国有和私营体制下员工离职倾向的对比实证研究》，硕士学位论文，华中科技大学，2004 年。

［80］Allen D. G.，Griffeth R. W.，"Test of a Mediated Performance – Turnover Relationship Highlighting the Moderating Roles of Visibility and Reward Contingency"，Journal of Applied psychology，Vol. 86，No. 5，2001.

［81］谢晋宇：《雇员流动管理》，南开大学出版社 2001 年版。

［82］崔 勋：《员工个人特性对组织承诺与离职意愿的影响研究》，《南开管理评论》2003 年第 4 期。

［83］张勉、李树茁：《雇员主动离职心理动因模型评述》，《心理科学进展》，2002 年第 3 期。

［84］张勉、张德、李树茁：《IT 企业技术员工离职意图路径模型实证研究》，《南开管理评论》2003 年第 4 期。

［85］赵西平、刘玲、张长征：《员工离职倾向影响因素多变量分析》，《中国软科学》2003 年第 3 期。

［86］叶仁荪、王玉芹、林泽炎：《工作满意度、组织承诺对国企员工离职影响的实证研究》，《管理世界》2005 年第 3 期。

［87］Slocum Jr. W.，Cron W. L.，Yows，L. C.，"Whose Career Is Likely to Plateau?"，Business Horizons，Vol. 30，No. 2，1987.

［88］Turnage Janet J.，Muchinsky Paul M.，"A Comparison of the Predictive Validity of Assessment Center Evaluations Versus Traditional Measures in Forecasting Supervisory Job Performance：Interpretive Implications of Criterion Distortion for the Assessment Paradigm"，Journal of Applied Psychology，Vol. 69，No. 4，1984.

［89］Evans M.，Gilbert E.，"Plateaued Managers：Their Need Gratifications and Their Effort – Performance Expectations"，Journal of Management

Studies, Vol. 21, No. 1, 1984.

[90] Gattiker Urs E. , Larwood Laurie, "Predictors for Career Achieve-ment in the Corporate Hierarchy", Human Relations, Vol. 43, No. 8, 1990.

[91] Cotton John L. , Tuttle Jeffrey M. , "Employee Turnover: A Meta - Analysis and Review with Implications for Research", Academy of Management Review, Vol. 11, No. 1, 1986.

[92] Frone Michael R. , Rice Robert W. , "Work - Family conflict: The effect of job and family involvement", Journal of Occupational Behavior, Vol. 8, No. 1, 1987.

[93] Le Louarn J. Y. , "Canadian managers´decisions involving two - ca-reer couples", Canadian Journal of Administrative Sciences, Vol. 4, No. 2, 1987.

[94] Elsass Priscilla M. , Ralston David A. , "Individual Responses to the Stress of Career Plateauing", Journal of Management, Vol. 15, No. 1, 1989.

[95] Mills D. Quinn, "Seniority Versus Ability in Promotion Decisions", Industrial & Labor Relations Review , Vol. 38, No. 3, 1985.

[96] Abrabam Katharine G. , Medoff, James L. , "Length of Service and Promotions in Union and Nonunion Work Group", Industrial & Labor Relations Review, Vol. 38, No. 3, 1985.

[97] 陈学军、王重鸣：《内隐绩效模型对管理决策的影响作用研究》，《心理科学》2004 年第 2 期。

[98] 朱火弟：《企业经营者绩效评价及其激励机制研究》，博士学位论文，重庆大学，2004 年。

[99] 沈捷：《知识型员工工作压力及其与工作满意度、工作绩效的关系研究》，硕士学位论文，浙江大学，2003 年。

[100] 王辉、李晓轩、罗胜强：《任务绩效与情境绩效二因素绩效模型的验证》，《中国管理科学》2003 年第 4 期。

[101] Bernardin H. J. and Betty R. W. , Performance appraisal: Assess-ing human behavior at work, Boston: Kent Publishers, 1984.

[102] Campbell . J. P. , McCloy R. A. , OpplerS. H. , and SagerC. E. , "A Theory of Performance", In N. Schmitt and W. C. Borman, eds. Personnel Selection in Organizations, San Francisco: Jossey - Bass Publishers, 1993.

[103] Borman, W. C. and Motowidlo, S. J. , " Expanding the Criterion Domain to Include Elements of Contextual Performance ", In N. Schmitt and W. C. Borman, eds. Personnel Selection in Organizations, San Francisco: Jossey – Bass Publishers, 1993.

[104] Motowidlo Stephan J. , Van Scotter James R. , "Interpersonal Facilitation and Job Dedication as Separate Facets of Contextual Performance", Journal of Applied Psychology, Vol. 81, No. 5, 1996.

[105] Motowidlo Stephan J. , Van Scotter James R. , "Evidence that Task Performance should be Distinguished from Contextual Performance", Journal of Applied Psychology, Vol. 79, No. 4, 1994.

[106] Stout Suzanne K. , Slocum J. W. , Cron, W. L. , "Dynamics of the Career Plateauing Process", Journal of Vocational Behavior, Vol. 32, No. 1, 1988.

[107] Rice Robert W. , Bennett Debbie E. , McFarlin Dean B. , 1989. Standards of Comparisons and Job Satisfaction", Journal of Applied Psychology, Vol. 74, No. 4, 1989.

[108] Orpen Christopher, "The Effect of Job Tenure on the Relationship Between Perceived Task Attributes and Job Satisfaction", Journal of Social Psychology, Vol. 124, No. 1, 1984.

[109] Gerpott Torsten J. , Domsch Michel, Keller, Robert T. , " Career Orientations in Different Countries and Companies: An Empirical Investigation of West German, British and US Industrial R&D Professionals", Journal of Management Studies, Vol. 25, No. 5, 1988.

[110] West Michael, Nicholson Nigel, Rees Anne, "The Outcomes of Downward Managerial Mobility", Journal of Organizational Behavior, Vol. 11, No. 2, 1990.

[111] Adamson Stephen J. , Doherty Noeleen, "The Meanings of Career Revisited: Implications for Theory and Practice", British Journal of Management, Vol. 9, No. 4, 1998.

[112] Choy Rita M. , Savery Lawson K. , "Employee Plateauing: Some Workplace Attitudes", Journal of Management Development, Vol. 17, No. 6, 1998.

[113] Hall Douglas T. , "Protean Careers of the 21st Century", Academy of Management Executive, Vol. 10, No. 4, 1996.

[114] Meiksins Peter F. , Watson James M. , "Professional autonomy and organizational constraint: the case of engineers", Sociological Quarterly, Vol. 30, No. 4, 1989.

[115] Near Janet P. , "A Discriminant Analysis of Plateaued versus Non-plateaued Managers", Journal of Vocational Behavior, Vol. 26, No. 2, 1985.

[116] Rousseau Denise M. , "The Boundaryless Human Resource Function: Building Agency and Community in the New Economic Era", Organizational Dynamics, Vol. 27, No. 4, 1999.

[117] Lemire Louise, Saba Tania, Gagnon Yves – Chantal, "Managing Career Plateauing in the Quebec Public Sector", Public Personnel Management, Vol. 28, No. 3, 1999.

[118] Clay Yue Wah, Aryee Samuel, Chew Irene, "Career Plateauing: Reactions and Moderators among Managerial and Professional Employees", International Journal of Human Resource Management, Vol. 6, No. 1, 1995.

[119] Laurent A. , "The Cross – Cultural Puzzle of International Human Resource Management", Human Resource Management, Vol. 25, No. 1, 1986.

[120] Nicholson, N. , "Purgatory or Place of Safety? The Managerial Plateau and Organizational Aggrading", Human Relations, Vol. 46, No. 12, 1993.

[121] Price James L. , "Introduction to the Special Issue on Employee Turnover", Human Resource Management Review, Vol. 9, No. 4, 1999.

[122] 陈壁辉、李庆:《离职问题研究综述》,《心理学动态》1997年第6期。

[123] 张勉、李树茁:《雇员主动离职心理动因模型评述》,《心理科学进展》, 2002 年第 3 期。

[124] 叶仁荪、郭耀煌:《企业员工离职的博弈分析模型》,《系统工程》2003 年第 3 期。

[125] 赵晓东、梁巧转、刘德海:《我国国有企业员工离职问题的博弈分析》,《软科学》2005 年第 2 期。

[126] 叶仁荪、王玉芹:《国有企业员工退出行为的博弈分析》,《上

海管理科学》2004 年第 6 期。

[127] 李怀祖：《管理研究方法论》，西安交通大学出版社 2004 年版。

[128] 陈升：《IT 系统应用决策及其绩效研究》，博士学位论文，重庆大学，2005 年。

[129] 刘小平、王重鸣：《组织承诺及其形成过程研究》，《南开管理评论》2001 年第 6 期。

[130] 刘小平：《组织承诺研究综述》，《心理学动态》1999 年第 7 期。

[131] 刘小平：《组织承诺综合形成模型的验证研究》，《科研管理》2005 年第 1 期。

[132] 陈志刚：《员工公平感与人力资源薪酬策略以及组织承诺的关系研究》，硕士学位论文，浙江大学，2004 年。

[133] Smith, Anne M. , "Some Problems When Adopting Churchill's Paradigm for the Development of Service Quality Measurement Scales", Journal of Business Research, Vol. 46, No. 2, 1999.

[134] 石金涛、王莉：《管理技能的因子分析及其对绩效影响的实证研究》，《管理工程学报》2004 年第 1 期。

[135] 孟慧：《企业管理者大五人格特质、特质目标定向和变革型领导》，博士学位论文，华东师范大学，2003 年。

[136] 高山川：《中国企业管理者职业选择的社会认知模型研究》，博士学位论文，复旦大学，2005 年。

[137] 徐秀娟：《结构方程模型及其在医学研究中的应用》，硕士学位论文，山西医科大学，2004 年。

[138] 高海霞：《消费者的感知风险及减少风险行为研究》，博士学位论文，浙江大学，2003 年。

[139] Medsker Gina J. , Williams Larry J. , Holahan Patricia J. , "A Review of Current Practices for Evaluating Causal Models in Organizational Behavior and Human Resources Management Research", Journal of management, Vol. 20, No. 2, 1994.

[140] 朱莺：《小企业集体创新能力的形成及其对绩效的影响》，博士学位论文，浙江大学，2004 年。

[141] 郭志刚：《社会统计分析方法》，中国人民大学出版社 1999 年版。

[142] 朱毅华：《农产品供应链物流整合实证研究》，博士学位论文，南京农业大学，2004 年。

[143] Joseph F. Hair, Multivariate Data Analysis, Upper Saddle River, NJ：Prentice－Hall International. 1998

[144] 魏峰：《组织－管理者心理契约违背研究》，博士学位论文，复旦大学，2004 年。

[145] Cudeck R., Henly S. J., "Model Selection in Covariance Structures Analysis and the "Problem "of Sample Size：A Clarification", Psychological Bulletin, Vol. 109, No. 3, 1991.

[146] Ward Peter T., Duray Rebecca, G. Keong Leong, "Business Environment, Operations Strategy, and Performance：An Empirical Study of Singapore Manufacturing", Journal of Operations Management, Vol. 13, No. 2, 1995.

[147] Li Ling X., Benton W. C., Leong G. Keong, "The Impact of Strategic Operations Management Decisions on Community Hospital Performance", Journal of Operations Management, Vol. 20, No. 4, 2002.

[148] Bentler Peter M., "On the Fit Models to Covariance and Methodology to the Bulletin", Psychological Bulletin, Vol. 112, No. 3, 1992.

[149] Tracey Michael, "A Holistic Approach to New Product Development：New Insights", Journal of Supply Chain Management, Vol. 40, No. 4, 2004.

[150] Tracey Michael, Vonderembse Mark A., Jeen－Su Lim, "Manufacturing Technology and Strategy Formulation－Keys to Enhancing Competitiveness and Improving Performance", Journal of Operations Management, Vol. 17, No. 4, 1999.

[151] Price J . L., Kim , S. K., "The Relationship between Demographic Variables and Intent to Sty in the Military：Medical Personnel in a U. S. Air Force Hospital", Armed Forces & Society, Vol. 20, No. 1, 1993.

[152] Smith Patricia C., Stanton Jeffrey M., "Perspectives on the Measurement of Job Attitudes：the Long View", Human Resource Management Re-

view, Vol. 8, No. 4, 1998.

［153］黄珊珊:《企业质量管理人员工作价值观与组织承诺的相关性研究》, 硕士学位论文, 暨南大学, 2004 年。

［154］陈瑞芳:《澳门公务人员的人格特质、工作压力与工作满意度的相关研究》, 硕士学位论文, 华南师范大学, 2004 年。

［155］陈万思:《中国企业人力资源管理人员胜任力模型研究》, 博士学位论文, 厦门大学, 2004 年。

［156］张朝孝:《基于博弈论的员工激励与合作的机制研究》, 博士学位论文, 重庆大学, 2003 年。

［157］舒晓兵、廖健桥:《国企管理人员工作压力源与工作满意度实证研究》,《工业工程与管理》2003 年第 2 期。

［158］夏凌翔、黄希庭:《论工作满意度与工作绩效的关系》,《西南师范大学学报 (人文社会科学版)》2002 年第 4 期。

［159］胡蓓、陈建安:《脑力劳动者工作满意度实证研究》,《科研管理》2003 年第 4 期。

［160］张勉、张德、王颖:《企业雇员组织承诺三因素模型实证研究》,《南开管理评论》2002 年第 5 期。

［161］张勉、李树茁:《企业员工工作满意度决定因素实证研究》,《统计研究》2001 年第 8 期。

［162］张勉、李树茁:《人口变量、工作满意度和流失意图的关系实证研究》,《统计研究》2001 年第 10 期。

［163］张治灿、方俐洛、凌文辁:《中国职工组织承诺的结构模型检验》,《心理科学》2001 年第 2 期。

［164］胡卫鹏、时勘:《组织承诺研究的进展与展望》,《心理科学进展》2004 年第 1 期。

［165］龙立荣、方俐洛、凌文辁:《组织职业生涯管理与员工心理与行为的关系》,《心理学报》2002 年第 1 期。

［166］毕重增、黄希庭:《中学教师成就动机、离职意向与倦怠的关系》,《心理科学》2005 年第 1 期。

［167］张舒涵:《大学院校约聘人员人格特质、工作满意度及离职倾向之研究》, 硕士学位论文, 国立中山大学人力资源管理研究所 (台湾), 2004 年。

［168］方平、熊端琴、蔡红：《结构方程在心理学研究中的应用》，《心理科学》2001 年第 4 期。

［169］李华、周天滢：《组织员工职业发展中的"高原瓶颈"问题探讨》，《教育经济与管理》2004 年第 7 期。

［170］郝黎仁、樊元、郝哲欧：《SPSS 实用统计分析》，中国水利水电出版社 2003 年版。

［171］何晓群：《多元统计分析》，中国人民大学出版社 2004 年版。

后　记

21 世纪的今天，由于组织结构愈来愈网络化、扁平化和弹性化，作为企业中最重要的人力资源之一的企业管理人员，都将会在不同的职业生涯时期面临各类职业生涯高原的挑战，并最终会影响到企业管理人员个体利益乃至组织绩效。本书在借鉴和吸收国内外相关研究成果的基础上，对企业管理人员职业生涯高原问题进行了较深入地探讨，但由于时间、精力及相关条件的制约，本书的研究难免存在一定的局限性。另外，由于职业生涯高原本身的内在机理非常复杂而丰富，因此，围绕企业管理人员职业生涯高原的许多问题的研究都有待于进一步深化。

本书的出版发行，要感谢的人很多。首先感谢我的博士生导师李传昭教授，正是在他无微不至的关心和精心指导下我才顺利完成博士论文，而博士论文正是本书的重要基础。感谢重庆大学经济与工商管理学院张宗益教授、龙勇教授、傅强教授、陈迅教授、冯明教授和苏素副教授，他们为本研究的选题、研究、撰写和修改等提出了许多真知灼见的意见，确保了本书所研究的理论深度。

感谢在重庆大学经管学院进修深造的各类企业管理人员们认真而负责地填答问卷，在问卷调查过程中，得到了为这些进修深造学员们授课的十多位老师的大力协助和支持，在此向他们致以诚挚的谢意。感谢所有为本研究调研提供方便的有关企业及企业管理人员。感谢李军锋博士、刘云飞硕士、代虹硕士等人在数据录入和分析等方面所给予的支持和帮助。同时感谢其他所有对本研究的调研、分析及写作提供支持和帮助的朋友们！

感谢重庆大学经管学院刘星院长、胡新平书记等所有院领导对本书出版所给予的大力支持。感谢我的博士后合作导师张卫国教授，以及重庆三峡水利电力（集团）股份有限公司叶建桥董事长一直以来对我的关心和帮助。

最后，我还要感谢我的家人，正是他们在背后默默地支持帮我克服了人生道路上的一道道难关，希望本书能成为奉献给他们的最好礼物！

　　"吾生也有涯，而知也无涯"，展望未来，思绪万千，借本书一角，衷心谢谢曾经帮助过我，正在和将要帮助我的所有领导、老师、同事和朋友们！

李华

2011 年 3 月于重庆大学